船政史

Chuan Zheng Shi

（上）

陈悦 著

福建人民出版社
海峡出版发行集团
THE STRAITS PUBLISHING & DISTRIBUTING GROUP

图书在版编目（CIP）数据

船政史：全2册/陈悦著. --福州：福建人民出版社，2016.11（2023.12重印）
ISBN 978-7-211-07498-3

Ⅰ.①船… Ⅱ.①陈… Ⅲ.①造船工业—工业史—福建—近代 Ⅳ.①F426.474

中国版本图书馆CIP数据核字(2016)第274079号

船政史（上、下）
CHUANZHENG SHI

作　　者：陈　悦
责任编辑：林俊杰
出版发行：福建人民出版社　　电　　话：0591-87533169(发行部)
网　　址：http://www.fjpph.com　　电子邮箱：fjpph7211@126.com
微　　博：http://weibo.com/fjpph
地　　址：福州市东水路76号　　邮政编码：350001
经　　销：福建新华发行（集团）有限责任公司
印　　刷：福州德安彩色印刷有限公司
地　　址：福州市金山浦上工业区B区42幢　　邮政编码：350007
开　　本：710毫米×1000毫米　1/16
印　　张：47.75
字　　数：701千字
版　　次：2016年11月第1版　　2023年12月第3次印刷
书　　号：ISBN 978-7-211-07498-3
定　　价：138.00元（上、下册）

目录

自序

船政是近代中国试图走向工业、近代化，应对世界发展大变局时，为了海防近代化的需要而最先设立的专门机构，创造了诸多的第一，在中国近代史上占有十分重要的地位。因为长期研究中国近代海军史的缘故，船政的历史自然而然成为我一直执着守望的对象，虽然居住生活在黄海之滨的山东威海，但对千里之外闽江之畔的福州马尾，始终怀有一种特别的惦念和牵挂。2014 年夏末，一如此前的常例，我来到马尾参加每年一度的中国（福州）船政文化研讨会，也就是在这次会议的间隙遇到了福建人民出版社的编辑林俊杰先生，得知出版社有意编组关于船政历史的书稿，争取在 2016 年船政创立 150 周年之际出版，以作致敬和纪念。当时围绕这本书的选题和内容，林俊杰先生和我进行了交流探讨，并提出邀我执笔完成的设想。对于历史研究者而言，能够为自己多年关注研究的对象撰史，无疑是莫大的荣誉，同时也是难得的学术自新的机会。而对海军史研究者而言，船政更具有特别的意义，她是中国近代海军的起点，为她书写历史更具有学术之外的情感上的义不容辞，最终我不揣冒昧，承担了这部船政史的写作。

船政的通史性著作，此前已有林庆元先生的《福建船政局史稿》（福建人民出版社 1986 年版，1999 年增订）、林崇墉先生的《沈葆桢与福州船政》（台湾联经出版事业公司 1987 年版）、沈传经先生的《福州船政局》（四川人民出版社 1987 年版）等代表性著作，本书的写作首先以这些学术前辈的专著成果为重要的参考，同时大量借鉴、吸收数十年来有关船政历史、中国近代海军史的各种学术成果和研究发现，其中尤以陈道章、陈贞寿、庞百腾、马幼垣、巴斯蒂、刘传标、林樱尧、沈岩、姜鸣、张力、沈天羽、余锴等先生的成果借鉴最多。

在我本人的研究积累方面，2006 年至 2007 年撰写《近代国造舰船志》的过程中，通过研究分析船政所造的各型军舰、船舶的历史，对船政及其制造部分的发展脉络做出了初步的梳理，并对船政所造各型军舰的技术和使用情况进行了较为深入的研究，其间及之后，围绕着中法战争、马江之战、船政水师的组建运用及其对北洋海军的影响、沈葆桢与李鸿章交谊、淮系军政集团对船政的影响、船政学堂学制、船政与日本横须贺造船所的对比等课题，始终进行着资料的收集整理和研究。与书斋中的学术研究具有同样价值的是，我和福州中国船政文化建设管理处、中国船政文化博物馆、福州马江海战纪念馆、福建省马尾造船股份有限公司等单位保持着密切的联系和交流，并获得了无私的学术支持，由参观他们的实地建设及文物保护成果，研读馆藏的珍贵实物和文献、舆图、照片类材料，得到了大量的切身感受和原始的研究成果，这些积累对我加深船政史的研究意义非凡，对体会船政文化的价值更具有无可替代的作用。

此外，从2012年至2013年，我作为史学顾问参加纪录片《船政学堂》的创作，在与纪录片编导创作团队的交流过程中，获得了有关如何看待船政教育的历史成就的诸多启发。2013年马江海战纪念馆展览改造，恢复甲申、甲午海军烈士合祀，我承担了展览的设计等工作，就马江之战的历史细节、历史评价以及马江昭忠祠的建设渊源等问题和纪念馆馆长进行了深入的研讨，得以更好地认识这段历史。2015年，中国船政文化博物馆筹备展览改陈，委托我承担展览陈列大纲的编写，过程中围绕船政历史的分期等问题与博物馆以及评审专家进行交流讨论，受益颇丰。

上述的这些借鉴、研究和参考，是本书创作的主要学术基础。

在本书的谋篇之始，首先明确全书的主题和内容。

先是本书研究对象的名称。经查证相关的清代、民国文献史料，对于清代时期，统一使用当时的官方名称，即“船政”一词。对民国时期，则根据不同阶段，分别采用“福州船政局”“海军马尾造船所”“福州海军学校”“海军学校”“勤工学校”等正式的名称。因为清代船政的所辖机构在进入民国时期之后，分散独立为多个部门，为了便于表述和有助读者理解起见，本书有时将民国时期各继承自原清代船政不同部门的机构，统称之为船政。此外，本书的书名也以船政开创时的正式名称来概括之，称为船政史。

其次是本书的内容范围。1866 年创设的船政，至今已有一个半世纪，所涉及的相关人物、事件纷纭复杂，大量的船政人物在诸多领域有突出的建树，船政本身在其主要建设领域之外，也有颇多的成绩。考虑到本书的研究讨论对象是船政本身，如果加入过多的分支内容，反而会削弱主题，因而本书采取紧扣船政发展本身的办法，着重于船政自身发展史的叙述和讨论。在人物方面，主要对历任船政大臣、监督以及民国时代对船政建设产生重要影响的海军官员作一般性的介绍，其余的船政人物不作过多的展开讨论，尤其是对于船政人物在船政以外的地区、工作领域取得的成绩，基本不予论及。在船政历史方面，主要围绕船政自身的建设历史，对和船政自身发展关联不大的历史课题，如台湾近代化、甲午战争、辛亥革命、抗日战争等，也基本不作过多的展开论述。

再次是本书所述的船政历史的时间范围。船政从 1866 年创设后，余脉不绝，时间跨度很大，本书在时间范围的选择上，上限大致定在日意格、德克碑赴杭州向左宗棠介绍法国海军有意出售宁波船厂的 1864 年，因为这一事件基本可以视作后来中法合作建设船政的缘起。本书主要叙事的时间下限大致界定在 1949 年中华人民共和国成立时，因为此后船政的发展转入现代阶段，在形式上与之前已有较大的区别。

本书在篇章结构方面，主要以时间顺序排列，具体的篇章划分则主要以船政主管大臣职务或船政主管机构的重大变动为标志，共分为“船政的创设”“总理船政大臣与五年计划时代”“督办船政大臣时代”“署理船政大臣时代”“兼管、兼充船政大臣时代”“后船政时代”等六编，每编之下又分列数量不等的章。

第一编主要论述左宗棠创设船政的始末，兼及左宗棠推荐沈葆桢出任船政大臣，以及船政早期的创设规划等。

第二编主要论述中法合作五年计划期间的船政建设，同时这段时间基本也是沈葆桢作为总理大臣统辖船政的时代，该篇除对中法合作五年计划的执行情况及在此期间洋员团队的内部风波进行论述外，对于船政的发展则从基础的设施建设、舰船建造、船政教育、船政水师等几个方面分项展开，而这也是之后诸篇的主要章节结构模式。

第三编介绍沈葆桢调任南洋大臣之后至中法战争时的船政建设，这一时期的船政大臣不再称作总理大臣，职务名称被清廷改为督办船政大臣，权力、地位都有所贬抑，因而编名即以督办船政大臣时代命名。该部分将 1874 年日本侵略台湾事件发生后的沈葆桢巡台及沈葆桢此后调任南洋大臣作为背景进行介绍，而后逐一简介和分析历任督办船政大臣的出身、风格以及政治背景，再分项论述这一时期船政建设各方面的情况，在论述船政水师的发展时一并涉及 1884 年 8 月 23 日爆发的马江之战。

第四编的内容为中法马江之战后两任署理船政大臣时代船政的发展，即张佩纶、裴荫森时期的船政建设，其中着重论述裴荫森时代船政各项事务的发展情况。

第五编的内容是从 19 世纪 90 年代直至清亡为止的船政历史，这一阶段船政大臣均为闽浙总督或福州将军兼管、兼充，篇首仍然对历任船政大臣的情形做基本介绍，而后对 1897 年实施的再雇外国技术团队一事作专章论述，即包括外国技术团队的雇佣、来华工作情况，同时重点论述船政历史上著名的杜业尔风波。

最后的第六编介绍 1912 年民国成立后的船政发展以及 1949 年中华人民共和国成立后船政衍脉的流传情况。其中根据时代特点又区分为民国北京政府时代、民国南京政府时代以及抗日战争胜利后三个时段，对每一时段里船政制造、教育的发展、变迁情况加以介绍。

在按照这样的篇章结构和时间线索全面介绍船政的发展历史的同时，本书根据辨析史料档案提出了大量的新观点，并对一些以往未被详细涉及的船政史的细节进行了深入的介绍。其中例如船政的政治地位问题、吴棠干涉船政事件、巴士栋领事裁判风波、杜业尔江船案、民国时代船政教育的学制问题等，均有不同于以往的新认识。对于船政水师（即轮船部队）的历史、淮系势力对船政的影响、船政造军舰的技术情况、船政对北洋海军建设的影响、刘冠雄对于民初船政建设的影响等，都进行了详细的探讨。

本书开始写作时正值辽宁丹东港集团提起和参与的甲午沉没军舰调查工程如火如荼之际，我应丹东港集团邀请参加了该项目的部分工作，在丹东港水下沉船经确定是北洋海军“致远”舰后，又参加了在海上进行的相关纪念工作，而本书部分章节的构思，恰是在黄海上的丹东港工作船上完成的。处在甲午海战的古战场遥想中国创建近代化海军之始的船政，别有一番感受。

在本书的写作期间，一如既往地得到了海军史研究会朋友们的支持，其中尤要感谢的是王鹤、余锴、顾伟欣、朱飞虎四位，王鹤先生在日本留学时专攻海军史，为本书的创作提供了大量有关日本横须贺造船所的材料作为对比，同时王鹤先生在2016年初远赴法国交流，前往法国外交部、海军部查阅有关船政和横须贺造船所的档案文献，为本书的创作提供了大量的异域参考资料。余锴先生在贵州从事地方史和桐梓海军学校史的研究，其有关抗战时代海军学校内迁桐梓后的研究，在国内可称最为深入，为本书最后章节的写作提供了很多宝贵的建议。顾伟欣先生在威海从事海军艺术以及舰船美术的创作，是目前国内在近代舰船线图绘制方面的第一人，其精心绘制的地图、线图为本书增加了亮色，也为中国海军舰船线图工作增添了新的成果。朱飞虎先生近年热心于中国近代军用飞机历史的研究和线图创作，为本书研究、绘制了飞机工程制造处马尾时期所造飞机的线图，第一次用直观的方式系统地表现出船政飞机的面貌。此外，本书在写作期间还得到了威海本地的历史研究群体——海角沙龙朋友们的支持，在每周五晚间例行的沙龙活动中，本书一些重要章节的初稿都预先进行过报告和集体讨论，并据此进行修改或扩充。

最后我要感谢家人的支持。和学院、研究机构里以研究为全部工作的学者不同的是，我事实上无法将全部的工作时间和精力完全投用在学术研究方面，但是在本书的创作过程中，因为家人的理解和支持，我幸运地获得了几乎可以全身心投入研究的环境。我的妻子梁云璐不仅承担持家育儿等家庭事务，还帮助处理分担大量的工作事务。而且，本书中一些重要的新发现、新认识、新思路产生时，她还是最早的听众和评点者。如果没有这样的支持，要在较短时间内顺利完成这部书几乎是不可想象的。

当本书面世时，船政的历史已经迈入第一百五十个春秋。希望读者们能够喜欢这部关于船政历史的新作，提出批评和意见，希望能有更多的研究者、爱好者来关心和守望这段宝贵的历史，希望船政和船政文化在新的时代熠熠生辉。

谨以本书献给船政和船政人。

陈　悦
2016 年 6 月 7 日
于山东威海

第一编　船政的创设

第一章　海疆失防的年代

一、“数千年未有之强敌”[①]

2012年7月27日，第30届夏季奥林匹克运动会在英国伦敦揭幕。开幕式上的助兴演出以艺术的形式向全世界呈现英国引以为傲的历史、文化与价值观。当19世纪初叶英国杰出工程师布鲁内尔（Isambard Kingdom Brunel）的演员高声吟诵着英国文豪莎士比亚的作品“那时在梦中便好像云端里开了门，无数珍宝要向我倾倒下来”时，开幕式现场开始上演一幕幕恍如梦幻般的景象：英伦三岛上原本带着田园牧歌情调的农地片片消失，一座座烟囱拔地而起，蒸汽机开始阵阵轰鸣，火红的铁水浇铸出了各种工业构件，英国人迈开步伐走向全世界。这一幕恰是对18世纪末从英国发端影响了整个人类社会走入近代化（The Modern Theory，又译为现代化）的工业革命的精彩凝练展现。只不过在真正的历史上，这一人类生产力、生活方式的巨大变革，并不总是伴随着这般曼妙的诗意，很多时候与之相伴的是社会变革所带来的种种痛楚以及各种赤裸裸的弱肉强食的故事。

1776年，英国工程师瓦特成功制造出了人类历史上第一台实用型

① 语出李鸿章《筹议海防折》：“轮船电报之速，瞬息千里；军器机事之精，工力百倍，炮弹所到无坚不摧，水陆关隘不足限制，又为数千年来未有之强敌。”《李鸿章全集》第六册，安徽教育出版社2007年版，第159—160页。

蒸汽机，人类第一次能够完全操控一种机器之力。由高压蒸汽和钢铁机械共同作用产生的澎湃动力犹如揭开了以机器力代替自然力的魔盒，各种连锁反应不断发生，影响遍及人类生活的方方面面，蒸汽动力火车、蒸汽动力机床、机器采矿、有线电报、蒸汽动力的发电机、电灯等各类革命性的发明层出不穷。而以蒸汽动力取代帆桨动力的蒸汽轮船（Steam Ship）的出现，更是标志着人类对机器之力的运用攀上了云端。作为工业革命孕育和兴起之地的西方世界，伴随着自身生产力的不断膨胀，对探索地球上更多的未知地域，开辟更多的未知市场，攫取更大的商业和政治利益有了更为迫切的需求，而工业革命所带来的航海科技、军事科技的飞跃，更为西方世界提供了实现这些目标的可能性，此后西方的崛起之路日益变成了一种凭借其在科技、军事等领域的巨大先发优势而不断掠夺落后国家和民族的残酷模式。

地处在被西方世界称作“Far East”（远东）的中国，远离喧闹的工业革命和近代化变革的中心，沿袭着亘久不变的生活模式，犹如身在世外桃源。对近代化——这场人类史上翻天覆地的大变局，中国则是以一种极为痛苦和屈辱的方式而被动感知的，当近代化来袭，传统的中华天朝大国手足无措，几乎一夜之间从文化制高点被生生拽下，变成了西方列强眼中可以任意欺凌、掠夺的未开化国家。细算近代化和工业革命的种种成果投在中国人眼里的印象，最初最具代表性和最让中国人刻骨铭心的就是前所未见的蒸汽动力军舰。①

1840 年，因不满清政府扣押英国鸦片商及货物，以及禁止开展其他商业贸易的举措，英国发动了第一次鸦片战争，试图以武力逼迫中国清王朝就范，借此维护和拓展英国在中国的商业利益。挟近代化工业文明而来的英军和处在中世纪状态的中国军队的较量，结果可以想见。在英国海军尚没有投入其主力的一级、二级战舰的情况下，仅仅使用一些

① 第一艘到达中国的蒸汽轮船是 1835 年出现在广东海域的英国船“渣甸”（*Jardine*）。但直到第一次鸦片战争爆发前，这种蒸汽动力船舶在中国并未被引起广泛的注意。参见吕实强：《中国早期的轮船经营》，（台湾）“中央研究院”近代史研究所 1976 年版，第 4—7 页。

辅助性的军舰，就让武备松弛的清王朝沿海烽火四起，应对失据。①

第一次鸦片战争初起时，英国侵华舰队中的风帆战舰和开花大炮虽然引起了当时中国人的注意，不过此种坚船利炮在本质上和中国水师的战船和火炮并无根本区别，只不过是英军的战船舰体规模更大，设计更为科学，建造更为精良、坚固，火炮的材质更佳，射击科学更完善，炮弹的破坏力更猛烈而已，尚没有带给当时的中国人以完全无法企及的绝望性的思想冲击。而在英军侵华舰队的队伍中，就近从英国东印度公司（The Honourable East India Company）调集来华的大批铁壳和木壳的

现存于颐和园的一艘清末明轮小艇“永和”号，在照片上可以看到船两侧的轮叶以及安装在船体中部的锅炉、烟囱等设施。这艘小艇的相貌与蒸汽轮船刚问世时的样子相去不远。照片拍摄：萨苏。

① 17世纪至19世纪上半叶，英国海军以舰上封闭炮甲板（Gun Deck）的层数以及火炮的装备的数量来区分风帆动力军舰的等级。其中一级军舰指有3至4层封闭炮甲板、装备100门以上火炮的军舰，二级则是指拥有3层封闭炮甲板、装备98门火炮的军舰。

蒸汽明轮军舰，才是真正引起了当时中国人惊讶及至震惊的武器。

蒸汽明轮军舰是带有武装的蒸汽明轮船。所谓蒸汽明轮船，是人类采用蒸汽机作为驱动力来源后创造的第一种新式船舶，因为驱动船舶前进的轮叶会有很大部分露出在水面之上，能被人直接看到，所以得名明轮（后来出现的安装于船舶水下的驱动轮叶——螺旋桨则对应被称作“暗轮”）。明轮船早期的动力推进模式，是由蒸汽机通过传动轴驱动安装在船只左右两舷外的犹如水车一般的大明轮划水（也有在舰船的尾部安装尾部明轮的样式），以此带动船舶行进。

和任何新生事物在成长期的情况一样，蒸汽明轮船问世后也经历了一段青涩的不成熟阶段。当时受蒸汽机本身的可靠性较差、操作者的使用经验普遍不足以及蒸汽机功率不高所带来的航速较慢等问题的制约，蒸汽明轮船主要作为民用。英国海军在 1823 年尝试性地装备此种时髦船只时，也只不过是看中其不用依赖自然风力的独特机动能力，采用这种蒸汽轮船充当拖船而已。其后随着蒸汽机技术的不断完善，蒸汽轮船逐渐得到西方海军的接受，安装有火炮的蒸汽明轮军舰应运而生，但此时仍然存在着明轮占据了军舰两侧的大量空间，使得舰上无法多装火炮等缺陷，“轮周占地甚广，炮不能多列，轮轴及汽机高出水线之上，易为敌炮击毁”①，在第一次鸦片战争侵华的英国舰队中，此类新式军舰开始也仅仅是充当辅助角色。②

起初，中国官员对蒸汽明轮军舰的印象也与此相差不远。

钦差大臣林则徐可能觉察到了这种军舰外在的驱动方式和中国宋朝时出现的“以轮激水，其行如飞”的车轮舟相仿佛，③ 称这种西方军舰为“车轮船”，描述和评价其“以火焰激动机轴，驾驶较捷，此项夷船，前曾到过粤洋，专为巡风送信”④。直隶总督琦善在 1840 年 8 月 17 日的

---

① 许景澄：《外国师船图表》，光绪十二年柏林使署石印版，卷九，第 1—2 页。

② 英国海军蒸汽军舰的早期发展经历参见〔英〕Robert Gardiner：*Steam，Steel&Shellfire—the Steam Warship* 1815—1905，Conway Maritime Press 1992.

③ 《造船史话》，上海科学技术出版社 1979 年版，第 91—94 页。

④ 《林则徐奏英船来粤防守情形并咨各省协力筹防片》，《筹办夷务始末》（道光朝）（一），中华书局 1964 年版，第 329—330 页。

奏片中则称之为“火焰船”，并注意到了这种船只完全不依靠风力和潮水便能航行的特性，不过对其动力产生的原理的理解完全不着边际，“其后梢两旁，内外俱有风轮，中设火池，上有风斗，火乘风起，烟气上熏，轮盘即激水自转，无风无潮，顺水逆水，皆能飞渡，撤去风斗，轮即停止。系引导兵船，投递文书等项所用”①。总体上，此时目睹和听闻西洋蒸汽明轮军舰的中国官员们，只是对这种船只的航行方式感到好奇，大都还并不认为这种古怪的船会有什么与众不同的战斗力，直到1841年初的虎门之战爆发。

英国《伦敦新闻画报》铜版画：第一次鸦片战争中在广州和中国水师战船作战的“复仇女神”号蒸汽明轮炮舰。

1841年1、2月间，英国侵华舰队向广州虎门的清军炮台发起连续进攻，英军舰队中来自英国东印度公司的一艘名为“复仇女神”（*Nemesis*）的蒸汽明轮炮舰（全长约56米，装备2门32磅炮，4门6磅炮）表现出了令人吃惊的作战能力。② 它不用依赖自然风力便可以航行，在

① 《琦善又奏查看现到英船式样片》，《筹办夷务始末》（道光朝）（一），中华书局1964年版，第381页。

② 〔英〕David Lyon、Rif Winfield: *The Sail&Steam Navy List—All the Ships of the Royal Navy* 1815—1889，Chatham Publishing 2004，P. 181.

水面上纵横往来，行动自如，还能在风力或风向不利时拖曳着风帆战舰和登陆用的舢板行进，而且凭着其灵活的机动能力可以深入到港汊、小河流等帆船难以顺畅活动的遮蔽水域作战。在虎门之战中，仅仅“复仇女神”号一艘蒸汽动力军舰竟然就击沉和摧毁了多达数十艘中国水师的战船、舢板和火攻船等船只，数量上几乎相当于消灭了当时中国绿营水师一个营级规模的单位。① “复仇女神”号和参战的其他东印度公司蒸汽明轮炮舰配合英军舰只协同陆军作战，在广州附近给中国的水师和炮台造成灾难性的损失，绿营广东水师提督关天培也在恶战中不幸牺牲殉国，这种沉痛的打击无情地宣告了拥有千年历史的中国传统水师在西式近代化的海军面前不堪一击，中国万里海疆面对西方已经处在事实上的全面失防状态。②

军事不如人最直接的表现就是武器装备的不如人。遭遇惨败后，中国一些官绅对英国人的蒸汽明轮军舰开始加以特别注意，“其小兵船火轮船，更不过数尺之水，即足以资浮送，行捷如飞，路径循熟，随处窜越”③。甚至当时已经有中国人萌发了要仿制这种新式军舰来抵御英军的念头，希望以此来消除中、英水上武装间在武器方面的悬殊差距。蒸汽动力军舰使得近代中国人第一次认识到并完全承认在某些方面技不如西人，也成为近代中国人接触工业革命和近代化的最早门径。

1841 年，被黜的原钦差大臣林则徐建议建造一种用人力驱动的车轮船，“前后各舱装车轮二辆，每轮六齿，齿与船底相平，车心二角，车舱长三尺，船内二人齐肩，把条用力，攀转则齿轮激水，其走如飞，

---

① 〔英〕William D. Bernard：*Narrative of the Voyages of the Nemesis, from 1840 to 1843*，Henry Colburn 1844。清末绿营水师的战船兵力以广东南澳镇为例，其 1 营的战船 10 余艘，参见：张铁牛、高晓星：《中国古代海军史》，八一出版社 1993 年版，第 299 页。

② 第一次鸦片战争中英军侵华舰队的舰只组成及东印度公司派遣加入侵华舰队的明轮船的具体清单，参见马幼垣：《靖海澄疆——中国近代海军史事新诠》（上册），中华书局 2013 年版。

③ 《琦善奏英军占夺炮台将攻虎门省垣难于拒守折》，《筹办夷务始末》（道光朝）（二），中华书局 1964 年版，第 715 页。

或用脚踏转，如车水一般”。[①] 1842年，两江总督牛鉴在向清廷汇报所辖地区的海防筹办情况时，提及两江已经建造了一批特殊的船只，从描述看，可能与林则徐所述的水轮船类似，“招巧匠制水轮船四只，上安炮位，捷速行驶”。[②] 这些车轮船、水轮船其推动船舶航进的形式明显是想要模仿西方的蒸汽明轮船，但都是以人力来转动明轮，和名字上只有一字之差的火轮船实际相差不可以道里计，不过却流露出了当时普遍抱着天朝上国心态的中国人中已经有人对自身相较于西方的军事技术落后有了无奈的默认，以及想要通过探索和学会西方的“淫巧奇技”来改变这种差距的决心。

1842年8月29日，中国近代史上第一个不平等条约中英《南京条约》签订，面对传统的海防力量在英军的打击下溃不成军的惨痛现实，清政府被迫接受了英国提出的勒索条件，向西方列强打开国门。虽然之后直到1852年出版的清末思想家魏源编辑的《海国图志》一书中，还收录有《火轮船图说》《火轮船说》等两篇直接关于蒸汽明轮船构造和建造方法的文章，显示着部分中国人对研究和学会西洋利器的浓厚兴趣，但这些正如魏源在书中所提出的“师夷长技以制夷”思想在当时并没有引起中国社会大范围的关注和响应一样，随着第一次鸦片战争成为过去，由西方入侵造成的国防危机被淡忘，而由这种危机引生的对蒸汽军舰的关注也渐渐被淡忘和漠视。尽管有包括林则徐、魏源等在内的一批先进官员、知识分子仍然在努力奔走呼吁，但最终的局面是就连鸦片战争中一些省份所尝试进行过的建造水轮船的活动也都销声匿迹了。

由于传统守旧势力在整个社会中的影响力过于强大，且自身迷失在天朝上国的幻梦中，自认为中国传统的社会生活方式本身并没有什么缺

① 《中国兵书集成》47，解放军出版社、辽河书社1992年版，第242页。鸦片战争前林则徐在广东筹防，实际曾购买过类似蒸汽动力舢板的小型蒸汽船，与真正的蒸汽动力军舰相差尚远，不过这一难得的蒸汽动力船只的获取经验，可能是1840年林则徐上奏道光帝，请求取粤海关关税的十分之一用于制炮造船的动因之一。林则徐购买小型蒸汽船的情形参见吕实强：《中国早期的轮船经营》，（台湾）“中央研究院”近代史研究所1976年版，第9页。

② 《牛鉴又奏已通饬员弁查探确实再放枪炮并制造水轮船只安放炮位片》，《筹办夷务始末》（道光朝）（四），中华书局1964年版，第1863页。

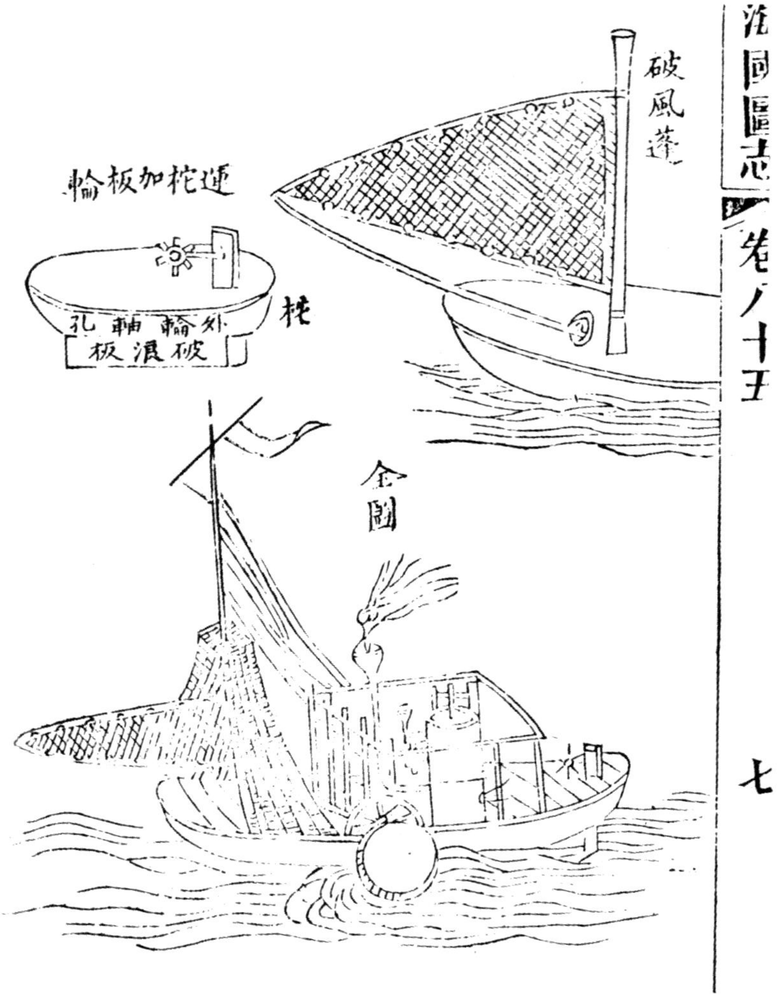

《海国图志》中刊载的明轮船图，由图可知，当时中国人对西洋轮船的了解还仅仅是一鳞半爪。

陷，清末中国的几乎每一次新变革的发生，往往都是因为外部或内部力量造成了突发的难以应对的政权生存危机，为了克服这种危机而不得已地被迫为之。在形式上，多是通过谋求一两件器物层面的变革，来捍卫传统的道德观、价值观以至社会生活方式和王朝统治，并触碰不到引发危机的真正根源，而一旦这种生存危机变得不是那么紧迫，那么整个社会便会故态复萌，变革又归于沉寂，变革者则成为了不受关注者，甚至成为对此前的变革心怀不满的传统势力群起攻讦的孤独者和殉道者。

二、“救时之第一要务”①

19 世纪 50 年代，欧洲国家蒸汽动力船只的技术发展迅猛，安装于船舶尾部水下的暗轮开始取代笨重的明轮，使得蒸汽船的机动性能跃上了新的层次。原本在海军中充当辅助、配角的蒸汽动力军舰，也随着蒸汽动力技术的逐渐成熟，终于开始撼动由风帆战舰占据的海军主力舰宝座。到了这个年代的末期，法国和英国相继建成了装备蒸汽动力，外裹钢铁装甲的新式主力舰——蒸汽动力铁甲舰，开启了世界海军史上的全新时代。在民用领域里，蒸汽轮船以其越来越突出的航速、续航力、机动性、载重力优势也开始大行其道，逐渐取代风帆船只，这一时代来往中国沿海口岸的西方船只中，蒸汽船的身影也出现得越来越频繁。

这一时期的中国，则又坐困到了一场新的内忧外患之中。

因不满清政府的残酷统治，1851 年，洪秀全在广西金田发动起义，起义随后演变扩大成席卷湖南、湖北、江苏等多省的滔天洪水，清政府传统的八旗、绿营军队在起义军面前溃不成军，进而触发了清王朝不得已而起用汉族官吏、士绅组织地方性的勇营军队以镇压太平军的重大军制、政治变革。就在清军镇压太平天国战事正酣的 1856 年，因悬挂英国船旗的商船“亚罗”号涉嫌海盗行为在广州被中国地方政府缉查，以及在华传教的法国神甫马赖（Auguste Chapdelaine）在云南被中国人杀害，英、法两国认为清政府不遵守乃至挑战西方列强制定的国际规则，联手兴师问罪，发动了侵略中国的第二次鸦片战争。当英法联军舰队横海而来，面对已经以大批先进蒸汽动力军舰为主力的联军舰队，仍然以古老的帆桨战船为主要舰船的中国水师再度不堪一击。英法联军先是攻陷华南重镇广州，俘虏两广总督叶名琛，继而两度攻破京畿门户大沽，直至占领清王朝的首都北京，劫掠圆明园，酿成了清王朝建国以来前所未遇的都城被外国军队攻占的惊天巨变和奇耻大辱。

---

① 语出曾国藩咸丰十一年七月十八日奏折：“至恭亲王奕䜣等奏请购买外洋船炮，则为今日救时之第一要务”。《海防档·甲》购买船炮（上），（台湾）“中央研究院”近代史研究所 1957 年版，第 20 页。

也就在这种纷乱的大变局里，由于治安不靖、战事不利等现实问题的逼迫，原本在第一次鸦片战争结束后被搁置甚至遗忘的蒸汽动力军舰问题在中国官绅中又开始被人不断提起。最后，这种西式军舰突出的战斗能力和对军事的巨大价值，在中国政府高层也终于成为了热点话题，尤其在一些担当具体作战军务的封疆大吏眼中，更是成为想要尽快获得的克敌利器，巨大的变革跟随在巨大的政权生存危机后而快速出现。

在俄国、美国的所谓居中调停下，1860 年，清政府被迫与英国和法国分别签署《北京条约》，第二次鸦片战争结束，清政府的关注重心集中到如何从速镇压太平天国起义的问题上。也就在这一年的春天，清军用以围困太平天国首都天京的江南大营被太平军击破，太平天国忠王李秀成挥师攻入富庶的江南地区，直接威胁到了重要的对外通商口岸上海、宁波等城市，不仅是清政府的财政收入命脉因此告急，列强在华的利益也受到严重的威胁。停留在中国尚未完全撤离的英法联军以及调停中国和英、法矛盾的俄国、美国都开始积极参与到协助清政府镇压太平天国起义的活动中。

恭亲王奕䜣。〔英〕菲利斯·比拓（Felice Beato）1860 年 11 月 2 日拍摄。照片收藏：British Library，Photo353（26）。

当年秋天，俄国驻华公使尼古拉·巴甫洛维奇·伊格纳提耶夫（Nikolay Pavlovich Ignatyev）向恭亲王奕䜣提出了有关俄罗斯愿意向清政府提供西式军械帮助攻剿太平军等的建议，清政府遂谕令相关的重臣就此议题进行讨论。当时在第一线主持对太平军作战的两江总督曾国藩的复奏最为引人注目，其中不仅围绕迫切的“借夷剿贼”问题表达了自己的意见，尤其重要的是曾国藩还眼界高远地提出了关于未来中国自强之计的设想，即“将来师夷智以造炮制船，尤可期永远之利”，将掌握西式火炮和蒸汽轮船作为中国的求强之道。[①] 这一意见与第一次鸦片战争中林则徐密奏道光帝时提出“以船炮而言，本为防海必需之物，虽一时难以猝办，而为长久计，亦不得不先事筹维……若前此以关税十分之一，制炮造船，则制夷已可裕如”的自强方略实际上如出一辙，但是林则徐略带有激将语气的提议在当时被道光帝评价为“一片胡言”，[②] 易时而处，在严重的内忧外患中，曾国藩提出的观点相同的意见却引起了清王朝的高度重视。但从林则徐提议的1840年算起，中国伫立在获取西方蒸汽动力军舰的近代化事业门前，已然白白浪费了二十年宝贵的光阴。

在第二次鸦片战争的沉重打击下，清政府于1861年1月20日在中央设立了首个专门处理和外国交往事务的洋务部门——总理各国事务衙门，由恭亲王奕䜣出任总理大臣。新设的总理衙门在成立后的第二天就上奏提出了举办洋务事业的计划，具体内容正是围绕曾国藩此前提出的“师夷智以造炮制船”一事展开，建议朝廷采取直接向外国雇佣、购买的模式，由两江总督曾国藩和江苏巡抚薛焕采取“仿照其式”“雇佣其船”等办法获取西洋新式军舰，所需的经费从各通商口岸的海关关税中酌量提取，最直接的目的则是想要运用这批军舰充实清军战力，尽快规复被太平军占领的南京。此议当即获得允准，清政府获取西方蒸汽动力军舰的时代大幕就此缓缓开启，而获取蒸汽动力军舰事实上也成为了中

① 《曾国藩奏议覆俄法助战及代运南漕折》，《筹办夷务始末》（咸丰朝）（八），中华书局1964年版，第2669页。

② 《林则徐又奏密陈洋务不能歇手片》，《筹办夷务始末》（道光朝）（一），中华书局1964年版，第531页。

国走向近代化的一个至关重要的突破口。[1]

在当时，关于如何才能买到西方蒸汽动力军舰，以及应该购买怎样的西方蒸汽动力军舰，买成之后又当怎么使用这种军舰等问题，包括总理衙门在内的清政府高层完全茫然，因为于此事务全然没有任何经验可言，清政府中枢便放手让地方设法。在 1861 年的实际操作中，相继又出现了三种源出不同的购买西方蒸汽动力军舰的声音。

曾参加太平军的英国人呤唎著《太平天国战争亲历记》中的插图：一艘太平军的明轮船正在无锡附近和清军的旧式战船作战。

首先是两江总督曾国藩和江苏巡抚薛焕。1861 年初，总理衙门在议复曾国藩上奏的关于“师夷智以造炮制船”的意见时，向清廷建议干脆直接由该意见的提出者，同时也是在对太平天国作战第一线的军事指挥者曾国藩和江苏巡抚薛焕“斟酌试行”，遂获得允准，具体则是由江苏巡抚薛焕和布政使吴熙等着手筹办。当时江苏辖境内的上海曾在 1856 年时由地方殷商捐资，成功购买过名为“孔夫子”“普鲁”的两艘在华的外国蒸汽明轮船，在船上加装武备改为炮艇，交由上海船捐捕盗

[1] 《海防档·甲》购买船炮（上），（台湾）“中央研究院”近代史研究所 1957 年版，第 3 页。

局使用，雇佣外籍船员驾驶，在缉捕水上盗匪等工作中颇为奏效，后来又被洋枪队借用去对太平军作战，是当时中国难得的成功购买和装备、使用蒸汽动力军舰的经验。[①] 得到清政府对总理衙门意见的批准后，就在当年，富有外购军舰经验的江苏省即传出了委托西方人前往美国购买蒸汽动力军舰的消息。

第二个解决办法来自法国方面。第二次鸦片战争结束后，法国出于维护其在华利益和扩大在中国的政治影响力等考虑，即积极表示愿意在军事技术等领域给予清政府支援。当得知了清政府有意向西方购买蒸汽动力军舰后，法国方面在 1861 年通过时任三口通商大臣、直隶总督的崇厚向清廷建策，希望获得帮助中国练兵、制器和购买蒸汽动力军舰的权利。[②]

第三种解决之道则来自英国方面。1861 年，当时年仅 26 岁的代理中国海关总税务司英国人赫德（Robert Hart）得知清政府对蒸汽动力军舰的兴趣后，本着拓展英国在中国的政治影响力等考虑，开始影响他的顶头上司——和他一样年轻的总理衙门大臣恭亲王奕䜣，提议借用中国海关在英国的关系渠道，帮助清政府从英国直接购买、订造蒸汽动力军舰，并且还拟定了怎样从中国各通商口岸海关关税中提取购舰款项以及军舰购成到来后如何配备舰员等非常具体的显得极具可操作性的方案。[③]

最终，赫德的提议引发了总理衙门的浓厚兴趣，总理衙门遂上奏力排众议，先是否决了三口通商大臣崇厚提交的法国代购蒸汽动力军舰方案，继而又自食其言，否决了曾经由总理衙门自己提出的委托曾国藩、薛焕等江苏地方大员设法筹办的方案，经奏请清廷获准，委派赫德调度海关资源代为从英国购舰，将购买西方军舰的大权从地方大员处收揽到

① 《海防档·甲》购买船炮（上），（台湾）“中央研究院”近代史研究所 1957 年版，第 3 页。

② 《海防档·甲》购买船炮（上），（台湾）“中央研究院”近代史研究所 1957 年版，第 5—6 页。

③ 《海防档·甲》购买船炮（上），（台湾）“中央研究院”近代史研究所 1957 年版，第 10—15 页。

了清中央政府的手里。在此购舰计划中，购舰的具体事务委托当时正在英国休病假的与恭亲王同龄的中国海关总税务司李泰国（Horatia Nelson Lay）就近操办，购舰所需的经费则采用之前总理衙门上奏由曾国藩、薛焕等地方大员筹办军舰时提出的老办法，即从各通商口岸的海关关税中酌量提取。①

1861年总理衙门奏准由两江总督曾国藩、江苏巡抚薛焕提用海关经费办理蒸汽动力军舰后，两江的地方官员即动手投入实施。经在江南一带与太平军作战的洋枪队统领美国人华尔（Frederick Townsend Ward）提议，薛焕与江苏布政使吴煦、地方殷商杨坊（华尔的岳父）等商议，决定委托华尔的弟弟亨利·华尔（Henry Gamaliel Ward）前往欧洲和美国考察，帮助寻访蒸汽动力军舰等新式兵器的行情。亨利·华尔回国经过调查，向江苏地方官员提交了以40万两银价格订造一大四小共五艘军舰的方案，未待江苏方面作出明确授权，行事急躁的华尔自行在美国通过与江苏地方政府多有贸易往来的宝顺洋行、汇丰洋行(或为兆丰洋行）获得27万两信用融资，向船厂缴付了首付款，先订造了三艘蒸汽动力军舰，分别命名为“大清”（*Dai Ching*）、“江苏”(*Kiang Soo*）和“浙江”(*Chi Kiang*)，其推进形式为新式的螺旋桨暗轮，其舰型主要是炮艇（Gunboat)。

亨利·华尔在美国订造的“江苏”号蒸汽动力炮艇，照片上是该舰被转卖后编在美国海军时的状态。照片提供：马幼垣。

① 《海防档·甲》购买船炮（上），（台湾）“中央研究院”近代史研究所1957年版，第9—10页。

总理衙门以赫德代购英制军舰的方案取代了由两江筹办军舰的计划时，获悉江苏地方已经在开展赴美购舰活动，对此大为不满，认为会影响赫德的代购舰行动，屡次申令江苏地方要求终止，最后则命令不准动用公家款项，不得影响对赫德购舰经费的供应保障。[①] 江苏方面则不愿停止业已开始的购舰行动，为筹措购舰经费，无奈之下谋划出由上海的钱业商（指钱庄、票号等）捐资购舰的方案，以每一千两交易中认捐二钱五分银的方式，设法逐渐筹集 40 万两购舰款交付给亨利·华尔。然而这一计划明显缓不济急，“美国宝顺等行，因上海归垫之款，不能迅速，于二十七万两之外不允续汇。船厂急待找付价值，始可完工，索取找款银十三万两甚急”，亨利·华尔因无法迅速获得购舰所需的剩余款项，又无法快速归还从洋行获得的借款，为免陷入与洋行和船厂的双重资金纠纷，在 1863 年将已订的军舰全部变卖了事，这些军舰多被美国联邦政府转购，编入联邦海军投入南北战争，其中的“大清”号在美国

阿斯本舰队的旗舰“江苏”号。该舰后来变卖给日本，成为日本军舰“春日”号，照片就是在日本时期的状态。照片引自〔日〕福井静夫：《写真日本海军全舰艇史》。

---

① 总理衙门经奏准由赫德代购军舰后，向相关省份要求提拨海关经费充作购舰款，对此两广总督劳崇光在致总理衙门的公文中透露了隐约的不满情绪，认为既然江苏省已经着手在美国购舰，完全没有必要另起炉灶再委托英人，“向来外国制造船炮等件，讲究皆精致，不惜工本，无论何国制造，均属可用，不必定在英国购买”。见：《海防档·甲》购买船炮，（台湾）“中央研究院”近代史研究所 1957 年版，第 63 页。

海军保留原舰名，还成为了南北战争中联邦海军的著名英雄舰。①

而几乎在江苏省通过亨利·华尔从美国购买军舰的活动因总理衙门的强硬干预而废止的同步，作为清政府中央外购舰活动的赫德代购军舰事件遭遇了一场更大的挫败。

总理衙门在获得购舰大权后，却对购买军舰本身并提不出什么技术性的要求，与亨利·华尔在美国购舰的操作模式类似，即将所购军舰的选型、签署合同甚至军舰的命名活动全部外委，都由李泰国一人在英国自作主张完全包办，总计李泰国在英国共为清政府订造和购买了“江苏”（*Kiang Soo*）、“北京”（*Pei King*）、“中国”（*China*）、“广东”（*Kwang Tung*）、“天津”（*Tien Tsin*）、“厦门”（*Amoy*）6 艘蒸汽动力军舰（多为炮艇，推进样式均为蒸汽明轮，不如亨利·华尔在美国订造的暗轮船新式），以及名为“盛京”（*Mokeden*，又有音译为“穆克德恩”）的蒸汽动力运输舰和名为“都利”（*Thule*，又有意译为“遐

---

① 《海防档·甲》购买船炮（上），（台湾）“中央研究院”近代史研究所 1957 年版，第 110—112 页。《吴煦等上李鸿章禀》，《吴煦档案选编》（第三辑），江苏人民出版社 1984 年版，第 84—88 页。有关亨利·华尔在美所购军舰的具体型号，以马幼垣：《亨利华尔代沪所购美制舰考》考证最详，见马著：《靖海澄疆——中国近代海军史事新诠》（上册），中华书局 2013 年版，第 33—46 页。但是马文有一最大的失察，即将亨利·华尔变卖军舰时的总售价，误认为是亨利·华尔从中国得到的造舰款项的大致总额，并据此认为亨利·华尔在变卖军舰后未向中国归还，而是私自贪墨了这笔巨款。事实上，亨利·华尔代购舰活动中，并没有直接证据能证明中国方面实际支付了舰款，造舰定金均为亨利·华尔在美国通过洋行借款垫付。而且在造舰款项没有向船厂支付清、军舰没有交付之前，亨利·华尔还不是所订军舰的真正主人，甚至在华尔所购军舰的注册记录中还留有军舰预先被借款洋行扣作抵押物的嫌疑，最后转卖所得的款项既要首先偿付拖欠船厂的造舰费，才能真正获得这批军舰，而后将这些军舰交付给转买者完成转卖交易，还要归还此前在美国从宝顺、汇丰洋行（或为兆丰洋行）得到的借款二十七万两，纵使其在转卖时抬高售价从中牟利，也和中国没有瓜葛，完全谈不上贪墨了中国的款项。另马幼垣文关于亨利·华尔购舰的评价主要采用于醒民：《一八六二年亨利·华尔购买舰炮案》的观点，见《史林》总第 2 期，上海社会科学院出版社 1986 年版。而于文以先入为主的态度，没有看明江苏购舰活动发生的真正背景，没有仔细阅读亨利·华尔购舰重要当事人江苏布政使吴煦的报告，未判明亨利·华尔在美购舰款的真正出处，而是偏信当时所谓亨利·华尔从中国获得一百万两购舰款的风闻，从而得出江苏地方官绅擅自轻掷巨款，以及亨利·华尔从中国骗取了高达百万两银的武断结论。

荒”）的蒸汽明轮游艇，耗资超过一百万两银。[①] 此后，代华购舰事务在野心勃勃的李泰国眼中，成为其在中国包揽更多权力的良机，英国政府也将之视为扩张英国在华政治影响力的重要机会，在二者共同作用下，事件逐渐变形走样，超出了总理衙门的预想范围。

总理衙门原意只是委托属下海关的英人从英国购买几艘先进军舰，而李泰国却不顾中方的授权，将单纯的购买军舰活动变成了复杂的组建舰队的行动，擅作主张拟定了清政府完全不知为何物的舰队组织制度规章，且在清政府不知情的情况下，将这些为清政府所买的军舰编组为称作“中英联合舰队”的舰队组织，各舰多雇佣英国人为舰员，并在未经请示清政府的情况下由英国政府批准，还单方面聘用了英国海军上校阿思本（Sherard Osborn）担任这支中英联合舰队的司令。[②] 更有甚者，李泰国还私自代表中国和阿思本签订了严重侵害中国主权的“十三条合同”，其内容诸如：“阿思本作为总统，凡中国所有外国样式船只，或内地船雇外国人管理者，或中国调用官民所置各轮船，议定嗣后均归阿思本一律管辖调度”“朝廷一切谕阿思本文件均由李泰国转行谕知，阿思本无不遵办，若由别人转谕，则未能遵行”“如有阿思本不能照办之事，则李泰国未便转谕”“所有此项水师各船员弁兵丁水手均由阿思本选用，仍须李泰国应允方可准行”等等。[③]

1863 年 9 月 18 日，阿思本率领中英联合舰队到达天津，李泰国与阿思本倒逼清政府接受两人私自订立的“十三条合同”和既成事实的中英联合舰队。对于这支事实上处在李泰国或英国势力控制下的舰队，清政府内的反对声异常强烈，对总理衙门出尔反尔撇开江苏，委托赫德购

---

① 亨利·华尔及李泰国订购的各舰建造情况以及参数等参见陈悦：《中国军舰图志》（1855—1911），（香港）商务印书馆 2013 年版，第 7—13 页。

② 有观点认为，李泰国实际上是将中方委托的购舰行动变形成了组建海关缉私舰队，李泰国擅自为该舰队制定的军舰旗图案实际就是中国海关的关旗。如果考虑到总理衙门是海关的管辖机构，那么海关总税务司将总理衙门委托的购舰行动当成为海关购买军舰和组建舰队的机会就不难理解了。有关李泰国购舰实际为组建海关缉私舰队的认识，参见杨德森：《中国海关制度沿革》，山西人民出版社 2014 年版，第 12 页。

③ 《海防档·甲》购买船炮（上），（台湾）“中央研究院”近代史研究所 1957 年版，第 158—159 页。

舰的举措本就不十分满意的曾国藩甚至上奏激动地称“以中国之大，区区一百七万之船价，每年九十二万之用款，视之直轻如秋毫，了不介意，或意将此船分赏各国，不索原价，亦足使李泰国失其所恃，而折其骄气也。”①

中国海关总税务司赫德。照片引自《故宫珍藏人物照片荟萃》。

因为曾国藩等身处太平天国战争一线的高层官员强烈反对和抵制，加之李泰国、阿思本又态度顽固，毫不妥协，所谓的中英联合舰队事实上已经失去了到长江中参加对太平天国作战的可能性，清政府无奈之下做出了异常罕见的强硬举措。在 1863 年经首先照会英国政府后，清政府宣布解散阿思本舰队，该舰队所有的舰只全行变卖，李泰国作为罪魁祸首被褫夺了中国海关总税务司一职，而事实上向总理衙门首先提出购舰设想的赫德却因为见风使舵，及时与李泰国进行切割，因祸得福接任了海关总税务司。②

清政府允准开始进行获取蒸汽动力军舰的努力之后，江苏地方实施的亨利·华尔外购舰和总理各国事务衙门主导的赫德外购舰均以彻底的失败而告终，其原因里固然不乏主事者缺少经验的因素，个中也不能忽视当时清政府中央机构与地方权臣间的争斗。经曾国藩上奏而由总理衙门提起的筹办蒸汽动力军舰一事，原本最先是责成由江苏地方办理，但

---

① 《海防档·甲》购买船炮（上），（台湾）“中央研究院”近代史研究所 1957 年版，第 246 页。

② 《筹办夷务始末》（同治朝）（三），中华书局 1964 年版，第 921—933 页。阿思本舰队被清政府决定裁撤后，所辖的舰只全部被拍卖，其中吨位最大的“江苏”号被日本购回，更名“春日”，是日本西南战争中的著名功勋舰。阿思本舰队各舰的参数及简史参见陈悦：《中国军舰图志》（1855—1911），（香港）商务印书馆 2013 年版，第 8—13 页。

中途总理衙门在代理海关总税务司赫德的影响下横生枝节，取而代之，致使江苏的外购舰活动陷入尴尬境地，因经费无着半途而废。当总理衙门主导购买的阿斯本舰队归国后，在各方抨击者中，又以曾国藩、李鸿章等带有浓厚江苏地方背景的前敌督抚大臣的批评最为猛烈，致使最后被迫以变卖军舰的荒唐方式草草收场，这前后两件事的内在关系不免令人多有联想。倘若联系到在上述事件发生之间，1861 年恭亲王与慈禧太后联手发动辛酉政变，清除了包括当初上奏提议重用汉族官绅编练团勇镇压太平军的协办大学士肃顺在内的顾命八大臣，则总理衙门与以曾国藩为中心的地方领军大员间围绕外购军舰产生的波折、博弈，则更让人感到个中意味深长。

外购军舰的失败，尤其是阿思本舰队的失败原因里还折射出了一个十分强烈的信号，就是处理涉外事务时应当持怎样的主权把握原则。阿思本舰队事件留给时人一个极为深刻的印象，即在涉及与西方的交往事务时，稍有不慎即可能堕西人术中，而洋务事业一旦发生触损中国主权的问题，无异于授人以柄，必将导致前功尽弃，确保主权在手的“权自我操”规则成为此后清政府中央与地方在办理从西方购买军械等洋务事务时的一条绝不容触碰的红线。

此外，阿思本舰队事件对中国的海军建设实际还别有一层意义，在清政府对近代化海军的理解还仅仅处在军舰装备层面时，阿思本舰队事实上首度将舰队这一西方式的概念呈现到了清政府眼前，侧面展现了近代化海军建设的复杂性，即除了装备之外，还包括有人事、制度、组织、训练、后勤等诸多方面的事务，这种与中国传统水师迥异的近代化系统，揭示了海防力量的近代化并不仅仅是武器装备的近代化那么简单，不过这种启示在阿思本舰队事件发生当时，清政府内并没有太多人能够注意到。

地方的购舰活动被清政府以中央购舰活动夺权取代，中央购舰活动又因涉及主权被西方人侵犯的问题而归于失败，受此影响，清政府获取西方蒸汽动力军舰的方式改弦易辙，一个全新的模式登上了历史舞台。

三、"海疆长久之计"[①]

西洋轮船自兴造以来，至今不过百数十年，制度精巧，用水火之力，奔腾鼓荡，日行千余里，从印度至粤，不过数日。各国赖以觇货物之盈绌，探兵事之利钝，虽渺隔重洋，无不旬日周知。惟其闻见最速，诸事皆得先为之备，故其获利尤溥，西人兵力财赋横绝一时，实由于此。其兵船制造尤坚，首尾皆锐，裹以厚铁，战斗折冲，其行如飞，他船不能与之争疾。兵交之际，鼓其火力，直冲无前，所当之处，无坚不破。沿海盗艘、广艇、艚船、白鳖壳之流，往往畏之如虎，洵海中第一利器也。[②]

上述文字，是湘军统帅曾国藩的弟弟、时任浙江巡抚的曾国荃于1862年在向清廷汇报阿思本舰队归来后应如何使用的奏折中的内容，谈及了对西方蒸汽动力军舰的认识。

和林则徐主张学习西方制炮造船时在官场上孤立无援的寂寥景象迥异，第二次鸦片战争后持相似意见的高级官员不仅人数渐多，政治影响力扩大，而且对于学习西方有了更刻骨铭心的认识，纵然遭遇挫折也轻易不会改变所坚持的努力。

第二次鸦片战争后出现的这些高层官员，大多是在清政府启用汉族官绅举办地方团勇的时代大变局下，因投笔从戎参加镇压太平天国起义得力而崭露头角，根源多与勇营军队中的湘军系统存在千丝万缕的联系。以清政府决定撤散阿思本舰队时的1863年为节点进行考察，这一年担任两江总督的曾国藩是湘军的创始人，直隶总督刘长佑是湘军重要统帅，而曾国藩麾下的江苏巡抚李鸿章、江西巡抚沈葆桢、浙江巡抚左宗棠又都曾是曾国藩的重要幕僚，至于各省的布政使、按察使等级别的官员中，与湘军系统有着各种关系者就更多。这些出身背景相仿，互相间且拥有着师、友等亲密私人关系的高级官员们，还共有着一条十分相

---

① 《上总理各国事务衙门》，《左宗棠全集》第十册，岳麓书社1996年版，第485页。

② 《曾国荃奏轮船入江不尽所长请裁沿海水师以轮船缉捕海盗折》，《筹办夷务始末》（同治朝）（二），中华书局1964年版，第887页。

似的以洋务图自强的思想发展轨迹。

他们多为科举出身，具有深厚的中国传统文化知识功底，对中国在西方列强坚船利炮打击下而国门洞开的时局忧心如焚，深受第一次鸦片战争中的时代英雄林则徐“苟利国家生死以，岂因祸福避趋之”的爱国赤子情怀感动，视其为楷模榜样，抱着改变中国遭西洋欺凌命运的时代担当，认可和接受“师夷之长技以制夷”等务实主张，早年通过书本对西洋火轮船、开花大炮这些洋务事物有所认知，而后又在镇压太平天国起义的战争中通过战场上的亲身经历以及与西方军队的直接接触，对西洋新式兵器之于国防的价值有了更加直接和深刻的认识，视其为改变当时中国命运的不二法门。因而这派官员在获取蒸汽动力军舰等洋务自强事务上，较之朝堂上的官员更为积极和务实，目标也更为明确和坚定。不过也正因此，在这些地方督抚大臣的推动下，中国的近代化运动——洋务自强运动的着眼点从一开始即局限于军务、国防等较细微的层面，将军事近代化作为中国的近代化模式。与之迥然不同的是，日本近代化运动的推行者们对西方近代化的感知不仅仅来源自军事，他们很多人都亲身游历过西方社会，目睹了其在军务之外的各个领域近代化的成就，产生学习西方模式以求国家富强的思想，从而以彻底的国家近代化作为日本的近代化模式。

清政府总理衙门主导的以外购方式获取西洋军舰的活动彻底失败后，以曾国藩为首的改革派高级官员因为在军务中对蒸汽军舰的必要性产生了深刻认识，立刻以不约而同之势，继续探索找寻获取蒸汽动力军舰的其他途径，其中在浙江前线率领麾下楚军与太平军作战的左宗棠逐渐脱颖而出。

左宗棠，字季高（又作季皋），1812 年 11 月 10 日出生于湖南湘阴县一个传统知识分子家庭，早年跟随祖父、父亲攻读诗书，在 1832 年考中湖南乡试举人，此后三度进京参加会试而不中，遂绝意科场，改在家乡湖南以教书为业。左宗棠本人对经世致用之学抱有兴趣，对之格外留意，早年尤其着力研究军事地理等学问，颇有心得。1833 年在京赶考时与抱负相同的同籍士子胡林翼互相欣赏，交往深厚，进而与胡林翼的岳父、对经世之学极为留意和支持的两江总督陶澍相熟，被陶澍视为奇才，订为儿女亲家，再加之左宗棠的老师，曾任山东道监察御史，并与魏源等合辑《皇朝经世文编》的著名经世思想家贺熙龄也对左宗棠的才华欣赏有加，左宗棠早年虽未能够通过科举出仕，但是在士林间已具有一定的声名。1849年，胡林翼将左宗棠引荐给陶澍的挚友、陶澍任两江总督时曾任江苏巡抚的林则徐，1850年，左宗棠在长沙的舟中第一次拜见了其叹服敬仰的林则徐，引出了“抗谈今昔”的湘江夜谈佳话。①

担任陕甘总督时的左宗棠。〔俄〕阿道夫·伊拉莫维奇·鲍耶尔斯基（Adolf Erazmovich Boiarskii）1875年拍摄。照片收藏：巴西国家图书馆。

后世坊间多认为左、林首次会面的湘江夜话一事对左宗棠日后的功业、成就发挥了关键的影响，实则这样带有戏剧性的理解只是一种美好的想象，一则左宗棠的经世思想在此之前早已萌生和不断积累、修正，其对林则徐的认知也在见面之前就早已形成，湘江夜话只不过是二人难得的面对面思想交流而已；② 再则从湘江夜话后左宗棠的人生轨迹看，对其后来涉足中国近代化破题之作的蒸汽动力军舰事业产生了最直接影响的力量，实际与曾国藩、李鸿章等同辈一样，都是来自于在太平天国战争中的军事实践。

1852年太平军攻入湖南，左宗棠被湖南巡抚张亮基招入幕府，协同筹划和办理军务，期间与在籍帮办团练、组建湘军的曾国藩开始共

---

① 《啃林静帆》，《左宗棠全集》第十册，岳麓书社1996年版，第73页。

② 见左宗棠之前致胡林翼的书信，“海上用兵以后，行河、出关、入关诸役，仆之心如日在公（指林则徐）左右也。忽而悲，忽而愤，勿［忽］而喜，尝自笑耳！”《左宗棠全集》第十册，岳麓书社1996年版，第68页。

事。张亮基调任山东巡抚后，左宗棠又进入新任湖南巡抚骆秉章的幕府，因“刚明耐苦，晓畅兵机”，历经骆秉章、曾国藩等保举推荐，1860年被清廷下谕委派随同两江总督曾国藩襄办军务，正式组建了由其自己募集、统辖的团勇武装——楚军。之后，因率楚军在江西与太平军作战有功，左宗棠于1861年升为帮办军务，当年又经负责统辖江苏、安徽、江西、浙江四省军务的曾国藩奏请清廷允准，委派督办浙江军务。1862年左宗棠被授任浙江巡抚，率所部楚军入浙与太平军作战，正式成为独当一面的封疆大吏。

如果说之前在湖南、江西等地的战事经历，只是增长和积累了左宗棠的行政和军事经验，加深了其任官资历的话，其率领军队进入东部沿海省份浙江，则是与西方人和洋务真正近距离接触的开始。

左宗棠挥师入浙时，英法联军恰好会同地方清军合力从太平军手中夺回了浙江的重要对外通商口岸宁波，并且仿照当时江苏组建中外合作雇佣军常胜军与太平军作战的先例，在宁波组建了中英、中法合作的常安军、定胜军、常捷军等雇佣军性质的武装。在浙江首次亲身遇到外国雇佣军队的左宗棠，起初基于两次鸦片战争以来西方人欺凌中国的传统印象，对西方军队和中西合作的雇佣军并不信任，认为“虽可偶用其长，未可常恃其助”，当法国政府同意将其海军军官勒伯勒东（Le Brethon de Caligny）和宁波海关税务司、法国海军军官日意格（Prosper Marie Giquel）创设的常捷军交由清王朝浙江当局指挥，批准勒伯勒东可以担任中国军队的职务时，左宗棠对毫无经验的直接管理西方人一事显得心情颇为复杂，向清政府表态自己将坚持用秉公办事的方法感化外国人，以此作为和外国人的相处之道，“人无中外，其好恶同，则其情理一。忠信笃敬，蛮貊可行。内治克修，远人自服”，同时又担心“如赏功罚罪不秉大公，讳败攘功不务核实，以及冒销钱粮，侵扣军饷，皆主兵者所最忌。有一于此，部曲尚且离心，况以之施诸荒远内附之人乎！”①

---

① 《发给勒伯勒东札凭片》，《左宗棠全集》第一册，岳麓书社1998年版，第124页。

随着此后和常捷军共同作战日多，左宗棠与西方人相处渐熟，尤其是当常捷军统领勒伯勒东和继任的统领达耳地福（Tardif de Moidrey）在与太平天国的作战中相继阵亡后，左宗棠对西方人，尤其是对与其合作甚密切的法国人的态度已经发生了重大变化。在楚军和常捷军攻克太平军占据的浙江省城杭州后，左宗棠在为时任常捷军统领德克碑（Paul Alexandre Neveue d'Aigwebelle）请奖的奏折里，就用了“最为勤驯。间有性急多疑之处，一经坦怀指示，并不争执……每次攻剿，极肯出力”等以往少见的对外国人的正面评语，并申请清政府给予德克碑及常捷军以重奖。[①] 在与闽海关税务司法国人美理登（Baron de Méritens）商量有关用外国人练兵事宜的书信中，左宗棠更是有意无意地流露出了他认为的中国人与西方人的成功相处之道：“德总镇克碑、日税司意格，所带绿头勇丁一千五百名，未尝演练，其操洋枪亦与中国同，所以能立功者，由其性情爽直，肯受商量，与中国将领同事彼此推让，各尽主客之礼，胜则相让，败则相救，故能相与有成也。”[②]

与西方人尤其是法国人的相处渐得章法的过程里，在浙江指挥军政事务的左宗棠也开始渐渐感受到了工业革命的产物——蒸汽动力军舰的效用。

早年可能从书本中获得过蒸汽动力军舰简单印象的左宗棠，在进入浙江作战后，通过目睹英法联军以及常捷军等雇佣军使用蒸汽动力军舰与太平军交战时的惊人效用，对这一兵器产生了无比的兴趣，也立刻踏入了希冀获得蒸汽动力军舰的督抚们的行列。但是与总理衙门提出获取蒸汽动力军舰时，将镇压太平天国起义等内战要素作为主要目的的想法不同，左宗棠对获取蒸汽动力军舰感兴趣之初，即着眼十分长远，不仅视为“海疆长久之计”，而且设想采用“仿造”，并没有过多考虑容易引发主权问题的外购。总体上，与曾国藩所提“将来师夷智以造炮制船，

---

① 《洋将助克杭城出力拟请奖赏片》，《左宗棠全集》第一册，岳麓书社 1987 年版，第 390—391 页。

② 《答福州税务司美里登》，《左宗棠全集》第十册，岳麓书社 1996 年版，第 568 页。

尤可期永远之利”[1] 的观点非常相似。在此需要注意的是，左宗棠对蒸汽动力军舰发生兴趣之初，就有一个十分明显的认识上的模糊之处，即根据中国传统水师师船装上武备就是战船，卸去武备就如同是民船的特点，左宗棠认为蒸汽动力军舰也具有这种军民两用的变通性，即加上武备就是军舰，卸去武备就是民船，其对蒸汽动力军舰常习惯简单地称作轮船。

先是在 1863 年，当年总理衙门向左宗棠咨文，要求左设法帮助调查和侦破两年前在浙江温州附近海域发生的一桩法国船只遇劫案，就在这次回复总理衙门的公函中，左宗棠破天荒地提出了自己关于轮船的设想：“惟事隔两年，能否缉获，实无把握。将来经费有出，当图仿造轮船，庶为海疆长久之计。”[2]

此后具体负责温州一带海面缉盗的署理温处道温州府知府、左宗棠的学生周开锡显然是得到了左宗棠的授意，在 1864 年年初与由宁波前往福州路过温州的闽海关税务司美理登商办，成功雇得了一艘外国的蒸汽小轮船，随后周开锡即派员坐镇指挥这艘小轮船巡弋洋面，当年在缉捕海盗的行动中如入无人之境，海盗闻风而逃，果然大奏其效。[3]

此时，左宗棠对建造蒸汽军舰的兴趣已经越来越浓。

就在周开锡设法用西洋小轮船来剿灭温州海盗的 1864 年年初，已经被授闽浙总督的左宗棠在与宁绍台道史致谔谈论公务的书信中，颇有所指地向这位身处在中外通商口岸宁波，涉足过西洋军火制造，[4] 与日意格等当地法国军方人士关系熟络，境内又有胡光墉等殷商的浙省重要地方官员深谈了自己关于蒸汽轮船事业的设想，并请史致谔帮助共同留心此事：“轮舟为海战利器，岛人每以此傲我，将来必须仿制，为防洋

---

① 《曾国藩奏议覆俄法助战及代运南漕折》，《筹办夷务始末》（咸丰朝）（八），中华书局 1964 年版，第 2669 页。

② 《上总理各国事务衙门》，《左宗棠全集》第十册，岳麓书社 1996 年版，第 485 页。

③ 《轮船巡洋获盗酌保人员折》，《左宗棠全集》第一册，岳麓书社 1987 年版，第 439—440 页。

④ 陈其元：《庸闲斋笔记》，中华书局 1989 年版，第 263 页。

缉盗之用。中土智慧，岂逊西人？如果留心仿造，自然愈推愈精。如宣城之历学，及近时粤东、扬州之制造钟表、枪炮，皆能得西法而渐于精。意十年之后，彼人所恃以傲我者，我亦有以应之矣……毕竟沿海各郡长久之计，仍非仿制轮舟不可。欲仿制必先买其船，访得覃思研求之人，一一拆看，摹拟既成，雇洋人驾驶而以华人试学之，乃可冀其有成。为此者，始有所费而终必享其利，始有所难而终必有所获。鄙见如此，仍乞留心。"①

十余天后，在写给史致谔的新的书信中，左宗棠又进一步论及轮船事业，且似有催促之意："火轮船总当刻意办理，由粗而精，不惜工本，无不成之事也。使徐仲绅辈当初早能办此，何致后此决裂如是！吾辈办事，不逮太西，皆由苟安一念误之。今当引以为鉴。"②

可以看到，在这连续的两封书信里，左宗棠对建造乃至使用蒸汽轮船的原则、方法乃至一些细节措施都已经跃然纸上。据此能够大致判

常捷军时代的日意格（居中不戴军帽者）与同僚们的合影。照片提供：中国船政文化博物馆。

① 《致史士良》，《左宗棠全集》第一册，岳麓书社 1987 年版，第 549 页。

② 《复史士良》，《左宗棠全集》第十册，岳麓书社 1996 年版，第 552 页。

断，在关于如何获取轮船一事上，左宗棠之前曾经过长期的思忖和酝酿，至此其思想已经初步成熟，而这两份信中流露出的这些思想恰是此后左宗棠将自造蒸汽动力军舰事业拓展光大的基本蓝图。

左宗棠与身在宁波的史致谔的通信很快便产生了积极的效果。1864 年的夏天，与左宗棠关系融洽的常捷军军官日意格、德克碑从宁波专程来到杭州拜见左宗棠，他们此行带来了法国海军中国、日本海支队司令饶勒斯中校（Constant Louis Jean Banjamin Jaurès）的一项重要提议。

第二次鸦片战争后，法国海军为加强在远东的舰船部队实力，决定在法国势力占优的中国东南沿海城市宁波建设一座造船厂，就近建造、组装小型船舰。1862 年法国舰船工程师维尔尼（Francois Leonce Verny）受派来华担任法国驻宁波副领事，主持宁波船厂的技术工作，至 1864 年共建成了 4 艘小型蒸汽动力炮艇。此时，浙江和周边的太平军武装已基本被镇压，本就属于临时性质的宁波造船厂的存在价值已经不大。恰在此时，饶勒斯可能是从宁波地方的官绅处得悉了左宗棠想要设法建造蒸汽动力军舰的消息，遂想将宁波船厂转卖给左宗棠。

从日意格在个人日记中记录的当天会面情况看，结果并没有如法国人所愿，左宗棠婉拒了饶勒斯的提议。不过，日意格此时尚不知晓，一个中国人的建造蒸汽动力军舰的梦想其实就在这一刻开始向实践靠拢了。

> 6 月 15 日，拜谒左总督（宗棠）。他是湖南人，约 50 岁，留着黑色的胡子。他看上去非常有智慧，精力十分充沛，但是过于絮叨。我代表司令官（饶勒斯）向他介绍了宁波造船厂（Ninpo Dockyard）一事，我们已在那里造出了 4 艘炮艇。他最初似乎感到满意，但当听说该船厂只能制造船体，而所用的螺旋桨、轮机和火炮都必须要在法国购买后，他便一口回绝了。为此，他托称朝廷尚未就他制造炮艇的请求给予答复，等待北京朝廷的上谕需要很长的时间，而在这段期间，船厂将会处于闲置荒废状态，这会使我们的司令官感到不快……就我个人而言，他一直令人感到愉悦。他以十分溢美的言语例举了昔日我在宁波供职时的表现。当德克碑先生陈

述他本人抱病在身，疲惫不堪，需要我助他一臂之力时，左当下吩咐我这么做。他（左）的衙门相当破旧……他的客厅一点也没有宁波道台的客厅体面。

——1864年6月15日，日意格日记①

① *A JOURNAL OF THE CHINESE CIVIL WAR 1864 BY PROSPER GIQUEL*, University of Hawaii Press 1985, P. 68—69.

第二章 奠基东南

一、“怀之三年”[①]

1864 年 6 月德克碑、日意格赶到风景如画的杭州拜谒左宗棠，转报了饶勒斯中校提出的可以将法军宁波船厂转让给中国的意向，可是并未能引起左宗棠的兴趣。当时已在积极思考、寻觅自造蒸汽动力军舰方法的左宗棠，之所以没有看中这一送上门的现成船厂，其主要原因大致有二端，一是因为法国海军的宁波船厂是纯粹的造船厂，不具备制造蒸汽舰船所用的蒸汽机、锅炉、螺旋桨等关键核心部件的硬件设施和技术能力，无法满足左宗棠想要完全自造蒸汽军舰的需求。另外，左宗棠自造轮船的想法虽然在 1863 年已经向总理衙门作过简略的陈述，但并没有从总理衙门获得任何肯定性的明确回复意见，左宗棠也没有向清政府作过正式的汇报奏请。不过，这次由法方主动提起的转售船厂的事件，却清楚地显示了如果中国人真的想要自造轮船，并不缺乏可以选择的途径和可以借助的外力资源，此事完全具有可操作性，由此也进一步坚定了左宗棠以自造的方式来获取蒸汽动力军舰的信念。左宗棠此时所需要不断思考的已经不再是能不能自行造出轮船的问题，而是该选择怎样的妥当模式来为自造轮船这篇宏大的文章正式破题。

几个月过去，1864 年 10 月日意格再度来到杭州拜见左宗棠，会商有关浙江镇压太平军的战事平息后常捷军的遣散去留事务。根据日意格在日记中的记述看，当天左宗棠的态度极为热情，不仅极不寻常地身着礼服接见，而且居然走到了总督署内厅入口处主动迎候日意格。宾主双方的谈话内容除了讨论关于常捷军的话题外，左宗棠还对另一个话题表现出了勃勃兴致，他甚至骄傲地带日意格参观了一艘中国人自行仿造的

---

① 语出左宗棠奏折：“拟习造轮船，兼习驾驶，怀之三年，乃有此请也”。《筹办夷务始末》（同治朝）（五），中华书局 1964 年版，第 1772 页。

蒸汽轮船，虽然事实上只是一艘仅仅能够乘坐两个人的蒸汽舢板（或称汽艇），但这艘小船无比强烈地显示了中国人想要自造轮船的雄心。①

日意格初见这艘寒酸的小轮船时心里很有些不以为然，“它拥有了引擎发动机的所有细节，足以示范汽船究竟是如何运行的，但也仅此而已”，口头上则颇为奉承地称赞“棒极了，这证明中国人非常聪颖”。②但紧接着围绕这艘小船而引起来的一番谈话，将彻底改变这位法国人的命运。当天左宗棠和日意格会谈中发生的最重要的事情就是与轮船相关的议题，不知何故，日意格并没有在自己的日记中对此做完全的记载，但此节从左宗棠后来给清廷的奏折中可以一窥端倪。左宗棠称这次与日意格会面时，在日意格评价中国人自造的小轮船“大致不差，惟轮机须从西洋购觅，乃臻捷便”之后，两人还谈到了由日意格、德克碑代中国监造轮船，“以西法传之中土”的全新提议。③ 和中外历史上很多重大事件发生时的情况一样，就在这看似风波不惊的谈话中，左宗棠决定了自造轮船计划的具体实施模式，即由可以信任的法国人帮助监督，寻求引入法国技术来建设船厂，建造蒸汽舰船。

据左宗棠称，是日意格、德克碑二人主动提出想要代中国监造轮船。值得注意的是，这二人其实是之前通过为饶勒斯中校传递转售宁波船厂的意愿，了解到了中方对于自造轮船的兴致，也由此在自造轮船这个话题上引起了左宗棠对他们的注意。在宁波船厂的问题上，左宗棠虽然嫌其缺乏制造蒸汽机等关键设备的能力，但这并非没有加以改进、转圜的可能，如可以通过谈判在宁波船厂基础上加以扩建，增加其制造能力，这显然要比从零开始建设新的船厂省力；又或者左宗棠对将船厂设在宁波这一地理上的安排缺乏足够兴致，那也不至于妨碍收购该厂后将其现成的机器设备迁移至异地。但自从左宗棠拒绝宁波船厂提议后，法

---

① 浙江当局当时共仿制了 2 艘明轮船，见陈其元：《庸闲斋笔记》，中华书局 1989 年版，第 265 页。

② 夏春涛译：《日意格 1864 年关于中国内战的日记》，《近代史资料》第 90 号，中国社会科学出版社 1997 年版，第 47 页。

③ 《试造轮船，先陈大概情形折》，《船政文化研究——船政奏议汇编点校辑》，海潮摄影艺术出版社 2006 年版，第 6 页。

国方面就再没有来继续商量，联系到日意格毛遂自荐为中国监造轮船的情况，其中可能是因为饶勒斯中校当时已经率舰驻扎日本横滨，对中国之事难以兼顾，以至于搁置了转卖宁波船厂的计划。同样也不能忽视的是，帮助中国设厂造船这一明显会得到极大金钱利益报酬的项目，无疑深深吸引了日意格以及德克碑，对其个人而言，由其自我包办建设一座新厂，显然要比为法国海军推销船厂更有诱惑力。

左宗棠后来称在委托德克碑和日意格监督造船之后，因为自己军务倥偬，暂时搁置了对自造轮船事业的筹划，“适发逆陷漳州，臣入闽督剿，未暇及也”。实际上这一时期左宗棠正在等待日意格、德克碑就代中国建设一座能够建造蒸汽军舰的船厂一事拿出详细的计划安排，此举事实上也是左宗棠对这两位法国人是否能够胜任帮助中国建造轮船工作的一次重要的能力考察。

翻看日意格和德克碑的个人履历，当时二人虽然都具有法国海军军官的出身背景，但都只不过是尉级的低阶下层军官，而且毋庸讳言的是，他们当时在建设船厂和建造军舰等方面都是彻底的门外汉。

日意格（前排居中者）与常捷军军官、军士们的合影。照片提供：中国船政文化博物馆。

日意格，1835年出生于法国西部布列塔尼大区莫尔比昂省风光旖旎的海滨城市洛里昂，1850 年至 1851 年在法国海军预备学校就学，1852 年入读海军学校，因克里米亚战争（Crimean War）爆发而中断学业，1854 年以二等见习生身份加入法国海军参加了克里米亚战争，因功在 1855 年获颁法国荣誉军团骑士勋章（Chevalier de la Légion d'Honneur）。1857 年随法军参加第二次鸦片战争来华，英法联军攻占广州后，日意格被派到联军委员会充当法方官员的副官，协助管理占领城市，在此期间认识了时任联军委员会秘书的英国年轻人赫德，同时也在此时开始学习中文。其后日意格又参加了联军设立的中国海关外国人检查团，1861 年成为宁波海关首任税务司，任内参与组建中法合作的常捷军与太平军作战，后获得晋升为法国海军中尉军衔，也在此期间得到了清政府授予的总兵衔荣誉头衔。无论是海军还是造船，都非日意格所长，但其通晓中文，为人谦和，与中国官员沟通融洽，这在当时闽浙地区的外国人中属于凤毛麟角，是在中国工作的巨大个人优势。而且在参加常捷军与太平军作战时，日意格表现突出，数度受伤，展示了其勇气和忠诚，这些特殊之处使得日意格获得了恃才傲物的左宗棠的重视和信任。

与日意格同时被左宗棠选中的德克碑，1831 年出生于法国首都巴黎一个家境优裕的人家，1846 年入读海军学校，1848 年以二等见习生身份加入法国海军，后也是作为英法联军的一员来华，参加了第二次鸦片战争，其在海军中表现良好，因功在 1859 年获得法国荣誉军团骑士勋章。在常捷军的第一、二任统领勒伯勒东和达耳地福相继与太平军作战阵亡后，已在 1862 年升擢为法国海军上尉的德克碑受命出任常捷军的第三任统领，与日意格多有合作。因为在配合清军镇压太平军的战斗中表现突出，德克碑受到左宗棠的赏识，经左上奏由清政府授予其提督衔荣誉头衔。相较日意格，德克碑更富有战场经验和海军知识，是一名标准的职业海军军人，但是对于造船这个领域也是毫无经验可谈。①

这两位对造船并不在行的法国人之所以能够得到左宗棠的信任，委

① 〔美〕庞百腾：《沈葆桢评传——中国近代化的尝试》，上海古籍出版社 2000 年版，第 238—239 页，注 69。

派他们来担当起中国蒸汽军舰建造事业中的重要责任，其理由十分容易解释：经过对蒸汽动力军舰建造的反复思索，左宗棠已发现如若完全撇开对西方技术和经验的学习，完全以闭门造车式的方法来自行模仿、建造西式蒸汽军舰，很难指望快速获得切实的成效。而如果要借助西方力量，在当时左宗棠的目光和信任所及的范围内，曾在其麾下共同对太平军作战，同时还曾经为法国海军上门推销宁波船厂计划，自称熟悉军舰建造的日意格和德克碑无疑是最佳人选，尤其是日意格还能通晓中文，交流更为便捷顺畅。左宗棠此时最急需的并不是一两位专业的欧洲造船专家，而是需要能够帮助在中国与西方造船和海军界之间建立和维护稳妥合作关系的可靠中间人。尽管如此，中间人即使与中国官员相处再融洽，倘若对造船事务完全摸不着边际，此事仍然存在着很大的风险和变数，左宗棠之所以没有立即将此上奏清廷，个中很大的一部分原因就是在等待检验这两名被他所信任的法国人在建船厂领域的实务能力如何，究竟能否提出切实可行的建厂、造船方案。

得到左宗棠的委托，日意格与德克碑立即着手编制建设船厂的计划方案，此事对当时的他们俩无疑太具挑战性，必然要寻求外力的支持援助。从后来发生的情况看，日意格因为还在中国海关担任职务，短时间难以从中抽身，有关制定船厂建设计划的工作主要由德克碑来操办。与左宗棠后来上奏清廷时称德克碑得到委托后，返回法国“绘具船式、船厂图册并将购觅轮机、招延洋匠各事宜，逐款开载”① 的说法略有出入的是，在接受了左宗棠的委托之后，德克碑在返回法国之前事实上还进行了一次神秘的日本之行。庞百腾先生在其著作中揭示了此事，并敏锐地感觉到这件事的发生实属“突然”。② 德克碑为什么在得到重大委托后，没有立即返回法国寻求援手，而是首先去了日本？谜一般的日本之行可能和当时法国海军中国、日本海支队的饶勒斯司令驻扎日本横滨有关，作为法国海军军官的德克碑在远行前可能需要前往当面请假，以及

---

① 《试造轮船，先陈大概情形折》，《船政文化研究——船政奏议汇编点校辑》，海潮摄影艺术出版社 2006 年版，第 6 页。

② 〔美〕庞百腾：《沈葆桢评传——中国近代化的尝试》，上海古籍出版社 2000 年版，第 135 页。

竖立在日本横须贺军港岸边的维尔尼铜像。原任法国海军宁波造船厂总工程师的维尔尼，后帮助日本建成了横须贺造船厂，在左宗棠筹议自造轮船时，日意格、德克碑身旁最熟悉、距离最近的造船技术专家就是维尔尼。照片拍摄：陈悦。

汇报被左宗棠委派等事。其次，1864 年年末，正是法国政府酝酿对日本江户幕府当局实施军事技术输出的时候，而法国的重要军事技术输出项目——帮助日本建设船厂制造蒸汽军舰的横须贺制铁所计划中，所拟选用的总工程师是曾经和日意格、德克碑同在宁波任职，且担任过法国海军宁波造船厂总工程师的维尔尼，这是当时日意格、德克碑可以迅速进行咨询、请教的唯一一位造船技术专家，德克碑的此行或许还具有打听横须贺制铁所建设计划的用意。值得特别注意的是，维尔尼在 1865 年 7 月 12 日正式受聘成为日本横须贺制铁所总工程师，而维尔尼所参与制定的设厂、造船建设规划，甚至维尔尼等法国技术人员与日本的合作模式，都和日意格、德克碑后来提供给左宗棠的方案存在着惊人的相似。或许在得到左宗棠的委托后，日意格、德克碑曾咨询或洽商过这位他们显然熟悉的法国造船专家。至于日意格、德克碑有没有邀请维尔尼一起加入为中国筹设船厂的计划，尚需寻找更多的史料进行研究。

结束日本之行回到中国不久，德克碑这才返回祖国，不仅去调研建设一座造船厂所需具备哪些软硬件设施、条件，预先筹划购买这些机器设备和雇佣相关人员的方案。更为重要的是，在回到法国后，德克碑颇有政治敏感地就此事向法国军方作了汇报，乃至向法国国王拿破仑三世（Napoléon Ⅲ）上呈，确认他和日意格作为法国海军军官能否在保留军籍（主要是保留在法军的职务资格及相应的退休金等福利）的情况下受雇于中国政府的造船和海军事业。德克碑、日意格协助中国官员建设造船厂虽然不是出自法国官方的策划，但当听闻此事后，法国官方表现出了格外的兴趣，对此大加赞同。站在当时法国国家的立场上看，此举尽管是两名法国人的个人行为，但倘若成功显然会扩大法国在华的政治、军事、经济影响力。据德克碑后来称，他在觐见法国国王时，拿破仑三世的态度非常积极："回国引见时面奏法国皇上，蒙法国皇上以中外和好，卑镇（指德克碑）既愿报效中国，亦甚喜悦，奉准给予外国假，令来中国开厂、造船、教导、监造、驾驶各事，务须教导中国员匠技艺精娴，力图报效，当由法国内阁衙门知照驻京公使照料"。[①]

此后，德克碑在法国将编制出的建设船厂、建造蒸汽军舰的具体计划、方案陆续寄给在中国的日意格，经和日意格会商确定后，再由日意格翻译成中文节略，呈送给左宗棠，进行正式汇报。德克碑、日意格拟定的建设方案最迟不晚于1865年夏季就经由左的幕僚胡光墉转送报给了左宗棠（有迹象显示，胡光墉在1863年就已与在宁波的日意格相熟），左宗棠的反应看似没有表示明确的意见，实际上则相当正面。左宗棠没有对方案本身的内容表示任何根本性的挑剔和异议，只是认为"条议多未明晰，未可径诺"[②]，两位法国人已然通过了左宗棠的考察。

从法国调研结束返回中国的德克碑，因没有能立刻得到左宗棠的正式答复，无法空坐等待，遂服从法国海军的安排前往暹罗任职，同时听

---

① 《海防档·乙》福州船厂（上），（台湾）"中央研究院"近代史研究所1957年版，第30页。

② 《答蒋芗泉》，《左宗棠全集》第十册，岳麓书社1996年版，第638页。此事也显示了胡光墉在左宗棠筹划自造轮船事务阶段所处的重要地位。

候仍在中国海关供职的日意格的进一步消息。此后，左宗棠仍然与日意格、德克碑围绕建厂方案保持联络和讨论，继续就外国技术团队的权责设定、设厂计划等细节事务开始进行不断的磋磨、调整，“彼此往返讲论，渐得要领”。[①] 因为自感尚不具备有十足的把握，左宗棠从筹划自造轮船开始，即持稳扎稳打的战术，在各种相关事项的筹备和计划尚没有十拿九稳的情况下，一直没有急于向清廷汇报此事，以防旁生波折。对个中的利害缘由，作为旁观者的中国通日意格看得十分明白：“在欧洲或是美洲建造一个像福州军工厂那样的工厂，是一件普普通通的事。但在中国，创始人却要冒很大的风险。北京政府从来不提倡任何新事物，而只是否决或者批准别人提的种种建议。因此按照北京政府的规矩，左总督必须对他倡议的工程负完全责任。一旦这项试验失败，就会毁掉这位在满清官员中算是一个最一帆风顺的高级官员的一生。”[②]

显然是自觉与左宗棠的合作已经十拿九稳，日意格在 1865 年冬天向法国海军部提出停役申请，同时向海关总税务司赫德申请辞职。[③] 在得知日意格辞职的幕后原因后，曾参与过阿斯本舰队事件，对为英国政府在中国的近代化事业中施加影响和攫取利益充满了兴趣的赫德产生了十分强烈的反感情绪。作为英国在华利益代言人之一的赫德，感觉受到法国人的进犯，这种情绪所产生的破坏性影响在日后将逐渐显露出来。

> 日意格当时对我说，他现在必须赶快告诉我他在有空时打算谈的一件事：他要知道我何时可以接受他的辞职，因为他希望同德克碑一起在左制台那里效力，监督一所海军学堂、船坞、铸造厂和制

---

① 《试造轮船，先陈大概情形折》，《船政文化研究——船政奏议汇编点校辑》，海潮摄影艺术出版社 2006 年版，第 6 页。

② 〔法〕Prosper Giquel：*L'Arsenal De Fou-Tcheou Ses Résultats*，Shang Haï Imprimerie A. H. De Carvalho1874，P. 2—3.（英文版译名为 *The Foochow Arsenal, and Its Results, from the Commencement in 1867, to the End of the Foreign Directorate*, on the 16th February, 1874.）中文译文参考了林庆元主编：《马尾船政局史资料汇编》（增辑），庚，第 2 页。

③ 关于日意格提出的暂停其在法国海军就役身份的申请见《海军军官教育一百四十年》（上），（台湾）“国防部海军司令部” 2011 年版，第 14 页。该书中未能辨明判断日意格相关报告的书写时间，本处推测为 1865 年冬季。

造所：他给我看他们拟议的章程，说雇用的人将全部是法国人，（法国）皇帝已告诉德克碑先办下去，保证给他支持。我大吃一惊，说我以为他对我一直没有尽职尽责，使我蒙在鼓里如此之久。并且说明，他最好是以与海关相联系的方式，而不是以与海关相脱离的方式，去实现他的目标。他说他不喜欢受我的掣肘和束缚，而显然希望开创一个独立的事业……海关必须从此进入一个新的阶段，我务须头脑冷静，兢兢业业；更加谨慎小心，更加如履薄冰！[①]

——《赫德日记》

日意格显然并没有把赫德的反对当回事，而是坚持要从中国海关辞职，同时继续与左宗棠讨论有关自造轮船的种种事务。随着相互间的讨论渐渐就绪，左宗棠的自造轮船计划即将因为一个突发事件的催生而瓜熟蒂落。

1866 年 2 月，左宗棠率军攻破太平天国嘉应州，扫清了太平天国在南方的最后残余势力，4 月左宗棠从作战前线返抵闽浙总督驻地、绿榕成荫的八闽之都福州。军务初定之刻，设厂造船再度被搬上了左宗棠的议事日程，身在湖北江汉关的日意格得到前往福州和左宗棠面谈的召唤，双方准备最终敲定在造船事业上的合作细节。左宗棠计划等到和日意格讨论完毕，在各种前期的准备工作就绪、计划方案完整齐全后，再就整件事情上奏清廷和盘托出。尚未等到日意格来到福州，一桩出乎左宗棠意料的大事犹如一声惊雷在清政府的朝堂上炸响了。

1866 年 4 月 1 日，总理衙门大臣奕䜣等上奏清廷，转呈海关总税务司赫德呈交的自撰《局外旁观论》和英国驻华公使阿礼国（Rutherford Alcock）上呈的由驻华使馆参赞威妥玛（Thomas Francis Wade）撰写的《外国新议略论》等两篇文章。19 世纪 60 年代英国对华外交持“复兴中国”的政策，即积极参与和影响中国的近代化改革，以此巩固和扩大英国对华影响力和在华的权益。[②] 赫德和威妥玛的呈文即

① 陈绛译：《赫德日记——赫德与中国早期现代化》，中国海关出版社 2005 年版，第 427—428 页。

② 〔美〕芮玛丽：《同治中兴——中国保守主义的最后抵抗 1862—1874》，中国社会科学出版社 2002 年版，第 329—330 页。

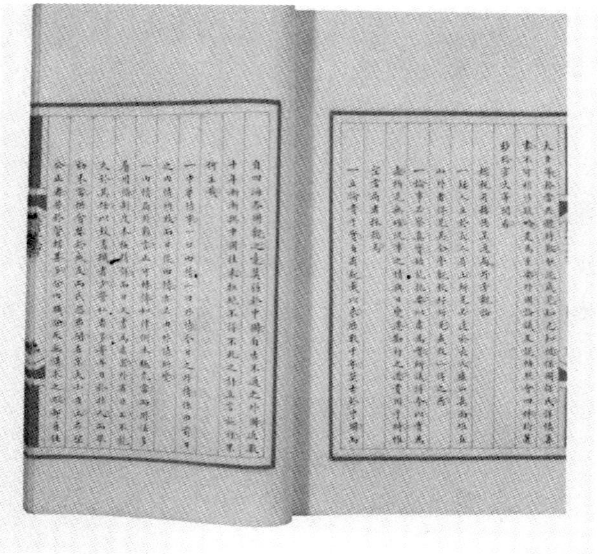

清廷内府朱格写本《筹办夷务始末》中收录的《局外旁观论》。故宫博物院藏。

在这一背景下产生，二人的文章内容多就中国当时的国内外形势发表见解，敲响警钟，建议中国应该立即着手进行各项近代化变革事业以求进步，提醒清王朝在与国际交往中应当注意的基本道理。在文中赫德和威妥玛还都不同程度地点到了中国应当开展建造轮船的事业。

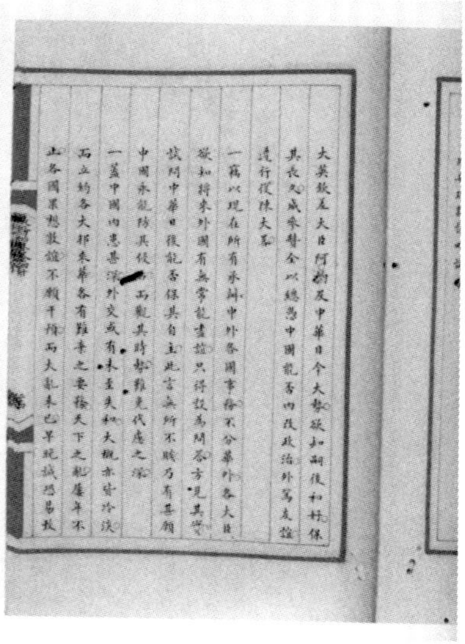

清廷内府朱格写本《筹办夷务始末》中收录的《外国新议略论》。故宫博物院藏。

以持平而论，《局外旁观论》和《外国新议略论》中的议论大量切中了当时中国内政外交的要害之处，“文内扼要之语，一曰借法自强；一则曰缓不济急”，其中很多观点此前在中国的朝堂上也有人提起，但这些议论由作为旁观者的外国人来集中提出，令清政府感到压力格外之沉重。虽然实际上认识到了其中不少内容是应当推行的急务，为务实之言，但这些议论是由西方人提出的，使得清政府感觉言语刺耳，同时揣摩不明西方人如此为中国着想的用意何在，便一厢情愿地以为这些议论是危言耸听、别有用心。总理衙门在上奏中就对赫德和威妥玛的文章中提及的中国应当举办的各项洋务事业做了歧误的解读，理解为是西方人有志染指于此，倘若中国不假借西方之力推进这些事业，西方国家可能会寻衅生事，“该使臣等所陈各节，虽多窒碍难行，然有为各国处心积虑所必欲力争之事。将来一有举动，诚恐以保护洋商为词”。总理衙门奏请清廷将这两份直接涉及中国近代化改革方略的文章下发给军机大臣以及沿海、沿江大臣一齐讨论对策，商议“如何设法豫防，俾各国目前不致生疑；如何设法自强，使中国日后有备无患”。① 而就是这次敲响了中国近代化警钟的大讨论，终于引发左宗棠提前向清廷呈报其设厂造船的计划。

1866 年 6 月 25 日，左宗棠向清廷上呈了四份奏折、一份奏片，其中的两份都直接涉及了自造轮船计划。尚未等到日意格前来福州最终谈妥设厂造船的全部事宜就急急上奏，迥异于左宗棠之前在此事务上所持的谨慎行事的风格，显然英国人赫德、威妥玛文章中有关中国应推行包括轮船在内的洋务新政的内容引起了左宗棠的高度政治敏感，要抢在西方人乃至国内各方政治势力之先，尽快让自己酝酿许久的方案拔得头筹，此时提出自造轮船计划，无疑与清政府高层正在进行洋务建设战略集体讨论的大时局背景十分契合。②

在回应清廷要求，讨论《局外旁观论》和《外国新议略论》的奏折中，左宗棠先设下铺垫，突出强调轮船在中国近代化事业中的重要性。行文上，左宗棠先是支持清廷和总理衙门的判断，将赫德、威妥玛的议论定性为阴谋和恫吓，继而直接将西方之所以敢于欺凌中国的根本原因归结到和蒸汽轮船有关，“彼之所恃以傲我者，不过擅轮船之利耳”“从

---

① 《奕䜣等奏赫德威妥玛各递议论应交沿江海督抚大臣妥议密陈折》，《筹办夷务始末》（同治朝）（四），中华书局 1964 年版，第 1664 页。

② 英国人此时试图影响中国自造轮船事业已有迹象，1864 年 10 月 14 日赫德与总理衙门大臣文祥交流时，即提及有关中国自造轮船事项。见陈绛译：《赫德日记——赫德与中国早期现代化》，中国海关出版社 2005 年版，第 251—252 页。

前中国虽许通市，番舶鳞集南洋，然彼贪贸易之利，素仰中国之威，未敢妄逞。嘉庆、道光年间，始有兵船阑入中国之事，虽称坚致殊常，然不过夹板等类，借保护洋商为词，实则护送鸦片。地方大员以理喻之，旋即引去，盖其时各国未造火轮船，彼尚无所挟也。道光十九年，海上事起，适火轮兵船已成，英吉利遂用以入犯。厥后寻衅生端，逞其狂悖，瞰我寇事方殷，未遑远略，遂敢大肆狓猖”。左宗棠又在与列强合作问题上对比了英国与法国，提出相比较而言，法国更可信任的观点，“就英、法两国而言，英诈而法悍。其助我也，法尚肯稍为尽力，英则坐观之意居多……”论述完轮船的重要性和法国人的可靠后，左宗棠便顺理成章地在奏折末尾亮出了自己找法国人合作设厂建造轮船的计划，“若纵横海上，彼有轮船，我尚无之，形无与格，势无与禁，将若之何？此微臣所谓鳃鳃过计，拟习造轮船，兼习驾驶，怀之三年，乃有此请也……现在借新法自强之论既发之威妥玛、赫德，则我设局开厂，彼虽未与其议，当亦无词阻挠”。[①]

左宗棠自称“怀之三年”的造船计划，在当天的另外一篇奏折中作了更为详尽的阐述。这篇开宗明义陈述“东南大利，在水而不在陆”，认为中国无论是出于海防或是海运等目的，均迫切需要蒸汽轮船的奏折，洋洋洒洒上千字，将左宗棠自酝酿设厂造船以来的思想全盘道出，尽抒胸臆。奏折里，左宗棠首先胪列了中国自造轮船的“七大难”，即“船厂择地之难”“轮船机器购觅之难”“外国师匠要约之难”“筹集巨款之难”“中国之人不习管驾，船成仍须雇用洋人之难”“轮船既成，煤炭薪工需费不訾，月需支给，又时须修造之难”“非常之举，谤议易兴，创议者一人，任事者一人，旁观者一人，事败垂成，公私均害之难”，直指这些难点就是中国在开始获取西式蒸汽轮船的努力后，为什么长期没有人敢于涉及自造轮船的根本症结所在。

继而，左宗棠对“七大难”逐一分析，全部提出了破解之道，以此论证自造轮船计划事属可行。在这份议论奇警的中国自造轮船事业的号

① 《左宗棠奏议覆奕䜣等英国呈递议论折》，《筹办夷务始末》（同治朝）（五），中华书局 1964 年版，第 1770—1772 页。

角、檄文式的文章中，左宗棠首度提出了将设厂造船之地确定在福建海口罗星塔一带的具体设想，并正式汇报了自己已然和法国人德克碑、日意格提前开始筹备建设船厂的先期事宜，各种准备工作即将落实、就绪，请求清政府就此事是否应当继续进行下去加以训示，一派剑箭在弦，只等清政府追加认可之势。①

在由赫德、威妥玛等西方人提出“借法自强”而带来的紧迫感刺激下，在左宗棠提出的“欲防海之害而收其利，非整理水师不可；欲整理水师，非设局监造轮船不可”的殷殷呼吁下，1866 年 7 月 14 日清廷颁发上谕，就左宗棠关于设厂造船的奏请予以全盘采纳和批准：

中国自强之道，全在振奋精神，破除耳目近习，讲求利用实际。该督现拟于闽省择地设厂、购买机器、募雇洋匠、试造火轮船只，实系当今应办急务，所需经费，即著在闽海关税内酌量提用。至海关结款虽充，而库储支绌，仍须将此项扣款按年解交部库，闽省不得辄行留用。如有不敷，准由该督提取本省厘税应用。左宗棠务当拣派妥员认真讲求，必尽悉洋人制造、驾驶之法，方不致虚糜帑项。所陈各条，均著照议办理。一切未尽事宜，仍著详细议奏。②

从 1863 年首度向总理衙门透露自己的造船设想开始算起，左宗棠的自造轮船计划至此整整经历了三年多时间的酝酿和筹备。③

---

① 《试造轮船，先陈大概情形折》，《船政文化研究——船政奏议汇编点校辑》，海潮摄影艺术出版社 2006 年版，第 3—6 页。

② 《海防档·乙》福州船厂（上），（台湾）“中央研究院”近代史研究所 1957 年版，第 10 页。

③ 庞百腾先生在其著作中提及一个观点，认为清廷之所以会快速批准左宗棠的奏请，其中带有以左宗棠的造船事业来制衡上一年曾国藩、李鸿章在上海开办的江南机器制造局之用意，“利用左来削弱曾、李在近代军事工业上的垄断，这有助于解释皇帝为何迅即批准左的海军船厂”，见〔美〕庞百腾：《沈葆桢评传——中国近代化的尝试》，上海古籍出版社 2000 年版，第 141—143 页。但是需要注意的是，左宗棠 1866 年上奏申请办厂造船时，江南机器制造局尚只是位于上海虹口的一座地方性小型军火工厂，江南机器制造局搬迁至高昌庙后开始建造轮船则是在左宗棠上奏事件之后的 1867 年间之事。

二、定址马尾

东南重镇福州，因城中榕树遍目，又称为榕城，在清末是统辖福建、浙江两省的闽浙总督的驻节之地。因为发源自福建西部武夷山脉的闽江绕福州城而过后奔流向海，福州还是个可以借着水路和大海直接相通的城市。① 自古以来，从福州到闽江入海口的江流就是商船往来繁忙的黄金水道，沟通起了福建腹地通向外海的交通和贸易联络，其中闽江北派江流在名为马头江（因江中有礁石其形似马头而得名，又称马江。"有江曰马头，在城南五十里，纳西北众流入于海，风涛汹涌，中有巨石焉，如马首状，随潮隐见，舟行必戒避之，故名。"②）的江段有明显的分界，由此向上前往福州城的江流变得狭窄、水浅，大船难以通行，而马头江向下游则水深、江宽，可以通行大船，于是马头江下游一带便成为上溯福州城的船只聚泊、转驳的重要传统锚地，江中的一座小岛上早在宋代就始建了名为罗星塔的宝塔（又名磨心塔，明代重建，塔身为花岗岩材质，塔高 31 米，直径 8.6 米），罗星塔既可担负文昌塔的传统象征性使命，事实上还充当着重要的航路标记功能。③

西方铜版画：19 世纪中叶的罗星塔锚地风光。画中左侧的宝塔就是罗星塔，右侧江面上聚泊着大量西方"飞剪"式商船。

罗星塔所处的地域附近，因为位于江中马头形礁石的下游，俗称马

---

① 闽江分为北派和南派两股流向不同的支流，在马尾地区汇合为一股，其北派支流在马尾地区附近的称为马头江或东峡江，南派支流称为乌龙江或西峡江。

② 《福州马尾港图志》，福建省地图出版社 1984 年版，第 3 页。

③ 《福州马尾港图志》，福建省地图出版社 1984 年版，第 7—11 页。

尾，在清代又常直接用罗星塔的名字直接来代指该地，称作罗星塔。①第一次鸦片战争后，福州成为对外通商五口之一，纷涌而来的各国商船因吃水深，多无法直接上驶到福州城，于是皆停泊在罗星塔一带，遂使得马尾一带地区成为了中外通商的交通要地。远航而来的西方贸易船只望见美丽的罗星塔，便知道目的地已近，于是乎罗星塔在欧洲又别生出了一个“中国塔”(China Tower)的雅号。而西方人在从大海进入闽江后，发现由海口至马尾的这段江流，夹江两岸景色秀美怡人，恍若欧陆莱茵河沿线的景致一般，久而久之又赋予了其“莱茵河岸”(Rhine Valley)的美名。

左宗棠在1866年上奏中提到的设厂造船的拟选之地罗星塔，所指的就是这方热土。

经历“怀之三年”的筹备和酝酿，设厂造船的计划终于在1866年夏天得到清廷的正式批准，左宗棠立即致信向日意格通报了这一他们都期待许久的喜讯，同时要求日意格立刻联系在暹罗一带任职的德克碑，让其放下手头工作，从速来中国。同年8月19日，日意格赶到了福州城，和左宗棠“详商一切事宜”。

船政界碑。中国船政文化博物馆藏。

① 《福州马尾港图志》，福建省地图出版社1984年版，第6、9页。

在涉及设厂造船的千头万绪事务之中，两人首先开始着手最为基础的造船厂选址事宜。

左宗棠与日意格同赴罗星塔地区选址，虽然日意格内心里青睐的是福建沿海的三沙湾，但对于左宗棠的意见，性情平和的日意格并没有做任何的违逆表示。① 二人经过实地考察，初步选定了马限山下一块“宽一百三十丈，长一百一十丈，土实水清，深可十二丈”的滨江田地，行政上属于当时福州府闽县的中岐乡。等到当年 10 月 5 日德克碑赶到福州后，左宗棠又商派其到马尾中岐作实地的勘察。由于比日意格对造船知识更熟悉和行事更仔细，加之在与左宗棠相处时的态度没有日意格那般逢迎，德克碑对马限山下的这块江边土地直率地表示了担忧。德克碑根据周边环境以及土壤颜色，怀疑该地可能是冲积形成，地质不坚，如此将不适合开挖干船坞和构筑大型船台、安装重型工厂设备。据左宗棠此后称，在经过挖掘取土分析土质确定无问题后，德克碑对这方选址也表示了认同，左宗棠最终确定将该地作为设厂造船的根本重地。“惟虑马尾山下土色或系积淤所致，未能径决。臣比令开掘取验，泥多沙少，色青质腻，知非淤成。德克碑乃信其真可用也。”②

背倚马限山，面朝马江的这片土地总面积 328 亩余，地契字号分别为“宇、宙、洪、荒”。这些土地是所有权在民的民田，而且几乎是马尾中岐乡的全部田地，考虑到土地征买之后，原来的乡民必须另谋生计，所以官方给予的征地价格较优越，每亩地的价格为 55 两银，总计征地用款 18087 两银有余。③ 此外，当时农田直接关联着税赋，随着从民户手中收买农田，上奏清廷请求豁免相关农户农税等繁琐事务也同时展开。从当年起，购买土地一事即由左宗棠派出的李庆霖等官员会同福州闽县地方官员开始实施，“派员会同福州府、闽县，将该乡民田按亩

---

① 〔美〕庞百腾：《沈葆桢评传——中国近代化的尝试》，上海古籍出版社 2000 年版，第 161 页，注 52。

② 《请派重臣总理船政折》，《船政文化研究——船政奏议汇编点校辑》，海潮摄影艺术出版社 2006 年版，第 7 页。

③ 《海防档·乙》福州船厂（上），（台湾）“中央研究院”近代史研究所 1957 年版，第 59 页。

丈量给价”，设厂所需的首期征地工作在当年年末基本完成。①

左宗棠为设厂造船而进行的选址乃至征地工作，从其实施情况看，均颇为务实、得力，但其将建造航海军舰的船厂厂址设在闽江内地，此举在后世常遭人质疑乃至诟病，认为局限了船厂所能建造的船舰的体量规模，制约了船厂的发展。而且现代也有人根据1884年中法马江之战的战果来分析，认为马江之战的灾难性失败原因里，也和当初船厂选址不当、容易被敌封锁存在重要关联。然而如果将对左宗棠选址设厂的决策放置到以防海作为国家主要对海方向策略的19世纪60年代去分析，放置到其所发生的历史时代中去看待，则实际是不难理解的。曾参与勘察选址工作的日意格在其回忆著作*L'Arsenal De Fou-Tcheou Ses Résultats*中，对当年之所以选址马尾做了透彻的阐述，是对为什么会选址马尾的最好解释：

> 这个港口容易设防；闽江江口小岛星罗棋布，群山环绕，宜于建设炮台；溯江上行十里，两岸的山夹着江，只要布置几个水雷，便能阻住入侵的船只。船厂在此兴建，距省会较近，容易使高级官宪目睹制造，发生兴趣。此处又有重要的海关，船厂的经费较易筹措。泊船处所能停吃水至二十二三尺的船只，因此它的深度正适宜于船厂拟造的船只；船厂前即可停泊，对造船很便利。筹划时已经确知本省能供给大量木材及其他原料，可供各工厂之用；台湾产煤，离此不远；工资又很低廉。最后，也是最主要的原因，即筹划创办的人（左宗棠）是闽浙总督，船厂设在福州，便于他监督照顾。②

---

① 沈葆桢出任船政大臣后，因原征用的田亩不够使用，又经添加征用至三百四十六亩七分五厘三毫二丝七忽，该片土地在收归公有后，每年的地丁银和粮米都需要专门上奏中央予以豁免。见《建造船厂，丈买田地，请豁应征钱粮、粮米片》，《船政文化研究——船政奏议汇编点校辑》，海潮摄影艺术出版社2006年版，第55—56页。

② 〔法〕Prosper Giquel：*L'Arsenal De Fou-Tcheou Ses Résultats*，Shang Haï Imprimerie A. H. De Carvalho1874，P. 1—2. 译文转引自孙毓棠编：《中国近代工业史资料》第一辑上册，科学出版社1957年版，第384页。又可参见林樱尧：《日意格笔下的船政印象》(一)，《海峡时报》，2015年1月8日。

三、定名船政

正值左宗棠将很大一部分的精力集中在刚刚开始铺开的设厂造船事务之时，1866 年 9 月 25 日，清廷因湘军水师出身的陕甘总督杨岳斌称病申请开缺，上谕调左宗棠赴西北接任。[①] 这一重大人事变动事发十分突然，考虑到谕令不可违逆，而设厂造船事务又是千头万绪，很多布局工作尚未确定，一旦自己离去，失去了大员的督导、扶持的设厂造船工程前途不可预料，极有可能会出现偏离预设目标甚至夭折的危险。“设局、制造一切繁杂事宜，均臣与洋员议定，若不趁臣在闽定局，不但头绪纷繁，接办之人无从咨访，且恐要约不明，后多异议”。[②] 左宗棠一面上奏申请暂留，同时开始加快设厂造船的各种基础布局工作，这其中最重要也是最为棘手的工作就是选择设厂造船事业的主管官员，以及确定造船机构的正式名分和地位。

如果从左宗棠的造船计划看，这一事业非常容易让人产生将其看作是建设一座工厂，或建设一个工业联合体的简单化理解，直到现代，相关领域的很多研究论著中也仍然把左宗棠开创的这一事业看作为是一个船厂或造船机构，习惯于拿其和曾国藩、李鸿章在上海开创的军工生产联合体——江南机器制造总局相提并论，甚至于还有论者在讨论左宗棠的造船事业时，以市场化运营的造船企业的一些特征和规律、模式作为标准去对之进行衡量和评价。实际上这类讨论和观点，都没有探及左宗棠创立的这一机构的真正性质。

从左宗棠与朋僚间的一些相关书信的内容看，自 1863 年开始酝酿设厂造船后的很长一段时间里，左宗棠本人对于准备筹设的自造轮船机构习惯称为“厂”，但是这个“厂”究竟属于是一种什么样的机构，还处在定义十分含混、模糊的状态，是一个近似于造船厂，但又不考虑市场化经营，同时还肩负所造轮船运营的奇特组织。

---

① 《谕杨岳斌开缺调理左宗棠调补陕甘总督》，《左宗棠全集》第三册，岳麓书社 1989 年版，第 111 页。

② 《请派重臣总理船政折》，《船政文化研究——船政奏议汇编点校辑》，海潮摄影艺术出版社 2006 年版，第 7 页。

直到左宗棠受命调任西北，设厂造船的各项布局工作加速之后，随着负责人选的确定，左宗棠的“厂”才终于得到了一个极具想象力的正式名称。

按照左宗棠的规划，尽管设厂造船之议由其本人提出，与德克碑、日意格等商量定议也由其本人直接参与，可是一旦设厂工作完成，正式进入造船阶段后，该“厂”走上正轨，其日常管理事务势必需要委托专员常驻负责，而不可能由身为总督的左宗棠本人事事躬亲，亲自来兼任这一新设的非经制的“厂”的管理人。1866 年 10 月 6 日，总理衙门致函左宗棠，询问设厂造船事务的进展情况以及左宗棠调任陕甘总督后的接办工作安排得如何。在就此回复总理衙门的信函中，左宗棠道出了自己在此方面的设想。左宗棠告诉总理衙门，自己原拟在设厂工作完成之后，申请清廷从中央派专员来闽负责管理工作，“本拟俟开局以后，请派京员来闽，总理船政，以便久司其事。”① 但是自己突然被调派陕甘，已经无从等待到设厂工作全部完成再奏请调派专员负责，左宗棠向总理衙门透露，准备推荐在籍的前江西巡抚沈葆桢出任此事，“现则请派京员已迫不及待。惟前江西巡抚沈幼丹中丞，在籍守制，并因父老，服阕欲乞终养，近在省城，可以移交专办”。②

左宗棠致总理衙门的这封公函，所包含的内容信息十分重要。在负责人的人选方面，左宗棠麾下当时本有周开锡、胡光墉、吴大廷、李庆霖、黄维煊等不同程度参与到自造轮船事务中的官员可供选择，但左弃而不谈，而是称原本想要请调派京员来闽负责，显现了左宗棠希望将其设厂造船计划最终纳入到国家事务一环的政治眼光，而不想其局限于闽浙一隅。在无法坐待建厂完毕再请调京员的现实情况下，自造轮船事业的负责人不仅仅要担负统筹大局之责，还要努力进行尚未就绪的设厂工作。左宗棠提出的是一位十分特殊的人选，即在籍的前江西巡抚沈葆桢。由巡抚级的官员来充任一个名分不详的新设近代化工业机构的领导

---

① 《上总理各国事务衙门》，《左宗棠全集》第十册，岳麓书社 1996 年版，第 711 页。总理衙门致左宗棠的函件见《海防档·乙》福州船厂（上），（台湾）“中央研究院”近代史研究所 1957 年版，第 13—14 页。

② 《上总理各国事务衙门》，《左宗棠全集》第十册，岳麓书社 1996 年版，第 712 页。

人，无疑将会提升这一机构在国家机关中的地位，还能借重这一级别官员自身在宦海中的影响力和人际关系来为设厂造船排难解困，创造有利条件。而这在同时驻扎着福州将军、闽浙总督、福建巡抚三位大员的福州境内，更显重要，能够保证设厂造船计划在左宗棠离去后，可以坚持其作为国家级事业的超然地位，不至变形、降低为其所处的闽省地方的附庸机构。

在给总理衙门的这份公函中，左宗棠多次提到了“船政”和“总理船政”等名词，此时这些词语所表达的还只是总负责造船事务之意，尚不算是特指名词，但是日后这些文字就将生发出新的意义。

1866 年 10 月 31 日，左宗棠就调派设厂造船专门负责人等事情正式向清廷上奏，其内容大致与左宗棠给总理衙门的公函相近，说明这封上奏其实是左宗棠在预先与总理衙门通气后做出的。之前在给总理衙门的公函中，左宗棠称为了说服沈葆桢出山执掌造船事业，自己已经两度登门拜访，而随着时间推延，到了上奏时，左宗棠叙述自己已经“三顾茅庐”。经与福州将军英桂等地方大员商议，左宗棠认定自己的友人沈葆桢是绝佳的人选，但身体健康不佳且遵从古礼在籍守制的沈葆桢显得对左宗棠的邀请缺乏足够热情，“始终逊谢，不遑可否”。鉴于此，左宗棠在奏折中请清廷温言谕令其直接出任。似乎是为了打消沈葆桢可能抱有的顾虑，左宗棠在奏折中还特别向清廷说明设厂造船事务如有纰漏，将由自己来承担责任，“此事系臣首议试行，傥思虑未周，致多疏漏，将来察出，仍请旨将臣交部议处，以为始事不慎者戒”。①

至于沈葆桢出山后应担任怎样的具体职务，左宗棠提出了此前在给总理衙门公函中使用过的“总理船政”四字，请示清廷任命沈葆桢为总理船政大臣，由礼部正式颁给关防，同时授予其就船政事务的专折上奏之权。11 月 20 日，清廷颁发上谕，对左宗棠的奏请作出了明确答复，批准了由沈葆桢总理船政的申请，授予沈葆桢专折上奏的权力。② 从

① 《请派重臣总理船政折》，《船政文化研究——船政奏议汇编点校辑》，海潮摄影艺术出版社 2006 年版，第 8 页。

② 《海防档·乙》福州船厂（上），（台湾）“中央研究院”近代史研究所 1957 年版，第 22 页。

此，总理船政成为一个特定的职位和机构名词，在总理船政管理下的整个设厂、造船等一系列机构和事务，也由此被统称为船政，左宗棠的设厂造船事业终于结束了其名义不详的历史，船政从一个普通的词语变成了特指具体机构的专门名词。至于总理船政这一机构的长官，则被习惯称为总理船政大臣或船政大臣。尤为重要的是，因为是经过清政府的批准，船政事实上具备了国家新设机构的重要身份。

不过，显得刻意有所保留的是，清廷在同意命令沈葆桢总理船政的同时，并没有按左宗棠所申请的那样由礼部铸造关防授予沈葆桢，而是命令“先刻木质关防印用”，等到船政建设成功时“再行奏请部颁关防”。① 从后来的实际操作中看，该关防其实是由船政自行刊刻，材料为木质，印文内容为“总理船政关防”。②

中国船政文化博物馆展品：“总理船政关防”印样。

关防，在清代是指非经制的临时或新设机构的印信，其平面呈长方形，以区别于正方形的大印。清末时期，在名称中不特指地域范围，而直接缀以“总理”名义的新设政府机构为数并不多，除了总理船政之外，较具代表性的新设机构还有总理各国事务衙门和总理海军事务衙门，与总理船政一样，都是清廷批准特设的专门负责管理某一领域事务的机构。但是有一极为重要的细微差别在于，总理各国事务衙门和总理海军事

① 《谕沈葆桢总理船政，刘典帮办甘肃军务》，《左宗棠全集》第三册，岳麓书社 1989 年版，第 137 页。但是《船政奏议汇编点校辑》《海防档》抄录的清廷谕旨中都只有“先刻木质关防印用，以昭信守”，而并没有之后的“一俟局务办成，再行奏请部颁关防”一句。见《船政文化研究——船政奏议汇编点校辑》，海潮摄影艺术出版社 2006 年版，第 8 页。《海防档·乙》福州船厂（上），（台湾）“中央研究院”近代史研究所 1957 年版，第 22 页。

② 《恭谢天恩，驰报任事日期兼沥下忱折》，《船政文化研究——船政奏议汇编点校辑》，海潮摄影艺术出版社 2006 年版，第 23 页。

务衙门虽然同样也是使用关防印信，但是这两个机构的关防均由礼部铸造颁发，即在礼部注册备案，而且材质为银质，印文内容格式上也与正式机构的大印一样，除了汉文篆书的机构名称外，同时还带有当时称作清字的满文的篆书印文，显得等级极高。相形之下，由船政自制、材料为木质、印文中只有汉字的船政关防则显得等级相差了不少，更不用说总理各国事务衙门、总理海军事务衙门的总理大臣是由亲王级的王大臣出任，而首任船政大臣虽说级别也很高，但毕竟只是巡抚级的官员。

尽管左宗棠已经为他的设厂造船机构申请到了国家批准的名分，但正如其关防所显示出的临时性那样，这一名分本身仍然带有极大的不确定性，清廷并没有特别申明出任总理船政大臣的人选必须具备的官阶级别，一旦未来的船政大臣低于巡抚级别，那这一机构能否保持其不被福建地方大员矮化，则是很大的问题。清廷也并没有特别申明总理船政除了主管自己的设厂造船等事务之外，还有何等的具体权限。船政未来能发展到何种程度、能否确保其在国家级机构中的地位，很大程度上将取决于船政的建设成功与否，以及船政大臣是否能够在政场上去努力争取和维护自身权益。

从此后的历史发展看，有一个迹象非常明显，总理船政为了显现自己是国家特设机构这一特殊地位，避免遭到矮化，在其自我名称上有着某种坚持。其对外，不再在名称中使用“厂”或“局”之类的字样，而只称“总理船政”或“船政”；也坚决不甘心在“船政”之前被人缀上将其矮化为地方性机构的地域名词，诸如“福建船政”或“福州船政”等。但是这种坚持，经常遇到清廷和地方机构有意无意的挑战，清廷无疑不愿意见到一个汉人地方大员发起建设的机构拥有过大的权力，对于船政常使用诸如福建船政、船政局之类明显带有贬低其级别的名词，提到沈葆桢时也常不使用船政大臣，而称其为前江西巡抚，贬抑船政的用意十分显然。正因为历史上围绕船政的名称出现了上述这类不统一的使用情况，在后世提及船政这一机构时，也经常会出现混用“福建船政”“福州船政”“福建船政局”“福州船政局”等名词的情况，殊不知这些名称恰恰可能是当年的船政创始者们最不愿见到的。[1]

关于左宗棠创设的办厂造船事业的正式名分，现代史学界有两位学者做过十分敏锐的观察和分析。庞百腾先生注意到了在船政一词之前加上“福建”和“福州”字样，是当时外界有意无意地对其进行矮化的负面行为，“好像海军船厂不过是个省属企业”。[2] 陈道章先生在2003年则提出了“船政”不能被称为“船政局”的重要意见，解释了“局”字所蕴藏的低规格机构的含义。[3] 凡此种种，皆强调了一个史实，即左宗棠在福建马尾开创的造船事业的最初正式官方名称应为——“总理船政”或“船政”。

四、船政建设、运行经费的确定

作为左宗棠设厂造船活动的另一大重要基础，资金保障是决定该事业成败的关键性因素之一。

左宗棠在1866年向清廷上奏时，预估建造船厂、购买机器以及雇佣技术人员需要三十余万两银，船厂建成、开始造船后，每月的工料、薪俸约需五六万两银，合计每年约需六十余万两银，以五年的初创期来计算，则建成该事业一共需要三百余万两银。至于如何来筹措这笔巨款，左宗棠当时的设想是首先尽量从闽海关关税中提取，如果关税不敷

---

① 林庆元先生对“船政局”这一名词的坚持就是明显的例子。林庆元先生根据清廷上谕等材料，认为左宗棠在马尾创设的独特海防事务机构的名称应该是“福建船政局”而非“船政”，其观点的依据恰恰就是清廷在上谕等公文中经常使用的带有暗中贬抑用意的“福建船厂”等词。林庆元先生称坚持使用“福建船政局”的另一重要依据出自左宗棠一些私人书信的标题，实际这些标题极有可能是左宗棠的幕僚或者后人在整理信稿时加上的，而且以私人通信中的非正式文字来推翻左宗棠在上奏清廷的正式奏稿中所使用的名称，这种理解显然是不恰当的。船政这一机构的准确名称究竟是什么，应以其印信关防上的名称为准，尽管这种名称的使用在现代汉语的语法看来可能有语病，但其毕竟是真实存在。林庆元坚持使用“福建船政局”的观点见其所撰《是福建船政局，还是福建船政?》，刊于《福州晚报》，2002年9月3日“闽海神州”。

② 〔美〕庞百腾：《沈葆桢评传——中国近代化的尝试》，上海古籍出版社2000年版，第167页。

③ 陈道章：《船政研究文集》，福建省音像出版社2006年版，第151—161页。

使用，再设法提用福建省的厘金、捐税补充。同时左宗棠在奏折中还透露了他已经函商过时任浙江巡抚的马新贻和广东巡抚蒋益沣二人，初步达成了浙江、广东两省也出资协助建设的意向，“均以此为必不容缓，愿凑集巨款以观其成。”从此后清政府的上谕看，清廷对提取闽海关关税以及福建厘税的办法表示认可，但对浙江、广东两省为此事向造船计划输送资金的设想，不置可否，事实上后来粤、浙二省联合筹资办理船政的建设方案无疾而终。[①] 浙江隶属于闽浙总督，由其资助船政建设尚可理解，而隶属于两广总督的广东省假如加入到为船政建设输送资金的行列里，无疑会使船政事务超越出闽浙范围，这在严密防控地方权力过大的清廷是难以接受的。

在实际的操作中，建厂本身所需的费用预算大大超过左宗棠所预计的三十余万两银，达到四十余万两之巨。清政府虽然批准经费由闽海关关税和福建省的厘捐中提取，但实际二者当时都没有现成可调用的资金。经左宗棠测算，当时闽海关全年各种关税虽然合计约二百万两银，看似总额不少，但是扣除去应缴各处的经费后，实际还亏空了二十余万两银，而福建省的厘捐因为清理拖欠各军的军饷和准备左宗棠西征部队的军饷，也是“竭蹶万分”。[②] 此时只有闽海关上缴中央财政的每年为数高达近八十万两银的四成结款是有可能借用的资金，可以解燃眉之急，为此左宗棠在1866年11月21日上奏清廷，申请动用这部分计划外的资金。[③]

---

① 关于闽、浙、粤三省筹资联合办理船政的筹划情况，庞百腾有过深入论述，见〔美〕庞百腾：《沈葆桢评传——中国近代化的尝试》，上海古籍出版社2000年版，第142—147页。

② 清末闽海关和其他关一样，长期处于收支相抵，甚至收不抵支的情况。以左宗棠上奏申请设厂造船的1866年为例，当年闽海关税收总计2248242两库平银，支出则为2247000两库平银。而在1865年，闽海关税收为1979391两库平银，支出则达到了1992698两库平银。数据引自汤象龙：《中国近代海关税收和分配统计》，中华书局1992年版，第409、422页。

③ 《开造轮船，请暂动结款折》，《船政文化研究——船政奏议汇编点校辑》，海潮摄影艺术出版社2006年版，第10—11页。

表一 船政筹建初期预算费用①

名目	费用
购买机器	169969 两
机器包装、保险及雇佣外国工程师期间产生的差旅费用	29512 两
日意格、德克碑预支薪水，往来路费，雇定的外国人员的预支薪水	19370 两
购买用地，建设车间厂房、办公和生活用房，置办基本用具	约 200000 两
合计	418851 两

所谓的四成结款，是指当时中国各通商口岸海关向中央财政缴纳的四成洋税，即海关向洋商船只征收的海关正税②的40%。第二次鸦片战争后，为了偿付根据条约给英、法两国的战争赔款，清政府决定将各海关洋税的40%提取用来专门支付赔款，此项资金单独称作各海关的四成洋税。至1866年左宗棠奏准设厂造船时，恰好第二次鸦片战争赔款已经付清，从当年起各通商口岸的四成洋税遂没有了具体的支付任务，清政府命令各海关仍然提留四成洋税，但是改为按季结缴户部，作为中央政府的备用金储备，结缴国库的四成洋税遂又称作四成结款。③ 左宗棠申请动用这笔上缴中央财政的闲置资金，可谓恰逢其时。左宗棠申请从闽海关预备上缴中央的四成洋税中提留四十万两银用作建厂资金，议上即获得清廷批准，这四十万两银的资金便是船政创建阶段的重要经费来源。

除了开办船厂需要的四十万两建设经费外，造船工程一旦开始启动，每月都必然会产生材料和人工等大笔开销支出。对于此项资金，左

① 本表格根据左宗棠《开造轮船，请暂动结款折》绘制，《船政文化研究——船政奏议汇编点校辑》，海潮摄影艺术出版社2006年版，第10—11页。

② 向洋商船只征收的海关正税包括：洋货进口正税、土货出口正税、土货进口正税、洋药土膏各税进出口正税。

③ 陈勇：《拨与解：晚清海关的解款困局及其应对》，《中国社会经济史研究》，2012年第4期，第37页。值得注意的是，1867年曾国藩上奏申请江南机器制造局开造轮船的奏折中，为筹措江南机器制造局开造轮船的经费，申请从上海江海关的四成洋税中提取，似是受了清政府批准左宗棠从闽海关四成洋税中提取经费的成功前例影响。

宗棠预估在每月五六万两银上下，原计划从闽海关六成洋税中每月拨付给福建省的协饷银五万两里逐月分拨出两万两银，以此作为制造轮船和船政的日常经费。在后来左宗棠奉旨西征前夕，考虑到“用费一切有不能预计者，必须宽为筹备，方免临时掣肘”，经奏请清廷批准，改为将闽海关每月协拨闽省的饷费五万两银全部作为轮船经费，来自于闽海关六成洋税的每月五万两银经费便成为船政的主要运行和造舰经费来源。

五万两银一月，总其一年可获得高达六十万两银的费用，以其支应船政的运行看似绰绰有余。然而就是在这一日常运行经费的设置上，左宗棠实际犯下了非常严重的决策失误。

按照左宗棠的设想和谋划，自造轮船的日常经费主要是以支付人工薪水和造船材料费用为大宗，所以每月有五万两银已经是十分充裕。至于舰船建造出来之后，舰员的薪饷、舰船所用燃煤以及舰船维护等费用，左宗棠并不考虑从这五万两银中支出，左宗棠的想法是待自行建造出蒸汽舰船后，以之取代传统的漕运沙船，“以新造轮船运漕而以雇沙船之价给之”，通过为政府运输漕粮来解决舰员薪项和舰上燃料等费。此外，新造蒸汽动力舰船的维修保养费用，左宗棠则设计通过将舰船出租商运来牟利取费，“漕务毕，则听受商雇，薄取其值，以为修造之费”，如此“船成之后，不妨装载商货，藉以捕盗而护商，益可习劳而集费，似岁修经费无俟别筹也”。①

这一设想，看似颇为精妙，但事实上无论从舰船技术角度或是可操作性角度看，都是一个并不切合实际的想法。

首先，用于作战的蒸汽动力军舰和用以载客运货的蒸汽动力商船，分属两个截然不同的船舶体系，二者设计目的不同，设计要求不同，军舰看重火力、防护、航速、机动性能，商船则看重的是载货量、载客量、续航力、航行经济性。倘若非要在军舰上开辟货舱、客舱，不仅破坏了其总体设计，而且影响防护布置、火力配备，使得军舰的战斗力大

① 《试造轮船，先陈大概情形折》，《船政文化研究——船政奏议汇编点校辑》，海潮摄影艺术出版社 2006 年版，第 5 页。

幅减损。反之如果非要在商船上安装火炮使之具有战斗力，同样会影响到商船的载货量，航行的经济性，这是两种难以调和的事物。

其次，在具体的操作层面，具有战斗使命的军舰，其主要任务是巡弋外洋、驻泊港口、护航保商，而漕运船只和商船则必须能够按照一定的航班或货运时间要求，相对固定地长期在某一航线上来回航行。无论是造出了具有载货力的军舰，在其执行正常军事任务时突然将其调走参与运输牟利，或是造出了带有武备的商船，当其在航线上按期运输航行时突然将其调去参加战斗，其是否具有操作性可想而知。

左宗棠这一设想的产生，充分说明了他对蒸汽舰船事务虽然具有极高的热忱，但是仍然无法完全避免缺乏经验和专门知识而带来的局限。后世有论者根据左宗棠设想中用轮船运漕的计划，将其解读为在建造军舰的同时要发展轮船航运业，则属于对左宗棠此设想的本意没有参透的误读。

早在左宗棠开始萌生获取蒸汽动力军舰的时候，其书信、奏折中便很容易发现一个明显的特点，即左宗棠习惯将蒸汽动力的军舰和民用船混称为一个单一的名词“轮船”。这种将军用船和民用船混为一谈的思想，在当时的中国的确十分普遍。

清末时代，中国传统水师使用的船舰，实际多只是在福船、广船等民用船型的基础上安装武器而已，其样式亦军亦民，并没有大量出现真正的完全以军用（尤其是水战、海战）为目的而专门设计的战船。太平天国战争中，清军以及常胜军、常捷军等雇佣军所使用的所谓蒸汽动力军舰，也多是购买或雇佣西方蒸汽动力民船，在其上加装武备而已，也是亦军亦民的形式。左宗棠对军舰、商船的混淆不清的模糊认识，显然与其在军务生涯中产生的这种船舰印象有很大关系。

不仅在资金安排的设计上，甚至于在对所造军舰的选型上，左宗棠也提出了在战斗性军舰上拓出货舱的要求，然而这种荒腔走板的生硬设计要求在制定当时，无论是日意格还是德克碑都没有提出什么反对性意见。这两位军阶只不过是尉官的法国海军军官一方面可能是迎合左宗棠的意见，另外一方面也可能是其本身对于军舰设计也并没有什么专门的工程知识基础。①

从此后的历史看，左宗棠的这一资金安排设计对后来的船政的发展事实上形成了极大的困扰。由于后来船政造船并不是以市场化的模式运作，所造出的船舰都并不用于出售，都是留在船政的名下使用，每多造出一艘军舰就会新增出一艘船舰的人员薪饷和船舰维护费用，加之左宗棠设计的以军舰去承揽漕运和商运以养活自己的运作模式根本无从操作，船政被迫从造船经费中挪用养船费用，如此日积月累，每月仅有的五万两经费根本无法应付造船和维持已造舰船的运行，而这就是造成了后来船政在开办未久就遇到资金困难的重要原因。

五、船政建设规划的订立

与在经费设定方面因为缺乏经验，仅依据一己的想象而犯下了决策失误的情形迥异，在设厂造船的规划方面，左宗棠的设计和布局则可圈可点。

在安排建设用地、资金等关键性的工作有条不紊开展着的同时，设厂造船的另一项根本性工作——编制、明确时人称为船政章程的设厂造船总体规划一事，在1866年下半年也告完成。左宗棠在1866年12月11日向清廷上奏了一份汇报船政章程创设情况的奏折，其中胪列了十条重要事项，但这其实并非是船政章程的全部内容。从奏折中可知，由于左宗棠设厂造船计划的主体部分是委托法国人德克碑和日意格领导外国技术团队来协助进行的，因而船政的初期章程、总体规划，实际是通过德克碑、日意格所签署的合同性法律文件具体体现出来的。

在1866年7月14日清廷上谕批准了左宗棠设厂造船的计划后不久，日意格赶到了福州，和左宗棠就设厂造船的具体规划工作进行了洽商和谈判，双方“议程期、议经费、议制造、议驾驶、议设厂、议设局”，本着“由粗而精，由暂而久，尽轮船之长并通制器之利”的原则，

① 19世纪60年代时，欧洲海军尚没有以载人、运货为主要用途的运输舰的概念，与左宗棠想要的舰船类似的是武装商船，不过从日后船政的实际造船情况看，其所造的带有货舱的蒸汽动力军舰在火力上远远超过西方的武装商船，实际上是在炮舰一类的舰型基础上增拓货舱而成的特别型号。

船政五年计划保约签署地——法国驻上海总领事馆。

于 1866 年 9 月 3 日正式拟定了四份合同性文件，而后按照文件中规定的生效条件，日意格携带这四份文件前往设在上海的法国总领事馆，在法国总领事白来尼（M. Brenier de Montmorant）的见证下签署。当年 10 月 5 日，德克碑赶到福州，对上述四份合同性文件阅读后没有异议，随即于 10 月 21 日乘船前往上海，也去法国总领事馆签署该合同性文件。[①] 就此，设厂造船的合同性文件正式生效。

根据左宗棠的设计，之所以要让日意格与德克碑前往上海法国总领事馆签署与船政建设相关的合同性文件，本意是想让法国总领事也在文件上签字画押，即由法国政府对此事负上连带责任。法国总领事白来尼对此当即回绝，认为法国政府无法为两名法国人的商业行为进行担保，“此事左部堂与日、德二位自能会议定办，想此受托承办之事，如同交易之常情，本国亦不能过问，更无允许保全之条例”。几经商讨，此事

① 事有蹊跷的是，时任法国驻华公使伯洛内在得到驻上海总领事白来尼的汇报后，对这一中法合作工程的签署非但没有做积极影响，反而致信总理衙门提醒中方应行事慎重，甚至建议中方就建厂造船一事与海关总税务司英国人赫德详细商议。见《海防档·乙》福州船厂（上），（台湾）“中央研究院”近代史研究所 1957 年版，第 13—14 页。

后来加以变通，法国外交官不在保约上署名，但由法国公使向总理衙门致函表示知晓此事，一旦将来德克碑、日意格办理有不妥善之处，法国将秉公执断，“贵国与日、德二公商办此事，必立有会［合］同字据，倘后彼此有所争论，本大臣自必按照会［合］同所写查办。”①

之所以日意格、德克碑签约一事要去法国总领事馆签署，又之所以日意格等携去签署的文件不能称为合同，而只能称之为合同性文件，实际是日意格、德克碑与左宗棠拟定的这些文件并不属于甲、乙双方共同签署，约定互相责权利关系的标准合同，而是只有日意格、德克碑两人单方面签署的类似于保证书式的单方承诺性文件（该文件的中文本名称为“承办保约”），也正因此才会需要二人持这种单方的承诺保证书去其所属国法国的总领事馆，由法国总领事对二人的这一行为进行担保。为什么当时左宗棠没有采取签署合同，而是以法国人单方面保证的形式来确定双方的合作关系，一方面可能是基于华尊夷卑的不对等思想，另一方面以西方人主动来报效中国的形式来确定合作关系，能规避很多涉及中国主权的潜在隐患，预防保守思想占据主流的社会舆论对此事业的批评，也可以杜绝倘若和欧洲人签约不慎而旁生枝节的危险。

日意格、德克碑签署的这批合同性法律文件，具体包括“保约”、“条议”（十八条）、“清折”、“合同规约”（十四条）各一份，这些基本就是左宗棠设厂造船的总体技术性规划内容，具体包揽承办此事的日意格、德克碑由此也可视作为是左宗棠设厂造船事业的技术、工程总承包人。

在这批合同性文件中，“保约”是提纲挈领性的综述性根本文件，类似于合同文本的主体部分。据“保约”声明，福建设厂造船事务中的购买西方机器设备、造船材料等“外国家伙、工料”，雇佣管理西人，教导建造，教育培训等事务统由德克碑和日意格负责，中方则负责建造各种厂房设施，准备各类日用生活用具和造船所需的“中国物料”以及提供资金和人力的保障。

---

① 《海防档·乙》福州船厂（上），（台湾）“中央研究院”近代史研究所 1957 年版，第 13 页。

“保约”之外的另外三种文件，是分别就保约的内容作的进一步细化约定，相当于是合同文本的附件。其中“条议”十八条基本规划和明确了建厂造船的各项细节性的具体事务内容，“清折”则是详细开列了建厂造船所需的各项资金及用途的明细，“合同规约”则是日意格、德克碑代中国雇佣西方技术人员时借鉴参考的合同样本，内容涉及了对洋员群体的具体管理措施和奖惩办法。

这四份重要的文件勾画出的，是一个雄心勃勃的投资超过两百万两银，为期五年的宏伟计划，内容上主要可以归纳为设厂、造船、设船坞、教育、用人等五大方面。①

设厂 设厂是整个五年计划中的基础内容，虽然其根本目的是要为建造轮船准备好制造的硬件条件，但是值得特别注意的是，其目的并不仅仅局限于建设造船厂本身。近代化的蒸汽动力轮船、军舰建造，是一项包罗万象的复杂工程，除了以船体建造为主的造船厂本身之外，还需要诸如冶金、兵器、机械加工、仪表、动力等很多不同的工业部门与之进行配套协作，而在根本没有任何近代化工业基础的近代中国，这一切全都无从谈起。也由此为了实现左宗棠创想的建设一座可以使中国人拥有独立建造蒸汽舰船能力的工厂这一目标，在船政设厂造船的规划中，要求法国人日意格、德克碑必须协助中方，从欧洲购买机器、装备，建造一座装备齐全的工业联合体，不仅仅能够完成蒸汽动力舰船的船体建造本身，而且还必须具备相配套的诸如蒸汽机、锅炉、管路、螺旋桨、航海仪器乃至船用家具等各种装备，甚至于这个工业联合体内还要具有能够自行冶炼、锻造造船所需钢铁的部门。左宗棠在福州马尾并不仅仅是引入一座西式的造船厂，而是要将整套的西式造船工业体系引入中国。通过这一雄心勃勃的计划，就更容易理解当初左宗棠为何会拒绝收购法国海军的宁波船厂。

按照约定，这些工厂的厂房建筑等土建工程项目，主要由中方负责完成（欧式建筑由西方团队指导完成），而工厂所需要的各种机器、技

① 《海防档·乙》福州船厂（上），（台湾）“中央研究院”近代史研究所1957年版，第31—43页。

术装备，全部从欧洲购买引进。西方技术团队初期的工作便是帮助购买这些机器运输到中国安装调试，日后则要依赖这些机器进行生产制造。

需要注意的是，在日意格等签署的保约、清折中以及左宗棠乃至此后沈葆桢等的一些奏折、文牍中，常把船政的建厂概括作船厂和铁厂两部分。实际上这些地方所指的船厂和铁厂与现代汉语词汇中的船厂、铁厂的意思截然不同，这些地方所称的船厂，是指以船台等设施为主的船体制造场地与设施，而铁厂则指涉及铁工的各类车间，包括了诸如轮机、打铁等各个车间，并非是相互独立管理的两个生产机构。

造船 作为设厂造船计划的最主要的目的，造出蒸汽动力军舰既是五年计划的重要目标，也是对洋员承包集体的重要的定量考核指标。根据五年计划的规定，以涉及蒸汽机、锅炉建造的轮机等各个铁工车间的建成投产之日为标志进行起算，在此后的五年时间里，洋员承包集体必须指导和协助船政建成 11 艘主机功率 150 马力的大轮船，船型按照西方的军舰样式。同时按照左宗棠以军舰运输漕粮的设想，这 11 艘蒸汽动力军舰还要各自具备 1 万石米的运货能力，其中除了初期的 2 艘决定使用进口的蒸汽机和锅炉外，其余的 9 艘必须要由工厂自行建造出与之配套的蒸汽机和锅炉。另外，与 11 艘 150 马力大轮船相配合，还需要在五年计划内造成 5 艘功率为 80 马力的小轮船，船型采用西方海军的炮艇（Gunboat），这些小轮船所需的蒸汽机和锅炉部分外购（2 套外购，另外 3 套自行仿造），船上同样也得有运载货物的能力。总计在五年计划到期时需要造成 16 艘蒸汽动力军舰。

需要特别说明的是，在船政规划中以蒸汽机的功率大小作为界定所造轮船种类的标准，即 150 马力和 80 马力。但是此处所指的马力与现代普遍使用的马力是两个截然不同的功率单位，船政规划中所列入的马力，是一种称为虚马力的单位，而现代多使用的是实马力。18 世纪英国工程师瓦特以煤矿上马的起重力作为标准，为蒸汽机的功率制定了功率单位，即马力，具体而言，1 马力就是 1 匹马在 1 分钟起重 3300 磅物体至 1 英尺高度的力量。为了测出蒸汽机的功率，瓦特以蒸汽机的汽缸压力为 7 磅/平方英寸为定数，再结合蒸汽机活塞面积、活塞每分钟运行距离等参数，代入一个专门的公式来求出这台蒸汽机的功率。此后随着蒸汽机技术的快速发展，蒸汽机的汽缸压力早已超过了7磅/平方英寸的历史标准，但是之后在计算蒸汽机功率时，不管蒸汽机的真实汽缸压力，仍然是以7磅/平方英寸作为恒定不变的定数来计算的，所得出的功率数值称为虚马力，往往数值偏小。而将蒸汽机的真实汽缸压力代入公式进行计算的，所求出的功率数值称为实马力，往往比虚马力大。[①] 船政规划中的150马力和80马力均为虚马力，换算为实马力则为600马力和320马力。

设船坞 船舶航行日久，水线之下的船体因为常年浸在水中，受水和水生物腐蚀、附着，必须要经常对船舶进行离水维护作业，彻底刮洗、油漆船体，以延长船舶的使用年限，消除船材锈蚀、腐烂等隐患，进行这种作业所需的最重要的硬件设施便是船坞。而一旦遇到船只因故受损，需要彻底修理时，也得依靠船坞来实施离水大修。当时最为通行的船坞样式是干船坞，即在濒水的岸边开挖出一个和水域相通的水澳，在澳口设有闸门，闸门开启，澳内和外面的水域水面相平；待船舶驶入水澳后，将澳口的闸门关闭，用抽水设备抽干澳内之水，船舶的整体便全部露出，可以进行全面维护。船舶修竣后，再向澳内注水至和外界水域相近，然后打开闸门，船就可以驶出。

船政五年计划中最初列有建造一座干船坞的内容，此举无疑将大大增强造船厂的船舶维修能力。不过干船坞的建设要求和局限很多，诸如必须在江海边选依山的地质坚实处开挖，还得考虑附近地下水不能太丰沛，以防坞内渗漏。[②] 因为建造干船坞对周边环境要求较苛刻，工程施工量大，且工程中不可预测的风险多，工期时间长，后来遂将此计划改为建造一座利于快速建成的可以将船舶从水中直接拖曳上岸的拉拔特式(Labat)拖船坞。[③]

教育 除了可以量化考察的造船指标外，五年计划另一项重要的考核指标就是教育。

---

① 许景澄：《外国师船》卷9，光绪十一年柏林使署石印版，第26—28页。

② 参见《船坞论略》，江南制造总局光绪二十年版。

③ 《改用铁板船槽片》，《船政文化研究——船政奏议汇编点校辑》，海潮摄影艺术出版社2006年版，第18页。

左宗棠的设厂造船计划里，具有划时代意义的是加入了系统的近代化船舶工程和海军学术的教育，其目标非常显然，即设厂造船的目标不仅要完成自造轮船，还必须要能在外国技术顾问团离开后，如期实现中国的技术和海军人才能够独立完成舰船的设计、建造以及舰船的驾驶运用。

根据规划，五年计划期间，在作为造船工业联合体的“厂”之外，将设立称为“局”的专门的学堂，即艺局，对外公开招生，由西方技术人员教授专业技术知识。其中分为主修造船工程，以法语教学的前学堂和主修航海、轮机，以英语教学的后学堂。前学堂内主要培养船舶设计、轮机设计等造船技术人才，类似工程技术学校，同时前学堂还负担开办类似工人夜校的艺圃教育，直接在各车间利用早晚非工作时间对工人进行专门的理论和技术培训。后学堂则主要负责培训能够驾驶军舰、维护舰上轮机的专门人才，类似于海军军官学校。

前后学堂的学生学成之后，政府负责其职业安排，“各子弟学成后，准以水师员弁擢用”“各子弟之学成监造者，学成船主者，即令作监工，作船主”。在对西方技术团队的考察方面，规划具体要求在五年计划到期时，这两所学校必须达到前学堂的毕业生能够“按图自造”，后学堂的毕业生能够“监造、驾驶”的程度。

五年计划中的教育工作除了包括专门的学校教育外，另外还包含各生产车间的现场实地教育，充当车间主任、工头等技术骨干职务的西方技术团队成员，在工作之中必须要教导所在车间的中国学生、工人，在五年计划到期时，必须达到“中国员匠按照现成图式造船，法度一律精熟，均各自能制造轮船”的目标。

需要留意的是，在当时中国以传统的科举取士作为国家教育基本模式的环境中，不学传统的书经，而是学习诸如外文等西学，而且教育出来的合格学生还将能得到政府任用，不啻是一场教育革命。在左宗棠设厂造船计划开始之前，此方面成功的例子仅有恭亲王奕䜣等推动的，设在北京的以培育翻译人才为主要目的的京师同文馆。与之相比，船政的这一教育计划除西文外，还涉及工程技术、海军学术乃至技术工人教育，均为破天荒之举。

用人 五年计划中规定的与用人有关的内容，主要指对西方工程技术人员的使用。十分有趣的是，中法合作的福州造船项目与同是中法合作的日本横须贺制铁所项目在此点上完全相似，都是由法国方面组成技术承包团队参与建设。

按照日意格、德克碑签署的合同性文件规定，共将从欧洲雇佣 37 名工程师和技术工人（另有 1 名秘书，实际是 38 人团队），分别称为洋员和洋匠，由日意格、德克碑作为监督，具体管理西方技术团队人员。这些欧洲工程师、工人的雇佣方是日意格和德克碑，而非中方，中方官员将只通过日意格和德克碑来实施管理。由于日意格通晓中文，“虽系外国人员，深知中国文字言语，且礼数、公牍亦所熟谙，不须言凭通事、字凭翻译”，经左宗棠、苏松太道、法国驻沪领事馆等公拟，确定日意格为洋员“主政”，即任洋员正监督，而此前与日意格平起平坐，甚至凭着对海军事务等更为熟悉而风头压过日意格的德克碑则不得不屈居其后，负责“随同办理”，即任洋员副监督，被明确规定担任日意格的助手。而且合同性文件中规定，涉及洋员管理的事务均由日意格来负责，公文上也要将日意格的名字排列在洋员最前。①

在这支队伍里，洋员和洋匠组成的技术团队是真正的技术核心，负责在造船及相关的各个工作中，全方面指导和教育中国人员走上正轨，直到能够独立操作。日意格、德克碑因为和中国方面关系熟悉、相处融洽，则作为代中方管理洋员团体、与洋员团体进行交流沟通的桥梁。如此，中方的高级官员在管理工作中，就不用直接操心与大量的西方人交涉等琐碎事务，只要把控好日意格和德克碑两人即可。

中方和欧洲团队的合作契合点以及管理的主要手段，设定为金钱，中方用重金来激励西方团队，不仅给予高昂的工资和福利（洋员监督每人的月薪为 1000 两银，其他洋员每月工资合计 5878 两，每月日用杂费 1000 两，其工资水平相当于日本横须贺制铁所雇佣的法国技术人员的

---

① 《海防档·乙》福州船厂（上），（台湾）“中央研究院”近代史研究所 1957 年版，第 42—43 页。

10 倍左右),[①] 而且如果到期完成了五年计划约定的工作任务，整个团队将获得额外两个月的薪水和归国的旅费，如果任务完成得出色还将有一笔巨额的奖金，具体为日意格、德克碑每人各 24000 两银（约等于当时的 199200 法郎)，其余的技术团队人员分享 60000 两银，这无疑是令人怦然心动的数字。[②] 不过，倘若洋员群体未能很好完成这一任务，则这些都将变为乌有，甚至归国时的差旅费也不会发放。

同样是大量密集地使用外国技术人员，船政与日后北洋大臣、直隶总督李鸿章在筹办北洋海防时选用洋员的情况相比较，高下立判。后来李鸿章北洋海防上所使用的外国顾问，也多属专业技术人员，但是聘用零散，缺乏系统的规划和目标，而且不存在一个专门的洋员管理机构。而左宗棠与日意格、德克碑拟定的这种外包团队的形式，显得更具章法，也更易于进行有效的管理。

作为外国技术承包团队首长的日意格、德克碑的职务设定为洋员监督，此点看似与后来李鸿章创办北洋海防时聘请的总查洋员十分相像，不过与李鸿章习惯给予包括总查在内的洋员以一定具体职务的方式不同，左宗棠并没有给充作顾问和技术骨干的外国人以任何的中国官职。这一处理原则的思想初衷，在左宗棠与闽海关税务司美理登早先交流有关雇佣法国人帮助训练陆军的书信中有过极为直白的阐述，当时美理登建议中国授予外聘的外国教习以总兵、副将职位，左宗棠则坚决反对：“若以外国官作总兵、副将，兵丁及千、把、外额等先已心怀不服，不肯受教，必然之理。即如外国请中国人作先生，要学生以官长之礼事之，外国人亦必不肯。就是外国教主，人皆尊敬他，亦无以官长相待之事。教习还教习，官还官，既是请教习，便不是请官，所以要分明才

---

① 洋员监督月薪 1000 两银约等于 8300 法郎，年薪则高达 99600 法郎，几乎相当于同时期日本横须贺制铁所法国总工程师 10000 法郎年薪的 10 倍。另法国技术工人的月薪为 100 两，约 830 法郎，同时期日本横须贺制铁所雇佣的法国技术工人的月薪只有 75 法郎。参见《横须贺海军船厂史》第一卷，（日本）横须贺海军工厂 1915 年版，第 75—76 页。

② 以清代 1 两库平银约等于现代人民币购买力 400 元左右的较低估算标准计算，意味着日意格、德克碑每人将获得购买力相当于现代近 1000 万元人民币的奖金，而其余技术团队人员将均分购买力相当于现代 2400 万元人民币的奖金。

是。大约兵丁须由中国派员管带，不请外国总兵、副将。如外国官员情愿充当教习，中国官员自当宾主相待；就不是总兵、副将，亦断不致不尊敬他。将来打仗立功，亦当照中国官职例，从优保举，不致亏负他”。①

在后来设厂造船计划的实际运作中，尽管日意格、德克碑拥有早年参加镇压太平天国战争时被清政府奖授的总兵衔和提督衔，但参加设厂造船时，他们的虚职头衔只相当于荣誉称号，除非在上奏或正式公文中会提及，其在船政真正的职务则是洋员监督，而且这个职务设定明确规定了他们的监督管辖权仅及于外国人员的工作以及纪律情况，对中方则只有建议、指导等权力。

至于洋员监督所管辖的整个西方技术承包团队，因为形式上是属于两名洋员监督自己雇佣来华工作的人员，法理上和中国政府之间没有任何关涉，这些人员的身份更为纯粹、直接，只是根据洋员监督的安排担负具体的教学和技术工作以及其他事务，对中方的行政、管理则不能有任何的染指。

船政对于使用外人方面的精心设定安排，保障了在日后的运行中，没有发生过诸如北洋海军1890年撤旗事件那样的因权责不清而引发的中外冲突事件。② 不过略有瑕疵的是，在设计以洋员监督直接和洋员、洋匠签订雇佣合同这一用人模式时，日意格等未能考虑到当时中国的一项特殊国情，即根据鸦片战争后签订的不平等条约，包括法国在内的一些列强国家在中国获得领事裁判权，拥有对在中国土地上发生的本国人诉讼实施司法管辖的特权。③ 在这样的情况下，因为船政的外国工程师、技工等在形式上都属于是被日意格、德克碑二人私人雇佣来华工

① 《答福州税务司美理登》，《左宗棠全集》第十册，岳麓书社1996年版，第570—571页。

② 1890年初，北洋水师“定远”“镇远”等军舰驻泊香港期间，提督衔洋员琅威理和左、右翼实缺总兵林泰曾、刘步蟾间围绕虚衔提督和实职总兵何者才是舰队中最高级别军官问题引发矛盾，进而发生了琅威理负气辞职，中、英海军合作陷入低谷的事件。

③ 〔美〕马士：《中华帝国对外关系史》第二卷，上海书店出版社2000年版，第140—142页。

作，而非受中国官方的聘用，一旦外国技术团队内部发生纠纷诉诸领事法庭，极有可能导致领事馆借机插足船政洋员管理事务。

六、中方职员队伍的形成

除了上述各项布局之外，左宗棠在离闽之前完成的另外一项至关重要的布局工作，就是为船政物色、布置了一支基础的中方职员队伍。

左宗棠向清廷请求派沈葆桢总理船政的那份奏折中，同时还请求清廷正式任命两名高级官员协助沈葆桢办理船政事务。左提出的人选，是其麾下两位办事十分得力的亲信官员，而且事实上在之前他们已经不同程度地参与到了自造轮船的先期工作中。

其中第一位是时任福建布政使的周开锡。周开锡，字寿珊（又作绶珊、受山），湖南益阳人，1826 年生，是左宗棠的得意门生，太平天国战争时先后进入过曾国藩、胡林翼幕府，担任过署理湖北沔阳（今湖北仙桃市）知州。1862 年被左宗棠邀请赴浙江，任温州府知府兼署温处道，因办事得力，颇受左宗棠的看重。周开锡在温州知府任上曾办理过雇佣外国轮船出海剿灭海匪的事务，是当时左宗棠手下比较少见的对轮船事务有所接触的人员。周开锡后随左宗棠入闽，出任福建延建邵道、署理福建布政使等职，在福建巡抚徐宗干于 1866 年去世后，经福州将军英桂奏请，兼任护理福建巡抚一职。[①] 以左宗棠和周开锡的亲密关系，周开锡必然会对船政关护有加。仿佛是为了使周开锡关照船政的行为更加师出有名，左宗棠在奏折中推荐协助沈葆桢办理船政的人员时，专门申请清廷谕令周开锡必须确保对船政的经费供应。[②]

左宗棠上奏中推荐的另外一人是道员胡光墉。胡光墉，字雪岩，1823 年生，安徽绩溪人，是中国近代史上著名的红顶商人。左宗棠任职浙江巡抚、筹办设厂造船事业时，身为左宗棠幕府中重要角色的胡光

① 台北“故宫博物院”图书文献处清国史馆传包，702000224 号，“周开锡传包”。

② 《请派重臣总理船政折》，《船政文化研究——船政奏议汇编点校辑》，海潮摄影艺术出版社 2006 年版，第 8 页。

墉即参与其事，而且和同在宁波的日意格等多有往来。因胡光墉对船政的一干应办事务的大致情况较为熟悉，其为人精明，于商务、采办等能力突出，“素敢任事，不避嫌怨，从前在浙历办军粮、军火，实为缓急可待”。在左宗棠看来，胡光墉可以直接调入船政，充当船政的二号人物，遂在上奏中提出请求，希望派胡光墉管理船政的各类具体建设事务，“一切工料及延洋匠、雇华工、开艺局，责成胡光墉一手经理”。①

奏上后，清廷不仅批准了将胡光墉交由沈葆桢任用的请求，之后又宣布将来周开锡也一并交由沈葆桢差遣，② 二人随后均被派兼任船政提调。③ 因为沈葆桢无法立即就任船政大臣，周开锡以护理福建巡抚、船政提调的身份代为管理船政事务，成为沈葆桢抵任前船政事务的代理主管官员，其管理机构为船政总局，设于省城福州，在相关的工作上多与福州将军英桂等联络协商。胡光墉则因为要在上海兼办左宗棠西北军务所需的采办、转运等工作，经左宗棠上奏声明，无法长期驻在福建，而是在上海、浙江等地随时根据船政的需要而代为办理事务。④

在举荐了周、胡二人之后，一方面基于自己平日里的留心观察和发现，一方面出自周开锡和胡光墉二人的推荐，左宗棠在 1866 年 12 月 11 日还向清廷递交了一份推荐调入船政使用的其他官绅人员名单。

表二 左宗棠咨送人员名录⑤

姓 名	被推荐时身份	推 荐 理 由
叶文澜	盐运使衔广东补用道	好善急公，熟习洋务，遇有委办事件，均能妥实经理，为人敦朴可恃。

① 《请派重臣总理船政折》，《船政文化研究——船政奏议汇编点校辑》，海潮摄影艺术出版社 2006 年版，第 8 页。

② 《筹拨购买轮船厂机器等件银两折》，《船政文化研究——船政奏议汇编点校辑》，海潮摄影艺术出版社 2006 年版，第 9 页。

③ 《船政创始在在需才，宜固人心以全大局折》，《船政文化研究——船政奏议汇编点校辑》，海潮摄影艺术出版社 2006 年版，第 27 页。

④ 《道员胡光墉未能常川在闽片》，《船政文化研究——船政奏议汇编点校辑》，海潮摄影艺术出版社 2006 年版，第 18—19 页。

⑤ 据《道员叶文澜等交船政差遣片》整理。《船政文化研究——船政奏议汇编点校辑》，海潮摄影艺术出版社 2006 年版，第 16—17 页。

续表

姓名	被推荐时身份	推荐理由
黄维煊	候选同知	迭次委赴香港、厦门、上海、宁波及罗星塔等处测量沙水，访察洋务，并随同胡光墉与日意格、德克碑议拟章程，均能不辞劳瘁。
贝锦泉	五品军功	向在浙江管带捕盗、缉私各轮船，熟习直隶、山东、江苏、闽、浙各洋面情形，堪充船主。
徐文渊	福建候补布政司	涉猎西洋图书，颇有巧思，现仿制洋炮百余尊，亦均合用。

入选左宗棠这份名单的共有叶文澜、黄维煊、贝锦泉、徐文渊等 4 人，各具特点。

叶文澜，福建厦门人，早年赴美国旧金山做工，后携资回籍经商，通南洋等地外语，是厦门当地著名的殷商，熟悉办理洋务事宜。

黄维煊，浙江宁波鄞县人，宁波开埠后即投身海外贸易，通英语，同时对海事问题有所涉猎，太平天国战争期间在宁波当地参加对太平军的作战，由此获得左宗棠注意。

贝锦泉，浙江宁波镇海县人，早年在西方人的轮船上做水手，后在宁波船商集资购置的武装轮船“宝顺”轮上担任管带，是当时中国屈指可数的具有蒸汽军舰舰长资历的人，1866 年当年已被左宗棠调至闽浙，担任当时福建刚刚购买不久的“华福宝”武装轮船的管带。

徐文渊则对军火等西洋物件的制造颇为熟悉，太平天国战争期间曾主持过火器仿造。

从经历来看，四人不仅都对洋务事务有涉略，有的甚至还掌握英语，能够和欧洲人沟通交流。此外，四人的专长都是与船政事务相关的技能，恰好可以各当一面。对左宗棠的荐举，清廷完全同意，四人都被正式调用至船政，成为了船政创设之初，中方官员团队中的中坚力量。

除左宗棠专门向清廷荐举、委派的这六位人员外，左宗棠在离任时还留下了几位与船政有密切关系的人员。

福建通商局委员李庆霖早在左宗棠为设厂造船选定用地时即被调用，参与办理了征地等工作，办事得力，是船政的元老级官员。左宗棠上奏设立船政时李庆霖顺理成章地继续在船政任事，因而左宗棠对其没有再专门奏调。

与左宗棠荐举的周开锡等六人以及未被荐举，而事实上已经在船政任职的李庆霖的情况不同，还有两位左宗棠的重要亲信官员虽然没有被正式奏调，但都不同程度地参与过船政事务，左宗棠离任时他们都在福建担任要职，后来也都被正式调入船政服务，即时任台湾兵备道的吴大廷和时任福建盐法道的夏献纶。

吴大廷，字彤云（又作桐云），1824 年出生，湖南沅陵人，拔贡出身，在湘中以文才出众以及留意经世之学著名，早年即与左宗棠、李鹤年、郭嵩焘等交往密切，和左宗棠保持密集通信，交流经世之学。1855 年考中顺天乡试举人，授内阁中书，太平天国战争中被安徽巡抚李续宜疏调从军，1862 年进入时任安徽巡抚唐训方幕府，因功保记名道员，赏戴花翎。后被左宗棠延揽入闽，历任主管福建军需税厘局、署理福建盐法道等要职。任内办事得力，在整顿盐政、改革积弊等方面均大获有效，于 1866 年被调补福建台湾兵备道。① 吴大廷是左宗棠赴任西北后，仍担任福建省内重要职务的左宗棠派官员，后在沈葆桢出任船政大臣期间被调用为船政提调。

夏献纶，字黼臣，号筱涛（又作小涛），1837 年出生，江西新建人（今江西省南昌市新建区），监生出身，捐兵部武库司主事，兼兵部职方司主事，后丁父母忧回籍，1861 年被左宗棠揽入幕府，曾任署理福建汀漳龙道以及左宗棠楚军总理营务处等要职。吴大廷在 1866 年被调补台湾兵备道后，所留下的署福建盐法道一职即由夏献纶接任。和吴大廷一样，夏献纶也是左宗棠离开闽浙之后，在福建地区仍然担任要职的原左宗棠幕府出身人员。沈葆桢未就任船政大臣之前，英桂、周开锡在有关船政事务的处理上，多邀夏献纶共同筹议；沈葆桢出任船政大臣后，于 1870 年调夏献纶接替周开锡，担任船政提调委员。

从人员结构上看，由左宗棠留下的这批官员队伍尽管人数并不多，但是高低搭配，既有周开锡、胡光墉之类已经拥有较高官职身份的领导人员，又有吴大廷、夏献纶等随时可以奏请调入船政差遣的高级官员，

① 《清吴桐云先生大廷自订年谱》，（台湾）商务印书馆 1980 年版。

还有李庆霖、叶文澜等处理具体事务的中层官员，以及贝锦泉、黄维煊、徐文渊等技术官员。在左宗棠的布局下，船政最早的中方管理团队的骨干班底规模初具。这些人员大多与左宗棠交往密切，互相间又非常熟悉，对于船政建设有较为统一的认识，这也保证了船政初创阶段中方高级职员队伍的内部团结。

七、围绕船政行政地位的争议

1866 年 9 月末，左宗棠在福州接到了清廷调他担任陕甘总督的上谕，因为船政事务千头万绪，布局未定，左宗棠上奏申请在闽暂留以办理妥当。上述种种布局事务，大多是在左宗棠暂留闽中的短暂时间里密集完成的。当年 11 月 23 日，左宗棠正式将身负的闽浙总督等职交卸给福州将军英桂暂署，自己迁出了总督署，暂住到福州城外东教场继续处理未决的公务，并准备整装西行。12 月 16 日，左宗棠从福州正式启程赴任西北，告别了他寄予无限深情厚望的船政事业。

临行之前，在写给曾经的幕友、时任浙江布政使杨昌濬的信中，左宗棠流露出对船政事业的念念不忘："轮船一事，疏请幼丹总理船政，已得旨允行。日、德（日意格、德克碑）尚能守约，以理与势论，可冀有成。弟毅然身任，不敢敛手。身虽西行，心犹东注。临别书此奉告，以兄能知我心也。"①

西行之时的左宗棠，对船政事业牵肠挂肚，这除了源自其本人对这一事业的无限热情外，另一重要原因则是对船政未来的发展，左宗棠此刻已经怀着一丝隐隐的担忧。

左宗棠的隐忧，仍然是围绕着船政的地位未定而生，而船政在整个国家的政治地位，将直接决定着这一机构未来之路能够走出多远以及能够发挥多大程度的影响力。

左宗棠开始创想中国自行建造蒸汽动力军舰时，就怀着此举是中国"海疆长久之计"的高度认识，在之后具体筹办设厂造船过程中流露出的细节里，越发可以体会到左宗棠将这一事业看作是国家事业的鲜明态

---

① 《答杨石泉》，《左宗棠全集》第十册，岳麓书社 1996 年版，第 717 页。

度。但是在操作阶段，清廷否决了他拟商的福建、浙江、广东三省合力筹措资金供应船政的建议，变成了由福建一省来供给，加之船政地处于福州马尾，在外人的眼中很容易将船政看作是局限于一隅的地方性事业。在蒸汽动力军舰、轮船的建造乃至使用都风气未开的当时，一旦船政的性质变成了地方性的省属机构，极有可能遭到边缘化。更为危险的是，一旦船政沦为地方性的机构，当未来出现具有类似职能的新设国家机构后，船政无疑将彻底处于不利地位。

更令左宗棠担忧的是，他之所以设船政于福州马尾，原本是考虑到就此自己能以闽浙总督之权就近加以扶持、照顾，但是此刻他将调任西北，未来身处在将军、总督、巡抚同城的福州地区，倘若在船政问题上观点无法统一，船政大臣极容易因为经费调拨等问题遭到地方大员的牵制乃至压制，也极容易被强势的闽省地方大员矮化为省属机构。而就在左宗棠交卸了闽浙总督职务，即将赴任西北之前，清政府接踵而至的几份上谕，事实上更加深了他的担忧。

在接到清廷令其担任船政大臣的上谕后，沈葆桢因为自己守制未满，表示无法立即到任，“必俟明年六月服阕后始敢任事”。1866 年 12 月 3 日，清廷上谕，要求遇到船政相关的需要专折上奏的事件，由沈葆桢知会闽浙总督和福建巡抚代奏，而且说明等沈葆桢服阕后，船政的奏折应与闽浙总督、福建巡抚联衔上奏。① 此举意味着，原本由左宗棠上奏申请到的船政大臣专折上奏权遭到贬抑。原本，具有专折上奏权的船政大臣可以就船政事务直接以自己名义上奏清廷中央进行申请或议论，显示了其与督、抚地位相等，但被谕令要和督、抚联衔上奏后，不仅在外显现着船政仿佛是福建地方机构，更重要的是，所有的上奏必须首先在福建地方和总督、巡抚达成一致意见后才能共同上奏中央，倘若遇到总督、巡抚对船政事务不支持的情况，后果显然就难以设想。

对这样的设定左宗棠显然不满意，在 1866 年 12 月 11 日，左宗棠以法国人德克碑、日意格听闻自己调任陕甘总督后感到担忧为词，在向

---

① 《谕沈葆桢仍遵前旨总理船政事》，《左宗棠全集》第三册，岳麓书社 1989 年版，第 158 页。

清廷的奏片里进行不露声色的辩争。左宗棠奏称，德克碑、日意格因为“轮船局一切条约皆臣所定”，所以面见左宗棠，表示希望左宗棠继续主持船政云云。左宗棠称此事的主要原因是德克碑、日意格担心自己调任之后，船政的经费以及政策保障恐受影响，“事虞牵制、费虞不继”，于是自己对德克碑、日意格做了多方开导，表示“未尝置身事外”。奏片最后，左宗棠申请“此后船局遇有陈奏事件，仍由沈葆桢会臣后衔”，以向德克碑等显示自己仍然参与船政事务，“以昭大信”。[①] 如此，船政事务的相关上奏，需要和陕甘总督左宗棠一起联名，此举一方面可以破除船政是福建省属机构的外在印象，另外左宗棠将获得与闽浙总督、福建巡抚、船政大臣共同讨论船政事务奏稿的权力，借此可以继续发挥对船政的影响力，而且凭借自己的政治力量可以给予船政大臣以声援、支持。

奏片里，左宗棠布局巧妙，然而这份奏片发出后的结果大出左宗棠预料。

1866 年 12 月 30 日，在左宗棠已经踏上前往陕甘的道路近半个月后，清廷颁发上谕，先是对左宗棠在筹建船政事务上所做的工作和规划表示肯定和嘉奖，“左宗棠所见远大，大臣谋国，理当如此”，之后就左宗棠所提的就船政事务联衔会奏的问题，清廷谕旨回复十分巧妙，相关段落的原文为：

> 左宗棠虽赴甘省，而船局乃系该督创立，一切仍当预闻。沈葆桢总理船政，其未服阕以前，遇有船局事宜，由英桂等陈奏；服阕以后，由沈葆桢会同该督抚陈奏，均着仍列左宗棠之名，以期始终其事。[②]

此段第一句话是支持左宗棠继续关注船政，紧接着重申了清廷对船政专折上奏的规定，即船政大臣沈葆桢服阕未到任之前，由福州将军英桂等代奏，沈葆桢到任后，则由沈葆桢会同英桂等上奏。至于左宗棠以向德克碑、日意格等西方人显示信守为名而提出的会奏要求，清廷则给出了在船政的奏折上直接添列上左宗棠名义的搪塞办法，言外之意即奏稿内容并不需要和左宗棠沟通，列上左宗棠的名衔只不过是虚事点缀。

---

① 《船局事件仍必会衔具陈以昭大信片》，《左宗棠全集》第三册，岳麓书社 1989 年版，第 344 页。

② 《谕左宗棠等所议船局事务均着实行并访查杨岳斌参劾甘肃藩司林之望案》，《左宗棠全集》第三册，岳麓书社 1989 年版，第 349 页。

此举应付左宗棠所提的向外国人显示其依然在参与船政事务的要求，同时事实上又没有给左宗棠任何参加船政奏稿拟定和讨论的实权。

从这一系列事件中，隐约可以觉察到清廷有提防地方大员的用意。如果再考虑到此事发生之前，左宗棠以闽浙总督之职坐镇福建，邻近的浙江、广东二省的布政使、巡抚曾是左宗棠的幕府中人，左宗棠又要竭力将自己创议的自造轮船机构抬升为国家级机构，且在创议之时还出现了未经上报清廷，先由福建、浙江、广东三省达成了合力筹资建设的意见，那么清廷的这一用意就更容易理解了。

左宗棠以一己之力试图破解船政可能沦为地方机构、可能被福建地方官员牵制的努力以彻底失败告终。此后，是否能继续这种努力，则主要依赖即将抵任的船政大臣沈葆桢。对于自己的好友沈葆桢，左宗棠也隐隐有些担忧。

当西行途经福建省西部的建阳时，左宗棠曾就总理衙门两封关于船政的来函作长信回复，一抒胸臆，就船政的全篇谋划和重要关节，一一详细写明，其对沈葆桢的担忧也明言书写在内。左宗棠认为，沈葆桢为政的风格谨慎，不是敢于大刀阔斧做破格之举的“豪纵”之人，难免不被朝廷不得虚糜经费等命令所束缚，以至不敢在船政事务上大展手脚。为此，左宗棠恳请总理衙门给予帮助：“香岩、幼丹既均非豪纵之人，苟可节省，自知节省。伏求钧函下逮时，勿以虚糜为戒，庶少一分瞻顾，即多一分担当，而局外浮言，岛人蜚语，均不禁自绝矣”。①

对于中国自造轮船事业，左宗棠成功地实现了破题、创局，而且为船政日后的具体建设事务多有预先的谋划和安排。但在清廷忌惮地方势力过大的时代背景下，船政从开始建设之初就已经埋下了可能在将来会遭遇发展瓶颈的隐患，其中既包括有左宗棠因为对船政事务缺乏经验而一厢情愿设置的不甚妥当的经费保障模式，更包含着船政自身地位的不确定性所可能带来的种种问题。这些隐患能否得到根除，千钧重任落在即将上任的首任船政大臣沈葆桢的肩上。

---

① 《上总理各国事务衙门》，《左宗棠全集》第十册，岳麓书社 1996 年版，第 719—722 页。

第三章 创 设

一、沈葆桢抵任

1867 年 7 月 18 日，伫立马江岸边的罗星塔上可以远远望见从省城福州方向驶来了一叶轻舟，沈葆桢在这个夏日炎炎的日子正式抵达马尾就任首届总理船政大臣。此时罗星塔身畔的马尾一带地方早已成了热火朝天的大工地，各种亘古未见的建筑、机器不断在这方土地上涌现，共同构筑那个时代中国人关于海洋的伟大梦想。

沈葆桢画像。图片出处：《紫光阁功臣像》。

沈葆桢，字翰宇，号幼丹，1820 年 3 月 20 日出生于福建侯官县（今属福州市）一个传统士绅家庭。其叔父沈廷槐与同乡林则徐交往深厚，林则徐出任江苏巡抚乃至湖广总督时，沈廷槐都曾入幕佐助。沈廷槐的二弟沈廷枫也因才华出众受到林则徐的赏识，被林则徐赞为“仁义之人，其言蔼如也”。后林则徐的妹妹林蕙芳嫁给沈廷枫，林、沈两家更是结成了亲谊，沈葆桢就是沈廷枫与林蕙芳的第二子（因沈廷枫的长子夭折，沈葆桢事实上是沈廷枫的长子）。在早年的生涯里，沈葆桢受舅父林则徐的影响颇多，林则徐对其也十分留意。沈葆桢 17 岁时拜林则徐的挚友、福州当地著名学者林昌彝为师，19 岁时参加乡试，以第三名的出色成绩顺利考中了举人，科举得意的同一年，沈葆桢和青梅竹马的表妹、林则徐的次女林普晴成婚。此后沈葆桢的科举进取之途稍遇波折，他在 1840 年、1841 年和 1845 年曾经三度入京参加会试，然皆运气不佳，直到道光二十七年（1847 年）丁未科会试，终于以二甲第三十九名的成绩考中了进士。在当年同榜的进士之中，还有李鸿章、郭嵩焘、马新贻、何璟等日后与沈葆桢多有交集的一时才俊。①

凭着林则徐光环下的特殊家世背景，更加之自身才华出众，沈葆桢在踏入官场后可谓一帆风顺，沿循着清代宦途的传统晋升路线一路向前。考中进士的沈葆桢首先和李鸿章等同年们被选入翰林院的庶常馆进修，称为庶吉士。1850年，沈葆桢被提升为翰林院编修，正式进入国家官员队伍，后历任国史馆协修、武英殿纂修等职。1852年被派担任顺天乡试同考官，拥有了那时文人极为看重的担任科举考官的资历。1854年补授江南道监察御史，旋调任贵州道监察御使，成为一名负责弹劾、纠参的言官。1855年获简放浙江杭州府遗缺知府，旋因杭州为沈氏祖籍而回避，改授江西九江府知府，1856年初正式外放出京。② 不过由于当时江西九江实际上处在太平军的占领中，沈葆桢无法真正抵任，于是加入了正在附近与太平军作战的湘军大帅曾国藩的麾下，襄赞军务，同年5月被改授署理江西广信府知府，任内沈葆桢的妻子林普晴血书求援，击退围城太平军的故事成为一时的佳话美谈。③ 其后，沈葆桢于1857年6月受任江西广饶九南兵备道，继续参加在江西地区对太平军的作战，至1862年1月17日，经曾国藩推荐被清廷任命为江西巡抚，成为封疆大吏，任内又因俘虏并处死了太平天国幼天王洪天贵福而声名大振，获一等轻车都尉世职，加头品顶戴。④

任职江西期间，沈葆桢与同在曾国藩麾下的左宗棠相识，在公务上多有交往。沈葆桢是林则徐的外甥、女婿，左宗棠原本即对林则徐倾慕不已，二人极为自然地关系交厚。加之沈葆桢在江西巡抚任上为保护地方民生而缩节对湘军的饷需供应，与湘军大帅曾国藩关系龃龉，而当时

① 有关沈葆桢的早年身世参考了李元度：《沈葆桢事略》，福建省博物馆1979年翻印版。林崇墉：《沈葆桢与福州船政》，（台湾）联经出版事业公司1987年版。《沈文肃公的生平、家世、家庭》，沈氏后裔自印本1999年。〔美〕庞百腾：《沈葆桢评传——中国近代化的尝试》，上海古籍出版社2000年版。《清朝进士题名录》，中华书局2007年版。

② 《清代官员履历档案全编》（3），华东师范大学出版社1997年版，第481页。

③ 沈葆桢：《饶庄勇公遗像题辞》，《饶庄勇公遗书》稿本。

④ 台北"故宫博物院"图书文献处清国史馆传包，702001092号，"沈葆桢传包"。

左宗棠因故也与曾国藩关系不睦，二人的这种种共通之处使得相互间的交谊日益笃厚。[①] 在沈葆桢的亲家、湘军大将李元度因战场失事被曾国藩奏参时，与沈葆桢联络上奏请求挽回的大员中，就包括有左宗棠。

1865 年 4 月，沈葆桢的母亲在福州去世，以清代的制度，官员在遇到父母亲去世时应当离开所任公职，专心回籍服 27 个月的丧假，守丧以尽孝道，称为丁忧。沈葆桢遂辞去所任的江西巡抚职务，回故乡福州丁忧守制，这时恰值左宗棠驻节福州总督闽浙，又刚好是左宗棠开始在福州辖下的马尾地方开始实施其设厂造船计划的时节。当左宗棠得到清廷调其远任陕甘总督的谕令后，急急开始物色能够执掌船政，将自己开创的造船事业继续进行下去的人选，沈葆桢很快便成为了左宗棠最属意的人物。

左宗棠之所以看中沈葆桢来主掌船政，固然因为二人之间的关系熟络，左宗棠对沈葆桢的为人品质乃至行政能力都有较深的了解，除此还有着其他方面的原因和考虑。船政并不是拥有实缺编制的经制机构，本质上属于临时单位，身负实职的大员显然不会甘心被调任至此。而且船政后续的事务不仅繁琐、艰巨，且该项目是由左宗棠创议而生，未来倘若成功，其功劳无疑要与左宗棠分沾，身负实职的大员也大都不会有兴趣于此。而沈葆桢恰恰是在福州原籍守制，并没有现任的实职职务，但却具有前江西巡抚的声望和地位，加之在官场上政声较好，影响力足够，由其来主管船政再合适不过。让一位巡抚级的官员来管理船政，也与左宗棠所怀有的将船政提升到国家级机构的设想非常相称。同时，从人情层面来说，沈葆桢当时在籍守制以及服侍乃父，而船政事务就在福州地区，沈葆桢恰好可以公私兼顾，“久司船政，正可侍养严亲”。此外，沈葆桢在福州“乡评素重”，更可以借重其在本乡本土的独特人脉资源优势，为船政的建设创造有利条件。[②]

---

① 沈葆桢与曾国藩的交恶情形，以庞百腾的论述较详，参见〔美〕庞百腾：《沈葆桢评传——中国近代化的尝试》，上海古籍出版社 2000 年版，第 86—97 页。

② 《请派重臣总理船政折》《筹拨购买轮船厂机器等件银两折》，《船政文化研究——船政奏议汇编点校辑》，海潮摄影艺术出版社 2006 年版，第 8 页。《答蒋芗泉》，《左宗棠全集》第十册，岳麓书社 1996 年版，第 713 页。

有些出乎左宗棠意料的是，对左宗棠请其出掌船政的力邀，沈葆桢一再推辞婉拒。直到左宗棠上奏清廷，由清廷以谕旨的形式直接命令沈葆桢总理船政后，沈氏仍然坚持要等到为母亲守制尽孝的 27 个月时间届满后才能正式抵任。1867 年 4 月 28 日，沈葆桢在回复总理衙门带有催促之意的询问函件中，保证将于丁忧时间届满后的第二天，即 7 月 18 日正式接任船政大臣。① 从清廷任命沈葆桢总理船政后，至沈葆桢正式上任之前，船政建设事务由提调周开锡暂管。当时船政的临时管理机构船政总局设在福州，沈葆桢虽然在家守制丁忧，遇有和船政相关的事务时，福州将军英桂、船政提调周开锡等仍然会和沈葆桢进行商议、沟通。1867 年 4 月新任闽浙总督吴棠抵任后，在福州与沈葆桢面晤，交谈间沈葆桢透露了将来上任时将船政总局迁往船政所在地马尾的计划，"以便就近督率监办，于事更能周妥"②，而早在沈葆桢上任之前，周开锡即已先期被沈派往马尾"常川住局"，船政的中枢机构由此提前迁至马尾。③

1867 年 7 月 17 日，沈葆桢丁忧时间届满，如约于第二天正式出山。当天沈葆桢首先在福州拜访了福州将军英桂和闽浙总督吴棠、新任福建巡抚李福泰等地方大员，知会、宣告自己正式上任。拜会完毕，沈葆桢在当天就从福州乘船赶到马尾的船政建设工地，未等洗却风尘，立刻举行了设香案、望阙叩拜以及开用关防等一连串的就职仪式活动，正式就任总理船政大臣。

沈葆桢抵任伊始，显示出了和之前接受总理船政任命时的推推阻阻截然不同的作风，一派风风火火的干练之姿，关于个中的心迹变化原委，在当天向清廷报告上任情况的奏折中有十分深刻的表述。

对自己在受任总理船政问题上之所以会在初期显现得有所推脱和不

---

① 《海防档・乙》福州船厂（上），（台湾）"中央研究院"近代史研究所 1957 年版，第 70 页。

② 《海防档・乙》福州船厂（上），（台湾）"中央研究院"近代史研究所 1957 年版，第 73 页。

③ 《恭谢天恩，驰报任事日期兼沥下忱折》，《船政文化研究——船政奏议汇编点校辑》，海潮摄影艺术出版社 2006 年版，第 22 页。

够积极，沈葆桢称是因为在担任船政大臣的问题上存在有七大顾虑，即其所称的“七大难”。[①]

一、船政的外国技术群体负责人日意格、德克碑是左宗棠选中，与左宗棠关系相熟，而和沈葆桢完全陌生。沈葆桢担心这些并不熟悉的洋员与自己配合不能够默契，“洋人之性善疑，非其素所信服之人，动生猜忌”。

二、担心设厂造船经费的保障不能得力，“轮船经费与别项军需不同，稍不应手便碍大局”。

三、担心总理船政大臣一职并非是有国家正式编制的实职，只不过是以在籍绅士的身份出任的临时性职务，以此在处理与地方官绅的关系上可能会处于不利地位。“绅受治于官者也，为所治者忽然与之并列，其势必争”“文肃系在籍丁忧绅士，无官可守，言责无尺寸凭籍，一有设施，动辄受制于同城之督抚”。[②]

四、担心自己籍隶福州，出任船政大臣后各种亲戚故旧会蜂拥来央求差事和攀结关系，“臣自束发受书及宦成归里，颇不见恶于乡党。乃奉命之日荐书盈箧，户为之穿，舌敝唇焦，立成怨府”。

五、担心船政事业经手的经费数额巨大，从事之人难免不会有中饱私囊的现象，在管理上具有很大的难处。“一处脂膏，便思自润，先饱私囊，贻笑远人。非以法痛绳之，即转相效仿”。

六、担心工匠意存懈怠，不能用心学习。“不患洋人教导之不力，而患内地工匠向学之不殷”。

七、担心给予日意格、德克碑等法国顾问群体的高额赏格会引起他人妒忌，导致“妒之者众，求分其利，毁其名”“左宗棠威望足以镇之，非臣之所及也”。

尽管有着这些重重的顾虑，对于出任总理船政大臣，沈葆桢胸中仍然涌动着为国分忧担责的忠君报国激情，在奏折中对此也有一番十分动

---

① 《恭谢天恩，驰报任事日期兼沥下忱折》，《船政文化研究——船政奏议汇编点校辑》，海潮摄影艺术出版社 2006 年版，第 21—22 页。

② 林梵萱：《曲石龛琐记——船政兴衰考》，《马尾船政局史资料汇编》（戊），福建师范大学历史系中国近代史教研组自印本，第 41 页。

情的表白："惟念殷忧启圣，时事多艰，皇太后、皇上且旰食宵衣，焦劳中夜，若为臣子考狃于避谤远罪之私智，何以上答君父而自立于天地之间？是以再四踌躇，欲辞不敢。计惟有毁誉听之人，祸福听之天。竭尽愚忠，冀报高厚鸿慈于万一。"①

显得若有所指的是，沈葆桢向清廷汇报抵任情况的奏折最后还写入了一段十分特别的文字，看似是自我激励，实则仿佛是向清政府释放警诫信息，给清廷敲响警钟。个中不仅仅提醒清政府在船政事业上不要"为浮说所摇"，还进一步流露出了对同城督抚可能会牵制船政建设的担心，即此前左宗棠就已经深为担忧的福建地方大员会否对船政事务形成牵制的问题："臣所深恃者，谕旨谆切，知自强之道断自宸衷。以万不得已之苦心，创百世利。赖之盛举必不为浮说所摇。但愿共事者体朝廷之心以为心，勿以事属创行而生畏难之见，勿以议非己出而存隔膜之思，则大功拭目可待矣。"②

针对沈葆桢抵任后的首次上奏里流露出的明显的担忧情绪，清廷旋后便向沈葆桢以及福州将军、闽浙总督、福建巡抚等寄发上谕，要求沈葆桢"毋得瞻前顾后，有误巨工"，要求福州将军等大员"务当和衷商办，俾该前抚永无掣肘之虞"。③

然而，此时的船政其实正处在一场"为浮说所摇"的巨大风暴中。

二、吴棠风波

左宗棠一手开创船政事业时，调动、借助了闽省的种种资源助力，自然而然地引起了一些对此事业并无热心的官绅的不满以及持保守思想的各方人士的狐疑猜忌，尤其是船政事业动用钱款巨大，更使很多不明就里的外人对经手此事的船政官员们产生羡妒等心理。左宗棠督闽时

① 《恭谢天恩，驰报任事日期兼沥下忱折》，《船政文化研究——船政奏议汇编点校辑》，海潮摄影艺术出版社 2006 年版，第 22 页。

② 《恭谢天恩，驰报任事日期兼沥下忱折》，《船政文化研究——船政奏议汇编点校辑》，海潮摄影艺术出版社 2006 年版，第 22 页。

③ 《恭谢天恩，驰报任事日期兼沥下忱折》，《船政文化研究——船政奏议汇编点校辑》，海潮摄影艺术出版社 2006 年版，第 23 页。

期，在左宗棠气矜甚隆的声威震慑之下，涉及船政的各项事务能够力排众议，按照规划强力向前推进，而左宗棠调任陕甘总督后，船政大臣沈葆桢因为丁忧守制日期尚未届满，未能立即到任，使得船政建设出现了一段缺乏高官大员直接把控的真空期。这一期间，船政的管理机构为临时设在省城福州的船政总局，由前护理福建巡抚周开锡暂时代理主事。根据清廷的设定，此时船政遇有重大事务需要会商福州将军、闽浙总督和福建巡抚，而这三位官员的行政级别全部高于周开锡，原本船政相对于福建地方政府应保持着相对独立的地位，但由于主持官员的级别较低，事实上在此阶段已经形成了福建地方大员对船政居高临下的统辖态势。在这一时期总理衙门处理船政事务的公函中便可清楚地看到，与总理衙门来往磋商的主要是福州将军英桂、闽浙总督吴棠等，几乎看不到船政自身管理人员的身影。

不仅如此，犹如是对左宗棠主政时期强势推进船政建设的报复和反弹，就在左宗棠离开福州西行之后，一场针对船政的大风暴便立即从天而降，沈葆桢抵任时正值这场风暴尚未过去的时候。

就在左宗棠离闽时，福建省一位名叫丁杰的按察使衔候选道员突然向福州将军英桂等呈出一本来路不明的《竹枝词》，其内容为通过通俗的诗词形式，检举揭发一批福建官员的劣行，被检举者包括了左宗棠本人，乃至左宗棠所重用的周开锡、夏献纶、吴大廷等亲信官员，目的性极为显然。[①] 此事的发生，在福建本地引起轩然大波，因涉事者多与船政相关，船政也被推上了风口浪尖。署理福建布政使夏献纶就此致信已调任陕甘的左宗棠求援，左宗棠则持一派清者自清的态度："自古任事之人，无不任怨之理，自反而缩此中差安，岂有闻谤而遽自表白，与群

---

① 《清实录》49，中华书局1987年版，第652页。《竹枝词》的内容片断为："抽收厘税不为难，欲造轮船状大观，利少害多终罔济，空输百万入和兰。左奏请造轮船三十条，与洋人议定工价银三百万两，希图结纳，并出示饬本地子弟从夷学习，一切遂张大其词，以为万世之利云。吴号抽筋周剥皮，夏名乱骨更稀寄，三人声势常相倚，聚敛鸿名遍海涯。吴大廷、周开锡、夏献纶三人皆左心腹，时有抽筋剥皮乱骨之号焉。"见《闽省近事竹枝词》，《马尾船政局史资料汇编》（丁），福建师范大学历史系中国近代史教研组自印本，第37页。

小争屈直乎?"[①] 由于这本《竹枝词》的作者究竟是谁无法查证，其内容经过调查又多属夸张、诬陷，清廷最后判定“匿名揭帖，例应立案不行”，要求彻查此事背后有没有“挟嫌污蔑情事”，同时宽慰被卷入比事的左宗棠“该督公忠共信，公道自在人心也”。[②]

《竹枝词》一案原本应当就此了断，出人意料的是，新任闽浙总督吴棠却显得对此事不愿放过。吴棠，字仲宣（又作仲仙、仲轩），安徽盱眙三界镇（今属安徽明光市）人，道光十五年（1835 年）举人出身，历任江苏桃源县（今江苏泗阳县）知县、江南淮徐道、江宁布政使、漕运总督、署理江苏巡抚、署理两江总督等职，[③] 在镇压捻军的战争中功绩颇著，和湘军大帅曾国藩、淮军大帅李鸿章交往颇密切，但与左宗棠、沈葆桢等并无多少交集。[④] 抵任后不久，吴棠不仅对《竹枝词》等匿名揭发材料中涉及的一些船政官员开始细细调查、处理，还提出了削减船政经费的设想。

起初经左宗棠奏请，从原闽海关支付给福建省的协饷中按月拨出五万两银，作为船政的运行经费，吴棠到任后却想要缩减这部分支出。对此关乎船政发展命运之事，船政主事官员周开锡等因为职位低下，无力直接抗争，只能致信向远在西北的左宗棠求援。左宗棠闻讯后虽极愤怒，但鞭长莫及，又只得劝周开锡、夏献纶通过建议等和缓的方式努力扭转吴棠的观点，“当此欲决未决之时，争之过急，适以激之；不争则坐视长官之谬误，亦于属吏之道未尽。愚以为宜详陈各事原委，请其细阅原奏成案，当可恍然耳”“事上官之道，和悦而诤，如实不能感悟，则洁身以去可耳”。[⑤]

在沈葆桢抵任前，这些积累的矛盾已然全面爆发，向着愈演愈烈的趋势发展。借着《竹枝词》中的一些不实之词，吴棠对左宗棠起用的周

---

① 《答夏小涛》,《左宗棠全集》第十一册，岳麓书社 1996 年版，第 12 页。

② 《清实录》49，中华书局 1987 年版，第 546 页。

③ 台北“故宫博物院”图书文献处清国史馆传包，702001174 号，“吴棠传包”。

④ 《答周受三》,《左宗棠全集》第十一册，岳麓书社 1996 年版，第 32 页。

⑤ 《答夏小涛》《答周受三》,《左宗棠全集》第十一册，岳麓书社 1996 年版，第 32 页。

开锡等官员发起攻势。当时代沈葆桢主持船政事务的周开锡一度生病休养，痊愈之后被吴棠要求继续休假，“谕令续假另委”，以图将其从船政建设事务中剔除。船政的重要官员叶文澜则突然被当地一名叫陈永禄的讼棍翻控，早年一桩已经结案的个人旧案被重新提起，“督臣吴棠明知其诬，以业经咨结之案任听狡展，致滋拖累”①。由左宗棠起用，曾经参加办理过船政建设用地征买工作的李庆霖则被吴棠直接奏参，称李庆霖“著名巧猾，专事趋承”，请旨对李庆霖处以革职、勒令回籍的严厉惩罚。② 不难看出，这些看似是对官员个人的攻击，实则代表着吴棠开始对左宗棠留下的船政官员实施类似釜底抽薪般的绞杀，似乎是要快速清除左宗棠在福建的影响。受此波及，受左宗棠重用的官员人人自危，胡光墉等相继借故离开船政，整个船政建设工程面临有可能停摆的危险。

在这样一番局面下，沈葆桢正式抵任船政还带有着力挽狂澜的特殊意义。

在为母守制即将期满时，沈葆桢曾致信左宗棠商议船政建设事宜，左宗棠在回信里将船政当时面临的危机道出，并暗示将扭转船政遭闽浙总督吴棠打压这一局面的希望，重托在沈葆桢的肩上，“闽事甫盼转机，弟即拜西征之命，去时即虑事有反覆，愦愦者必挠其成。然窃睹批答皆极荷俞允，或无它虑。不料其安心与弟为难，并大局亦不顾惜，允行之疏，亦敢妄持异议如此！屡得闽信，但增慨叹……诸所翻异，皆弟任内奏准之件，弟自不能无言，然亦未可出之太易。高明以为如何？闽官之喜造谣言，挟持长官，本是习见之事，《竹枝词》亦何足据！惟此次从轻了结，恐日后新闻更多，不成事体耳。”③

---

① 《船政创始在在需才，宜固人心以全大局折》。《船政文化研究——船政奏议汇编点校辑》，海潮摄影艺术出版社 2006 年版，第 27 页。

② 《谨陈洋匠购器、雇工详悉情形折》，《船政文化研究——船政奏议汇编点校辑》，海潮摄影艺术出版社 2006 年版，第 27 页。《船政需人，请留局员差遣片》，《船政文化研究——船政奏议汇编点校辑》，海潮摄影艺术出版社 2006 年版，第 28 页。

③ 《答总理船政局沈幼丹中丞》，《左宗棠全集》第十一册，岳麓书社 1996 年版，第 38—39 页。

抵任数月后，对船政各项建设情况已经了解熟悉的沈葆桢开始向吴棠发起猛烈反击，于 1867 年 10 月 20 日上奏严参吴棠。

按照此前清政府的设定，船政大臣专折上奏时，要和福州将军、闽浙总督、福建巡抚联衔，这意味着在理论上沈葆桢的奏稿首先要在福州地方向将军、总督、巡抚出示，求得一致意见后才能联名上奏。由于《船政文化研究——船政奏议汇编点校辑》等有关船政的档案集中，整理者给沈葆桢奏参吴棠的报告添加了名为《船政创始在在需才，宜固人心以全大局折》的标题，① 在以往的学术研究中，有不少学者即将此文的性质理解为奏折，又根据文末只有沈葆桢一人的署名，并无将军、总督、巡抚等的联衔，称这是沈葆桢“不顾联名奏事（还要包括吴的签名）的规矩，独自控告吴”。②

其实在清政府官修的档案集《同治朝筹办夷务始末》中，沈葆桢参吴棠的这份文件被列为奏片，并不属于奏折，③ 即这是与沈葆桢和英桂等联衔上奏《洋将日意格购器募工均已就绪折》的同一天，沈葆桢以个人名义单独附上的奏片。按照清代制度，片是上奏者在奏折所奏的事项之外，另就他事而单独写成的报告性文件，作为奏折的附件同时呈上，因为是与奏折同时呈递，奏片的写作格式要求不如奏折那般严格，也无需详细列明上奏人的职衔。由此沈葆桢既遵守了清廷制定的船政专折上奏要和福建大员联衔的规定，又避开了将自己奏参吴棠的内容提前向地方大员摊牌所可能引起的不测风险。今人按照戏剧化的想象，沈葆桢或许是在向福建地方大员通报了内容正常的奏折之后，再在奏折封装前将自己单独写成的带有特殊内容的奏片夹入的，彼时会是怎样的一番惊心动魄。

另外，沈葆桢之所以敢于直接上奏严参吴棠，更有可能的原因是沈

---

① 《船政文化研究——船政奏议汇编点校辑》，海潮摄影艺术出版社 2006 年版，第 27 页。

② 〔美〕庞百腾：《沈葆桢评传——中国近代化的尝试》，上海古籍出版社 2000 年版，第 182—183 页。

③ 《沈葆桢又奏请令周开锡始终其事片》，《筹办夷务始末》（同治朝）（六），中华书局 2008 年版，第 2149 页。

氏抓住了绝佳的时机。就在沈葆桢抵任船政的一个月后，因为广东发生了左宗棠幕僚出身的广东巡抚蒋益沣被两广总督瑞麟奏参的严重事件，清廷调吴棠赴粤，会同广州将军庆春一起查办该案，吴棠赴粤办案期间，闽浙总督一职暂由福州将军英桂兼理。因而沈葆桢实际是选择了吴棠本人并不在福州，且已经不在闽浙总督任上的时候上奏，如此沈葆桢对吴棠奏参时也毋庸忌讳。①

在措辞严厉的奏片里，沈葆桢认为吴棠从上任开始就对船政存在有偏见，"督臣吴棠到后，晤将军臣英桂，即有'船政未必成，虽成亦何益'之语，尝以总理衙门公信示臣，谓臣曰：此虑我等用钱失当也。臣逐加披阅，只嘱将所办情形随时函致，并无涉及'惜费'一语"。进而沈葆桢对吴棠打压有关船政官员的举动表示强烈的不满，请求清廷予以公正处理，重新启用被吴棠打压的周开锡、叶文澜等官员。奏折里沈葆桢还罕见地使用了"船政系臣专责，死生以之"之类斩钉截铁的铿锵话语，向清廷强调自己才是船政的负责人，吴棠等无关的圈外人物在船政事务上不应"妄参末议"。②

与这份奏片同时递交的，还有另外一份内容相关的奏片，专门请求清廷收回之前将船政官员李庆霖革职的谕令，称此前吴棠奏参时所说的李庆霖劣行均为无中生有，"李庆霖在局襄办已阅年余，劳瘁不辞，并无劣迹。若听其负屈以去，此后何以用人？"③ 要求清廷将已经发布的谕令收回，这相当于是让清廷公开宣布在此事的决策判断上犯了错误。从这一近似于摊牌、逼宫性质的申请里，可以感受到沈葆桢当时的愤怒心情。

似乎是要加大奏参的攻击力度，沈葆桢在向清廷上奏的同时，还在发给总理各国事务衙门通报日意格雇佣外国员匠来华事宜的公文中，也对吴棠进行了猛烈抨击，而且更不避讳的是，直指吴棠的动机可能在于为了攻击前任左宗棠。沈葆桢在给总理衙门的公函中称"船政之举非诸臣之事，国家之事也。吴督身为疆吏，果以为万不可行，命下之日即宜

① 《清实录》49，中华书局1987年版，第682—684页。

② 《筹办夷务始末》（同治朝）（六），中华书局2008年版，第2149—2150页。

③ 《筹办夷务始末》（同治朝）（六），中华书局2008年版，第2151页。

封牍力争，入闽而后果深察情势万不能成，亦何妨专衔入告？乃数月以来不置可否，其间在在阴起而为难，察其举动事事务与前人相反……自古行政首在得人，人心不固，政将难举，今日船政万不能半途中止，以贻笑柄，以启戎心”。①

正当创议船政的左宗棠在西北担负重要军务，船政建设的重金又已经陆续支出，各项建设按部就班开始之际，由一向政声颇佳的沈葆桢递交的蕴藏着怒火的奏片在中央引起了极大的震动。加之沈葆桢出掌船政，本就并非出于自己申请，而是因为左宗棠的再三劝说以及清廷的谕旨要求，此时沈葆桢上奏严参吴棠，还让清廷产生了沈葆桢可能会弃船政大臣一职而去的担忧，清廷的反应很快作出。

针对沈葆桢奏参中的很多内容，清廷在并没有进行详细调查的情况下，就以上谕表态完全采纳沈葆桢的意见，不仅温言慰问周开锡、胡光墉等遭吴棠查办的船政官员，督促他们继续回到船政任上好好工作，同时还罕见地上谕公开宣布收回此前革去李庆霖职务的谕令，恢复李庆霖的官职和名誉，重新派回船政任职。清廷的上谕中，虽然没有就吴棠在闽查办官员一事作出直接正面的对错判断，但这些举动已经事实上宣布了吴棠在处理船政的问题上举措失当。

谕旨发出未久，总理衙门又分别向沈葆桢、左宗棠和福州将军英桂寄发公文，愈发显示了清廷对于此事件的重视程度。在给沈葆桢的信中，总理衙门通篇劝慰之词，希望沈葆桢不要因为吴棠一事而在船政事业上萌生退意，“纵旁观浮议横生，诸多牵掣，阁下总以大局为重，勿存疑虑之见，勿生退阻之心。古来成大事者，必先能任大怨，斯言希阁下再三味之”。而给左宗棠和英桂的公文里则希望二人一起从旁劝慰沈葆桢，要左宗棠劝沈葆桢“以委寄为重，勿存芥蒂之见，勿生退阻之见”，要福州将军英桂对于船政事务“妥为照料，俾成全业，同疆大吏有彼此不协者，更望曲为调处”。②

---

① 《海防档·乙》福州船厂（上），（台湾）“中央研究院”近代史研究所1957年版，第94页。

② 《海防档·乙》福州船厂（上），（台湾）“中央研究院”近代史研究所1957年版，第101—104页。

最终，被清廷派在广东查案的吴棠没有再返回到闽浙总督任上，而是在广东查案完成后直接调任四川总督，空置的闽浙总督一职改命浙江巡抚马新贻接任。后因马新贻改任两江总督，闽浙总督一职仍由福州将军英桂继续兼理。[①]

发生在船政建设起步阶段的吴棠风波，以沈葆桢的全面胜利告终。然而此一事件的源起之因扑朔迷离，传统的解读多认为是因为吴棠本人的思想顽固守旧，以至于产生了打压船政这一新生事物的颟顸念头，此观点以左宗棠为代表。左宗棠在听闻吴棠到闽打压船政官员等消息之初颇感费解，认为“仆与吴公无交情”，因而对吴棠的动机只得理解为“其不以轮船之说为然”。[②] 不过翻看吴棠本人的经历，并无法找出能明确说明其思想狭隘、保守的前例证据，反而可以看出吴棠此前具有的特殊资历，早在太平天国战争和捻军战争时代开始，吴棠就因为官清廉、整肃属下官员得力而著名，不断被清廷派查官员犯案，其履任新职时，也往往会伴随着对前任所留下官员的甄别和整肃，也因此清廷才会在广东巡抚被奏参时调派吴棠前往办案。而在吴棠引起的船政风波中，整肃官员这一迹象，显然要比所谓吴棠思想保守、打压船政更为明显。

事实上，作为以善于查处地方官员弊案，尤其是善于查处涉及大量金钱的弊案闻名的大员，吴棠在被派任闽浙总督时，曾经得到过清廷下达的一道特殊的谕旨，而这份谕旨在关于船政历史的研究中未得到应有的重视。

就在清廷上谕宣布左宗棠调任西北，由漕运总督吴棠接任闽浙总督后不久，1866 年 9 月 24 日，清廷又颁发了一道上谕，对吴棠到达闽浙总督任上后的工作重点做了十分具体的指示要求：“闽浙现虽平靖，而营务吏治废弛已久，吴棠到任后务当认真整顿，毋稍松懈。”[③] 即要求吴棠上任后着力主抓闽浙地区的军队营务和官员吏治，潜台词仿佛暗示左宗棠总督时期的执政存在有缺憾。带有清廷交予明确任务的吴棠，上

---

① 钱实甫：《清代职官年表》第二册，中华书局 1980 年版，第 1481 页。

② 《答周受三》，《左宗棠全集》第十一册，岳麓书社 1996 年版，第 32 页。

③ 《清实录》49，中华书局 1987 年版，第 280—281 页。

任后恰遇闽省地方出现了对一些船政官员的匿名检举，自然产生了浓厚兴趣，再加上船政又是涉及大量资金运用的部门，置身其中的官员却大多不是科举"正途"出身者，来源和背景十分复杂，本就对船政情况并不熟悉的吴棠据此而对船政的建设产生不信任，乃至展开严格调查，该事就并不难理解了。

除了要求吴棠到闽后认真整顿军务吏治的上谕外，直接导致吴棠风波的还有一份十分重要的上谕，同样在船政历史研究中未获得足够的重视。① 就在1866年10月31日左宗棠向清廷拜发申请任命沈葆桢为总理船政的奏折后不久，当年11月4日，即左宗棠在福州交卸各项事务，准备踏上西征路途时，清廷向继任闽浙总督吴棠颁发了一道内容特别的圣旨："左宗棠前奏闽省设厂制造轮船，尤为水营要务，即著吴棠接办，不可日久废弛。"② 从这份谕旨可以清楚地获知，清廷在任命沈葆桢总理船政之前，已经提前授予了闽浙总督吴棠以管理船政的权力。

表面上看来，清廷在短短几日间，先后授以吴棠、沈葆桢管理船政的权力，似乎有自相矛盾之嫌，而实质上清廷在此有精密的布局设计，可以从中窥看到清廷在船政地位问题上的真实心态。

清廷虽然先后赋予了吴棠和沈葆桢办理船政的权力，但二人一为现任的闽浙总督，一为没有实职的前江西巡抚，地位高下不辩自明。在清廷的设计中，沈葆桢实际上只是一个福建省属机构的具体管理者，而闽浙总督才是这一机构的总负责人。这一设计意图在后来事关船政的其他谕旨中也有流露，即沈葆桢只是负责"专心经理"船政，而职位高于沈葆桢的闽浙总督与福州将军等负责"和衷商酌"船政事务。似乎是为了防止左宗棠、沈葆桢就此设计提出异议，清廷任命吴棠接办船政一事，竟然并未向左宗棠与沈葆桢通报。此后，吴棠依仗清廷授权，对船政管理进行干涉，在并不知道内情的沈葆桢等看来，便产生了吴棠任意越权

---

① 林崇墉先生最先注意到了这份上谕中有关吴棠被派管理船政的信息，但并未考虑到此一事件对之后吴棠查办船政官员的影响，对吴棠风波的导因只是简单归纳为吴棠的思想狭隘保守。见林崇墉：《沈葆桢与福州船政》，（台湾）联经出版事业公司1987年版，第199、294页。

② 《清实录》49，中华书局1987年版，第330页。

的印象，从而激起矛盾冲突。

由此可以获知，吴棠风波实际是由清廷所一手导致，其根由可能是出自清廷限制船政地位的用意。由之再看清廷在处置吴棠风波时的一些作为，就更容易体会其中的意味深长：清廷接到沈葆桢的奏参后，未加调查便全盘接纳，颇有急于息事宁人之意，而在接纳沈葆桢的奏参同时，对被沈葆桢指责的吴棠不仅并未作任何的指摘，也根本没有要求吴棠就此事做出陈述，只将此次风波轻描淡写地解释成是官员之间配合不默契的一场误会。吴棠之后历任四川总督、署理成都将军等要职，丝毫没有受到此事的影响，其在任职四川期间依然继续保持着大力整肃官员的行政风格。不难设想，倘若此事扩大成吴棠和沈葆桢的公开辩论，一旦吴棠将自己从清廷获得的接办船政、整治官吏的秘密授权公开摆到桌面上，将会使事实上制造了这场是非的清廷决策者在臣子面前陷入何等尴尬的境地。

吴棠风波被清廷以迅雷不及掩耳之势快速平息，未出现有拖泥带水的后续争议，此一事件对初生的船政产生了十分特殊的意义。沈葆桢凭借对吴棠的参奏展现了其政治魄力，清廷一边倒式的处理又令不明就里的外界感觉沈葆桢在清廷具有极大的影响力，总体上大大增强了总理船政大臣的权威。受到此事件的冲击，在之后的很长一段时间里，清廷竟然未再派出闽浙总督，致使总督一职长期空缺，而在任的福州将军、福建巡抚等闽省大员在表面上大多对船政事务采取了或敬而远之、或言听计从的不干涉态度，客观上巩固和强调了左宗棠、沈葆桢等乐见的船政是不属于福建地方的国家机构的印象，对船政建设的顺利推进创造了有利的政治环境。

三、购器雇人

自左宗棠从福州踏上西去陕甘之路时算起，沈葆桢抵任船政已经是在半年之后，在沈葆桢未到任的这半年时间里，尽管外界风云诡谲，但船政自身的建设还是按照左宗棠制定的全盘布局陆续展开了。船政建设的首要重点被俗称为建厂，这其中所涉及的事务千头万绪，归纳起来则可以分述为两项，分别是购器雇人和基础的厂区营建。

购器雇人，所指的是购买造船所需要的各种机器、设备和材料，以及雇佣所需的西方技术人员，按照1866年日意格、德克碑两人签署的保约规定，这些工作由这两位法国人全权负责。

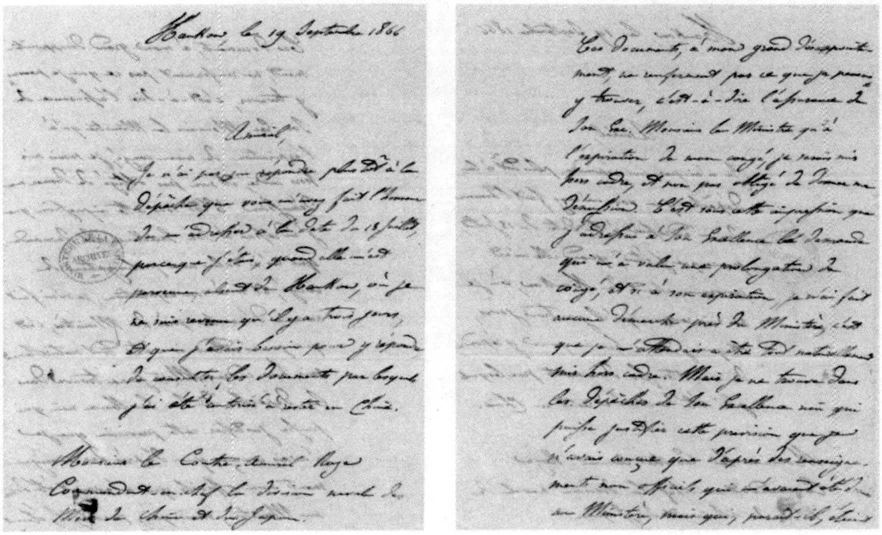
Hankow le 19 Septembre 1866

日意格1866年9月19日在汉口书写的向法国海军方面申请保留军籍的书信。其中简略介绍了建设船政的计划，以及“将与德克碑先生同聘为总负责人”。图片转引自：《海军军官教育一百四十年》。

1866年夏天，左宗棠自造蒸汽轮船的计划获得清政府的批准，各项相关事业随之陆续启动。当年年末，日意格、德克碑根据保约的相关内容，向左宗棠申领赴法国购器雇人的第一笔经费，共计关平银①十三万三千八百六十六两五钱，其用途主要是充作日意格、德克碑在法国的活动经费以及在法国雇佣了洋员、洋匠后按例发放给这些人用于安顿家小和置办行装的预支工资等（详见表三）。左宗棠尚未离闽时，于1866年11月就此项经费上奏清廷申请支取，获准后遂按照事前的约定将这笔经费先汇解至上海，日意格、德克碑两人在上海领支款项后乘邮轮到达香港，在当地略作停留，可能处理了一些船政建设中与香港有涉的零星事务，再于1866年12月28日从香港搭乘邮轮前往法国。

至于在首笔经费之外，日意格、德克碑等在法购买机器、物料的其

① 清末海关制定的货币计算单位。

他经费，则由中方陆续汇付给二人。[①] 总计购买机器的各项费用为199121两，其中主要由两部分费用组成，一为购买机器物料本身的价格，另一部分则是包装、运输和保险费用，其中前一部分中方只需先预支一半给日意格、德克碑用于支付定金，待机器、物料运到中国查勘无误后再支付剩余的部分，而与这些机器、物料来华相关的包装、运输和保险费用等则需要一次性支付全款。(详见表四)

表三　日意格、德克碑1866年申领的首笔经费项目[②]

项　目	金　额	备　注
洋员、洋匠来华路费、行李包装、保险	29512两	是预算中的该项费用的总额
采买各类机器设备的经费	84984.5两	是预算中该项总额的一半
预支洋员洋匠一个月工资	5370两	是预算中的该项费用的总额
预支德克碑、日意格半年工资	12000两	是预算中的该项费用的总额
德克碑、日意格往返法国、福州路费	2000两	是预算中的该项费用的总额
合　计	133866.5两	

表四　日意格、德克碑所购机器、物料价格[③]

项　目	金　额	备　注
造船器材	3125两	
各车间机器	50000两	
造150马力蒸汽机9台及配套锅炉所用的铁料300余吨	28000两	
150马力蒸汽机1台连带锅炉	23000两	总重110吨

---

① 《海防档·乙》福州船厂（上），（台湾）"中央研究院"近代史研究所1957年版，第35页。

② 资料来源：《海防档·乙》福州船厂（上），（台湾）"中央研究院"近代史研究所1957年版，第38—39页。《谨陈洋匠购器、雇工详悉情形折》，《船政文化研究——船政奏议汇编点校辑》，海潮摄影艺术出版社2006年版，第26页。

③ 资料来源：《海防档·乙》福州船厂（上），（台湾）"中央研究院"近代史研究所1957年版，第36—38页。本表所载的蒸汽机功率单位均为虚马力，所载的银两单位均为关平两。

续表

项　目	金　额	备　注
上述运费	11844 两	总重 987 吨，每吨运费 12 两
上述包装费	5206 两	
上述保险费	5206 两	
增购 150 马力蒸汽机 1 台连带锅炉	23000 两	
增购蒸汽机及锅炉的运输费	1320 两	总重 110 吨，每吨运费 12 两
增购蒸汽机及锅炉的包装费	1150 两	
增购蒸汽机及锅炉的保险费	1150 两	
80 马力蒸汽机 2 台连带锅炉	28000 两	每台及锅炉重 70 吨
80 马力蒸汽机及锅炉运费	1680 两	总重 140 吨，每吨运费 12 两
80 马力蒸汽机及锅炉包装费	1400 两	
80 马力蒸汽机及锅炉保险费	1400 两	
相关员匠路费	14000 两	
总　计	199121 两	

经过历时数月的辛苦海上旅程，1867 年 2 月 1 日，日意格和德克碑平安回到了法国。由于二人当时都还保留着法国海军现役军官的身份，从海外返国的第一件事就是前往法国海军与殖民地部报到述职，同时就即将在法国国内开展的购买造船设备和雇佣专业技术人员前往中国一事，求得法国海军军方的许可。

如同船政建设在中国遇到了旲棠风波一般，信心满满的日意格、德克碑二人意想不到的是，他们到法国后也突然遇到波折。法国海军军方对二人参与船政事务竟然表示反对，其理由居然也是围绕着船政的地位问题。法国海军与殖民地部部长认为日意格、德克碑所参与的造船事业只是中国福建地方官员发起的，并没有得到中国中央政府的许可，因而此事充满变数，很可能会半途而废，据此表示不允许日意格等在法国雇佣技术人员，也不希望二人继续参与和船政的合作，建议二人从该事上尽快辞职离开。据日意格分析，法国海军军方的这一突然的态度转变，可能是因为听信了某种谣言，而谣言的制造者可能是闽海关税务司、法国人美理登，将此谣言传递给海军与殖民地部的则可能是法国驻华公使伯洛内。

早在左宗棠预备实施设厂造船计划时，英国势力即想努力介入其中加以控制和影响。1865 年末当日意格从英国势力把持的中国海关辞职时，海关总税务司、英国人赫德对法国人日意格以个人身份协助中国创办造船事业表示不满，并提出了协助中国建设造船事业“最好是以与海关相联系的方式，而不是以与海关相脱离的方式”，言下之意想把中国造船事业置于英国人主导的中国海关的羽翼下。在遭到日意格坚定的拒绝后，赫德在自己的日记中即以隐晦的文字表示他将以其他手段去争取中国的造船事业，“海关必须从此进入一个新的阶段”。①

1866 年日意格、德克碑签署保约，正式参与到船政的事业中时，原本应当是法国在华利益监护人的法国驻华公使伯洛内，闻讯后却做出令人匪夷所思的事情。伯洛内当时致信总理衙门称法国政府无法为日意格、德克碑的个人行为担保，同时居然向总理衙门建议和英国人赫德来商办此事。② 由此可见，日意格推测伯洛内可能与谣言有关实际上具有某种依据。

当 1867 年 2 月日意格、德克碑在法国行动受阻时，在中国又发生了极为巧合、性质十分类似的配合事件，新任闽海关税务司的法国人美理登在同月向福州将军英桂提交了一份备忘录，批评日意格等拟定的造船计划，建议中方或搁置此事，或者将船政的用款置于海关总税务司赫德的监督下进行。这一备忘录更侧面证实了日意格认为美理登在制造谣言的判断，也证明了海关总税务司赫德所代表的英国势力是这次风波的主要幕后推手。

最终，美理登的备忘录在中国并未取得预想的效果，英桂等据此反而认为美理登图谋不轨，弃置了其建议。而在法国，谣言也被击破，经过日意格的辩争，法国海军与殖民地部决心自行仔细调查此事，命令海

---

① 陈绛译：《赫德日记——赫德与中国早期现代化》，中国海关出版社 2005 年版，第 428 页。

② 《海防档·乙》福州船厂（上），（台湾）“中央研究院”近代史研究所 1957 年版，第 14 页。

军中国、日本海支队在中国进行调查，并派员前往西北拜谒左宗棠了解始末情况。当明确了日意格、德克碑在中国参与承办的事务“实有中国上谕并简派钦差大臣督办船政”后，法国海军与殖民地部对二人在法的活动予以放行。然而经此波折，日意格、德克碑在法国浪费了近4个月的宝贵时间。[①] 1867年7月25日，经法国海军和殖民地部引见，日意格觐见法国国王拿破仑三世，得到了国王夸奖，“法国皇上垂询此情，甚蒙喜悦，谕令监督用心办理，并沐恩典传谕各部尚书大臣、咨行驻扎中国提督随事照应”，[②] 至此在法国购器、雇人的活动彻底畅通无阻。

中国发生的吴棠风波与在法国发生的海军部事件一前一后，其原因都包含了船政的地位问题，似乎是总有一些隐在幕后的人物对船政并不满意，在不断地挑起事端。在法国海军部事件背后，隐约可以看到英国人赫德的身影，十分巧合的是，此时清政府军机处的领班军机大臣恭亲王奕䜣，恰是与赫德关系密切的人物，当年被曾国藩等地方大员联手挫败的阿斯本舰队计划，最初就出自奕䜣和赫德两人的谋划；在左宗棠正式上奏申请创办轮船建造事业之前，恭亲王主持下的总理衙门还曾上呈过赫德撰写的包含了向中国推销设厂造船计划的呈文。由此联想中国国内发生的吴棠风波，考虑到当时清廷的很多谕旨实际多出自军机处的筹划，那么清廷有意识把地方大员创办的船政限制成一个地方性机构，其背后的动机除了有想要约束地方大员势力的考虑外，难免也受到了来自英国势力的影响。

一场突起的风波平息后，日意格、德克碑在法国购买机器和雇佣人员的行动转为顺遂，完全依照着此前向左宗棠签署的保约、清折中确定的路线图开展进行，由此也足见左宗棠事前与日意格等讨论和确定建设方案之仔细，连在法雇人、购器的众多细节都已经预先考虑和做出规范。日意格等权衡船政建设的轻重缓急，以及机器订造后的客观生产周期等因素，其在法国购买机器、雇佣人员的行动分作先后的两步依序展

① 《海防档·乙》福州船厂（上），（台湾）“中央研究院”近代史研究所1957年版，第97页。

② 《海防档·乙》福州船厂（上），（台湾）“中央研究院”近代史研究所1957年版，第99页。

开进行。

因为与船体建造以及拖船坞建造直接相关的设备、物料相对简易和现成，为了让万里之外的船政能够尽早动手开始基础建设，先行安装与船体建造相关的设备和拖船坞，这方面的器材、物料的购买和相关的洋员、洋匠的雇佣作为第一步进行，完成之后由日意格带领首先前往马尾，预计5个月可以到达。而事关各铁工车间的机床设备以及造船配套所需的船用蒸汽机、锅炉等，因为大多没有现成的产品可购买，在订造之后还需要等待较长的生产时间，则由德克碑留在法国继续监督办理，等全部备齐后连同与铁工车间等相关的洋员、洋匠一起前往马尾，预计11个月时间可以回到马尾。按照如此步骤，船体建造所用的设备、工具运抵马尾后可以尽速安装，尽早开始建造船体；随后当蒸汽机、锅炉以及铁工车间的各项设备运到后，就可以立即进行舰船动力系统的装配，以及开始轮机、锅炉的仿造。造船是船政五年计划中的重要量化考核指标，而五年计划的时间则是以铁工车间开工起算，那么如果能够赶在铁工车间开工前先期完成一些船体，那么无疑可以在铁工车间启用后就能快速地装备好一些轮船，节省大量时间，这对按期完成船政五年计划中的造船数量指标无疑具有极大的好处。

具体操作中，建造船体所用的机器设备（主要为木工设备）、物料等（包括250余吨铁料）于1867年7月15日由一艘当时称为夹板船的西式风帆运输船装载，首先从法国开航马尾。之所以选择风帆船来运输，而不是雇佣蒸汽动力货船，其原因可能在于风帆船的运输成本较低廉，可以节省雇佣费用，另外从欧洲往来东亚的西方货船中当时仍然有很多风帆船，这可能也是原因之一。紧随其后，日意格即率领造船相关的洋员乘坐蒸汽动力的邮轮，于8月19日从法国出发。而德克碑监督生产出的铁工车间的各种设备，则在9月、10月、12月分三次由三艘风帆运输船先后从法国运出，经历半年左右的艰苦航行后，所有这些船只均平安抵达了马尾。带着工业革命气息漂洋过海而来的机器、设备，向中国人展开了一幅通向未来的美好图景。

对照日意格、德克碑向左宗棠签署出具的清折等条款看，这些物资的运输时间多有逾期，日意格对此曾经忧心忡忡，向沈葆桢乃至左宗棠等多方解释。考虑到日意格等初到法国后发生的风波耽误了长达4个月左右的时间，中方对时间耽误一事并未斤斤计较，认为“现逾原限，实因辗转行查所致，并非无故稽延”①，同时还认为法国发生的风波可能还是一桩好事，“(日意格)畏美理登等从旁訾议，欲速成一二船以塞谗间之口也”②。

表五　日意格、德克碑所购机器、物料来华时间③

船　名	从法国出发日期	抵达马尾日期	载运内容
不详	1867年7月15日	1867年12月13日	火锯、劈铁机、砺轮、洋秤等造船厂用设备，大小铁片、铁条等铁料，共250余吨
“马梨阿勒各三丁”	1867年9月15日	1868年5月8日	铁厂用机器、锅炉等设备，铁料，共250余吨
“法彼尔士”	1867年10月末	1868年7月8日	机器、铁板、铁条、火炮等3万余件，共200余吨
“汪德乃木”	1868年1月初	1868年8月5日	舰用蒸汽机、锅炉

与机器设备的运输来华行动同步，日意格、德克碑在法国雇佣的洋员、洋匠也陆续到来，因为船政为雇佣洋员而开出的薪水和奖项即使在欧洲也是一笔十分可观的数目，受到高薪吸引，洋员、洋匠的雇佣十分顺利，受雇的洋员、洋匠中有大量来自于大西洋之滨的罗什福尔船厂(Rochefort Shipyard)，该厂历史悠久，当时正在为法国海军建造“阿尔玛”(*Alma*)级装甲巡洋舰“阿尔米德”(*Armide*)号。10月6日，日意格和首批洋匠到达马尾，其中包括匠首5人(即工头)、匠人7人(技术工人)，另有女眷4人、幼童1人，因为考虑到要尽快协助船政开

① 《谨陈洋匠购器、雇工详悉情形折》，《船政文化研究——船政奏议汇编点校辑》，海潮摄影艺术出版社2006年版，第26页。

② 《海防档·乙》福州船厂(上)，(台湾)“中央研究院”近代史研究所1957年版，第100页。

③ 资料来源：《船政文化研究——船政奏议汇编点校辑》，海潮摄影艺术出版社2006年版，第26、31、39页。《海防档·乙》福州船厂(上)，(台湾)“中央研究院”近代史研究所1957年版，第98页。

始建设与船体制造相关的基础设施，日意格所带来的首批工头、技工以涉及船体建造的木工人员为最多。

表六　1867 年 10 月 6 日日意格带到首批洋匠名单①

姓　名	身　份	备　注
博赖（Borel）	五品军功，洋员监督秘书	日意格回国之前已雇用到任
贝锦达	监工	日意格回国之前已雇用到任
乐平（Robin）	第一木匠头	
哥送	第二木匠头	先期往暹罗采办木料，未同行到闽
博士忙（Brossement）	锤铁匠头	即锻铁工头
布爱德	水缸匠头	即锅炉工头
西林	铁厂匠头	
贝那德	画图匠头	
卑德儿（Péter）	木匠	
格里那	木匠	
巴士假	木匠	
腊佛奴（Raffeneau）	木匠	
布爱达	画图匠	
假格士急	水缸匠	即锅炉工
雷意（Rey）	打铁匠	即锻工

10 月 12 日，日意格等在法国、英国雇用的洋员总监工达士博（Trasbot）、教习嘉乐尔（Carroll）、医生尉都乐、铁山煤山监工都逢等 4 名高级洋员乘船先后来到马尾。德克碑则与 5 名洋员、17 名洋匠在 1868 年 4 月 11 日到达马尾。总计日意格、德克碑在法国以及先前在上海等地雇佣的洋员、洋匠共为 45 人，这其中多是原在罗什福尔等法国

① 资料来源：《海防档・乙》福州船厂（上），（台湾）“中央研究院”近代史研究所 1957 年版，第 95 页。洋员姓名的法文拼写引自〔法〕Prosper Giquel：*L'Arsenal De Fou-Tcheou Ses Résultats*，Shang Haï Imprimerie A. H. De Carvalho1874，P. 51—53. 表中没有列出姓名法文拼写的洋员，均为船政五年计划期间因故被辞退或离职者。

船厂工作的工程师以及技术工人。包括德克碑在内，很多受高薪吸引而不远万里来到中国服务的外国人，考虑到将离开祖国5年时间之久，甚至还将家眷一并搬迁来闽，至1868年到达马尾的外国洋员、洋匠的家眷共有8名女眷、4名孩童。

当初德克碑、日意格向左宗棠上呈保约、清折时，原本拟定的计划是雇佣37名洋员、洋匠，另有1名负责管理账务的洋员。实际雇佣的45人中，除去负责教学的嘉乐尔以及3名仪表技师、2名临时雇佣者等6人原本就不在当初计划中要雇佣的范围内之外，实际按计划专业雇佣的洋员、洋匠总数为39人，较之计划超出1人。对此，中方并没有斤斤计较，沈葆桢还表示："所招员匠果能人人性情温厚，技艺精良，则多一人正得一人之益，国家固不惜此小费而隘招徕。"①

至此，日意格、德克碑从法国购器、雇人的工作顺利完成，船政中法合作迈出了令各方信服的坚实的第一步。而以总监工达士博为代表的真正的造船专业人员的到来，使船政的设厂工程快速进入正轨。

四、基础设施营建

与日意格、德克碑出发前往法国购器、雇人的时间相近，位于马尾的船政工程营建在1866年12月23日正式展开，② 寒冬季节，马尾滨江一带变成了热火朝天的大工地。在沈葆桢抵任之前，主要由周开锡具体负责，专业技术方面则依赖日意格等此前在华雇用的一位名叫贝锦达的俄罗斯籍洋员监工，具体的施工建设以从各处招募的民夫乃至驻防马尾的楚军官兵为主力军。

从法国雇用的洋员、洋匠以及购买的机器、物料到来之前，中方的营建工程主要围绕船政的各项基础设施建设而展开。从这段时间的施工情况看，船政首先制定了十分科学的将生产与行政、教育、后勤等区域区分开的总体用地规划。整个船政用地通过一条人工开挖的类似护城河

① 《洋将续招员匠到工并船厂现在情形折》，《船政文化研究——船政奏议汇编点校辑》，海潮摄影艺术出版社2006年版，第34页。

② 《海防档·乙》福州船厂（上），（台湾）"中央研究院"近代史研究所1957年版，第59页。

般的河流，大致分成了厂区和行政、教育、宿舍后勤区两大部分。工人们在征用的船政用地上开挖环形的人工河流，导马江水入内，处在一面滨江、三面环河的地区就是船政的生产厂区，而在人工河之外的区域则建设行政、教育乃至后勤等建筑。

挖掘人工河的好处主要有三。首先是利于生产厂区内的排水，可以避免积水、内涝，这在雨量丰沛的马尾尤具重要意义。其次，船政厂区的基础建设乃至未来建造蒸汽军舰，都会需要用到大量的机器、物料，这些物资基本都是用船载运从海路进入闽江运到马尾，如果都选择在滨江地带卸载上岸，再用人力搬运到厂区内的安装、施工地点，费时费力。而凭借人工河，江上的运输来船可以将物资转驳到小船上，由小船直接沿河驶到目的地附近的河边卸载搬运，减省了人力搬运的距离和工作量，对于一些人力难及的重型设备的搬运尤为便利。再次，人工河犹如天然的围墙，将船政的生产厂区置于遮蔽、环护的地位，便于实施严格的出入管理。当时在人工河上建有几座桥梁，是沟通生产厂区内外的咽喉要道，“晚上桥上的栅门一律关闭，只留中国士兵守卫”。用人工河界隔出生产厂区的不足是，由于无法预计未来生产的发展规模，一旦预留的生产厂区用地不足，就势必会出现一些后建的生产场所不得不另外择地的问题。

作为小插曲，船政大臣沈葆桢抵任后，可能因为对专业名词产生了理解偏差，竟然将通过挖掘人工河而界隔出的生产厂区概括称作“船坞”，将生产厂区之外的地方称作坞外。实则船政的生产厂区与真正意义上可以容纳船只修护的干船坞并没有任何的相似之处，但沈葆桢对二者的定义不甚明了，在有关的奏折、文牍中经常使用船坞一词来代指船政生产厂区，此点必须加意甄别。

具体到营建工作上，生产厂区内的土地地势较低，原来又都是农田，地质不坚，首先进行了总体平整，“洼者平之，低者垒之”，而后为了防止江水泛滥时淹没厂区，又在厂址基础上积土 5 尺（按照营造尺换算，约 1.6 米）做整体加高。因为当地的土质较潮湿，往往积土之后随着土质干燥，积土的厚度就会缩减，又需要反复积土，“所填之土稍干，则尺寸顿减，须添填两三次乃得其平，以钱购土，竟至十数里内无可购者”。[①] 由于担心濒临马江的土地在江水冲击下坍塌，施工者们又在生产厂区的沿江边一带密集打下木桩以作为加固。

船政功能区域规划完成后，即按照轻重缓急先后开工建设各项建筑。生产厂区内最先动工的，是建设制造船体所需的船台，而后陆续开始各车间、厂房的营建。在此之前，船政配套的各种生活、教育相关的建筑因无特别的技术要求，已经先期开工。1867 年夏天沈葆桢抵任时，生产厂区之外的船政建筑已经大致接近完工。

在生产厂区之内的各种建筑是直接关系到船政造船能力的关键，作为船体建造根本设施的船台以及生产船用轮机等部件的各铁工车间都将在人工河圈出的厂区范围内建设，这些建筑的分布合理与否，将影响到造船工作的效率。在法国洋员、洋匠尚未到来前，现场参加船政基础设施建设的唯一一名外籍技术人员——俄国籍监工贝锦达对此进行的规划是，计划在船政用地滨江一带的中部建设船台，各铁工车间则参列在船台的附近建设。未待这项工程全面展开，1867 年秋天日意格、德克碑雇佣的船政首任总监工达士博到来后，对此提出了全面修改意见。作为真正造船内行的达士博考虑了当时船体建造大量使用木质件的现实情况，担心船台与铁工车间厂房如果混列在同一区域中会有安全隐患，“火患难防”，于是对船政生产厂区的布局做了重新调整，将船政的生产厂区一分为二，较多涉及木工作业的船体建造各部门与各铁工车间分开设立，在北侧的厂区布置船台、木工车间、帆缆车间等涉及船体制造本身的生产部门，南侧厂区则布置各铁工车间，此后船政即依循着这一总体规划开始了建设。

这时已经就任的船政大臣沈葆桢，在日后的奏折中对这一段时间船政的各项建设曾做过极为生动和细致的描述，从一些代表性工程的施工经过中，可以体会初创时代的种种艰辛。

船台是建造舰船的必备基础设施，位置上必须要濒临江海，其造型一般是一个前高后低的坡台，船体建造工程就在这个坡台上进行，铺设

---

① 《报明造船开工日期并船厂一切情形折》，《船政文化研究——船政奏议汇编点校辑》，海潮摄影艺术出版社 2006 年版，第 32 页。

龙骨、搭建肋骨、封顶船壳板，过程中用木撑等装置从左右抵撑住船体，以防翻倒。根据需要，船台上还会搭建简易的板棚，为建造中的船体遮风挡雨。当船体造成后，将牵缀、固定船体的各种设施逐一撤去，船就能从前高后低的船台上顺势缓缓向面朝临江一侧的低处滑下，进入水域。

由于建造时船台上要承载重达千余吨甚至数千吨的船体，船台以及其下地基的坚实、牢固就尤为重要。船政的第一座船台始建于 1867 年秋天，动用工人百余人，建造船台时，先建好施工桁架和云梯，悬 700 斤重铁锤（按库平单位换算，为 400 余公斤），由几十人在桁架上拽绳拉动铁锤来夯砸打桩，将一根根长达二三丈（按营造尺换算，约 6.4 米至 9.6 米长）的木桩打入土中作为地基，“星罗棋布，以固其基”。而后再将一根根枕木横向铺设在木桩上，用长 4 尺、直径 4 寸（按营造尺换算，约长 1.28 米、直径 12.8 厘米）的巨大铁钉钉连，在木桩上形成一层枕木面，按照此法再一层层向上叠压、钉连枕木，最后形成了前端高、濒临江水的一端矮的大船台。其中每一摞枕木中叠压在底部、与地基木桩相连的枕木最宽，约 2 丈 5 尺（按照清代营造尺单位换算，约为 8 米），而每一摞中处于最上层即船台顶部表面的枕木最窄，约 5 尺（按营造尺换算，约为 1.6 米），整座船台从前到后一共有 55 摞枕木组成。船台总长 24 丈（按营造尺换算，约为 76.8 米），船台前端总高 1 丈 6 尺 5 寸（按营造尺换算，约高 5.28 米），临江的末端则只有前者的 1/10，高 1 尺 6 寸 5 分（按营造尺换算，约高 0.52 米）。据沈葆桢记载，经过三个月时间“匠作百余人斧斤无间”的营造，第一座船台于 1867 年 12 月 30 日完成。① 为了配合船台建造时对铁钉等铁件的需求，未等正式的铁工车间设立，船政厂区内在船台附近提前建设了简易的小规模铁工锻造车间，“船台、船身所需铁叶钉镮甚伙，万难待铁厂之成，不得不先盖两区，俾随时打造”。②

---

① 《报明造船开工日期并船厂一切情形折》，《船政文化研究——船政奏议汇编点校辑》，海潮摄影艺术出版社 2006 年版，第 30 页。

② 《报明造船开工日期并船厂一切情形折》，《船政文化研究——船政奏议汇编点校辑》，海潮摄影艺术出版社 2006 年版，第 31 页。

日意格在后来的报告中，曾对这一阶段船政的营建工作有过精要的记述："工厂的第一批工人看见的是一个既没有外国机器也没有工具的河港，但是必须马上动工，田野中唯一的一座小屋成了锻造车间，屋中马上升起两炉火，用中国的铁锤开始了工作，第一根铁钉就在这里打成，接着由当地木匠造出了打桩机进行打桩，然后就是建造船台。"①

船台之外，另外一项重大工程是各车间厂房的建设，尤其是将要安装各种重型设备的各铁工车间厂房的建设，如轮机车间、锅炉车间、铸造车间等。其房屋的式样、营造方法多按照西法进行，具体则是先划定车间的平面位置，而后沿墙址开挖地基，计宽 6 尺（按营造尺换算，约为 1.92 米），深 5 尺（按营造尺换算，约为 1.6 米），挖掘好后往其中"遍钉巨桩"，再"填以碎石，捣之成屑，使与桩齐"，然后在其上砌方石为墙基，"施砖瓦梁柱"。各车间厂房的开工已是 1867 年年底，时值寒冬，从船政工地上传出的夯砸地基的声音让马尾的冬日显得生机勃勃，"天寒霜肃，众杵争鸣，邪许之声闻于数里"②。

车间建筑的墙基需要使用方石块，其尺寸长自 2 丈 3 尺 6 寸（按营造尺换算，约为 7.5 米）至 1 尺 2 寸 5 分（按营造尺换算，约为 0.4 米），仅仅轮机等主要车间建筑就需料十万余块，均招募石匠从马尾周边的山中费力开采，"招匠广采，方日不暇给""石匠往往居奇，冀徼高价。纵之则玩，急之则逃，不得不略示羁縻为招徕地步"③，而一旦运到之后，搬运又极为费事，"石质粗重，运载更难，即源源到工，但移一石非数人不可。况刓方琢平，势难用骤"。因夯实地基和采石备料的困难，各车间厂房建筑本身的营建已经是 1868 年夏季，烈日炙烤之下，工人工作异常艰苦，"际此盛夏酷暑，石上如以热汤，凡椎凿者下蒸上

① 〔法〕Prosper Giquel：*L'Arsenal De Fou-Tcheou Ses Résultats*，Shang Haï Imprimerie A. H. De Carvalho1874，P. 4.

② 《报明造船开二日期并船厂一切情形折》，《船政文化研究——船政奏议汇编点校辑》，海潮摄影艺术出版社 2006 年版，第 31 页。

③ 《报明造船开工日期并船厂一切情形折》，《船政文化研究——船政奏议汇编点校辑》，海潮摄影艺术出版社 2006 年版，第 31—32 页。

曝，敲火生光，肤焦肉泡”。[①] 在方石块奠定的地基之上，车间厂房建筑的墙体全部采用购自泉州、厦门一带的西式红砖砌成，相比较当时中国常见的青砖，西式红砖的烧制温度高，更为坚实耐磨。车间厂房的屋顶则铺西式的瓦片，砖瓦等均以海船络绎运抵马尾。

厂房建筑的另一大难点就是制作房梁和房柱的木料难得。由于船政的车间厂房横向跨度极大，其大型厂房的横宽达到 20 米，经过统计，轮机等主要车间建筑需要使用长度约为 7 丈 2 尺（按清代营造尺换算，约为 23 米）的房梁木料 150 根至 160 根以上，而且为了预防被白蚁蛀蚀以及防潮防蠹，必须采用木质极好的硬木。福建周边所产多为杉木，并不合用，台湾所产的樟木又难以运出深山，船政遂派员前往新加坡、暹罗等南洋地区重金采购柚木。至于厂房所用的柱子，原本也计划购买直径很大的巨木为之，后来因为巨木难得，在日意格的提议下，用小铁厂刚刚装配好的机器自行铸造，均为铁制，每根房柱的自重达到 2.5 吨之巨。[②]

因为船政车间厂房的建筑过程中遇到上述种种难题，整个施工的进度较为缓慢，当从法国购买的机器、物料全部运抵时，船政生产厂区里仅只是完成了一座船台和一座木工车间，其他各主要的铁工车间所用的厂房都还在努力施工中。当时考虑到船台已成，且造船设备、物料已经陆续运到，可以先期开始生产船体，为了不至于白白坐待铁工车间完工，于是临时在船台附近先行修建了两座小规模的锻铁车间厂房，即后来船政所称的小铁厂，以此解决与船体建造配套所需的小型铁件的制造问题。

船政的建筑营建过程中，另有两大项工程也在伴随进行中。

其一是各种外购机器、物料运到后的搬运、存储。

随着船政各类建筑材料以及日意格、德克碑等从法国购买的机器、物料的到来，尽管有人工河可以减省一定的搬运距离，但卸船搬运的工

---

① 《机器到工已齐并船厂现在情形折》，《船政文化研究——船政奏议汇编点校辑》，海潮摄影艺术出版社 2006 年版，第 41 页。

② 〔法〕Prosper Giquel：*L'Arsenal De Fou-Tcheou Ses Résultats*，Shang Haï Imprimerie A. H. De Carvalho1874，P. 7.

作量仍然极为巨大，其过程完全依靠人力，很多充当船政官员的士绅也赶到工地现场，脱离了他们所习惯的书斋环境，而是在江边工地上亲自督率指挥工人、兵士们搬运重物。当时因船政工地江边各船云集，法国来船竟然只能停泊于江中。“罗列岸旁，分头起运者，则有曰‘安迷喇’，系运花旗木板之船；有曰‘悦诺花思得’，系运石叻长短杂木之船；有曰‘西洞’，系运船槽木料之船。外尚有台湾运木、运煤之船；厦门运砖之船；附近运沙、运石、运土之民船；分载竹梢插护江岸之小船；搬移杉木，储盖各厂之排船……沿江埠头星罗棋布，无隙可容。”①

表七　船政初建阶段的重大物资卸船搬运工作②

时　间	到来物资	搬　运　情　况
1867 年 12 月 13 日	从法国运来的第一船机器、物料	“船高器重，数百人运二十余日始毕。有一器，以五十余人舁之而挥汗如雨者”。
1868 年 2 月 29 日	运送木料的船只	“员绅督率人夫搬移上岸，二十余日始毕”。
1868 年 5 月 8 日	从法国运来的第二船机器、物料	“员绅督率人夫，移顿二十余日之久始获竣事”。
1868 年 7 月 8 日	从法国运来的第三船机器、物料	“勇丁数百人挥汗，炎风烈日之中并力搬运，及今一月尚未蒇事”。
1868 年 8 月 5 日	从法国运来的第四船机器、物料	“先将稍轻者用兵船驳载入厂，其余重大者俟第三起搬竣，再行部署”。 “所载轮船机轴，尤繁重殊常。经派人夫起运，四十余日之久始获蒇事”。

“外洋所购木料、铜铁、配件以及锅炉、机器，源源而来，无从度搁，暂就空地护以木棚，堆积如山，不胜点验，惟派亲兵六十名，昼夜常川，轮流防守”。③ 考虑到物资存放、管理的合理性，沈葆桢抵任后

① 《机器到工已齐并船厂现在情形折》，《船政文化研究——船政奏议汇编点校辑》，海潮摄影艺术出版社 2006 年版，第 39 页。

② 本表综合《报明造船开工日期并船厂一切情形折》《洋将续招员匠到工并船厂现在情形折》《机器到工已齐并船厂现在情形折》《暹罗船木到工折》等资料编成，见《船政文化研究——船政奏议汇编点校辑》，海潮摄影艺术出版社 2006 年版，第 31、34、39、44 页。

③ 林梵萱：《曲石龛琐记——船政兴衰考》，《马尾船政局史资料汇编》（戊），福建省师范大学历史系中国近代史教研组自印本，第 42 页。

先后修建了多处专门的物资存放场所，才稍解堆积之困，其中在船政生产厂区内的东侧和厂区外的南侧建设了一组名为广储所的仓库建筑，主要堆放金属件、煤炭、石灰等。在生产厂区外的船政衙署、船政后学堂附近修建多个板棚式的仓库，专门存放木材，称作储材所。

另外一项与初期营建息息相关的重要工程即工人的招募和管理。

船政营建工程开始后，初期所涉及的主要是建筑、搬运等普通工程，这一时期的用工较易解决，主要为在当地和周边地区招募民夫，总计参加初期施工的有二三千人之多，工种涉及木匠、石匠、皮匠、泥瓦匠等。[①] 无论哪个时代，要突然同时调度数千人在不同岗位上按部就班地工作，不啻是进行一场特殊的“战争”。船政所采取的办法是雇用大量的士绅作为船政的基层官员——委员或委绅，分派具体指挥，各自带领工人负责所分管的工作，“委派员绅，近增至百余。晓钟出坞，躬率工作，指挥奔走，见星始归”，整个初期营建阶段事实上也成为了船政内部管理不断磨合、成熟的大练兵阶段，在此方面，早期在船政工地担负具体管理之责的周开锡等官员功不可没。

船政营建工程初始在工人的管理中另一项重要的创举，即对工人实行军队化管理。初期，数千工人分散居住在船政工地周边各处，很难集中进行有效管理，“五方杂处，漫无统纪，易滋事端，栖息无从，亦难号召”。之后船政在生产厂区之外集中建设了两处工人宿舍区，称为东、西考工所，有士绅统一管理，并实行十分严格的出入厂区检查制度，“各厂工，每晨卯入午辍，饭后复入，酉刻散工，而归东西考工处住宿，其在厂两次出入，门口背列检查队，按名搜检，东西考亦派委员，严搜怀挟”。[②]

除去初期招募的数千基本建设工人外，当时船政还使用了一批人数每天在八九百人规模的临工，称为健丁，对这批工人同样采取军队化管理。即按照当时陆军的营制，将健丁编为健丁营，其内部每十人为一基

---

① 《机器到工已齐并船厂现在情形折》，《船政文化研究——船政奏议汇编点校辑》，海潮摄影艺术出版社 2006 年版，第 41 页。

② 林梵萱：《曲石龛琐记——船政兴衰考》，《马尾船政局史资料汇编》（戊），福建师范大学历史系中国近代史教研组自印本，第 42 页。

本单位，由一名什长管理，每五个十人队称为一队，由一名队长统管，由此“寝息有所，灶厕有所，稽查有所”。

最后也是对于后来船政发展至为重要的，则是技术工人的招募。在当时的中国，有着类似工业企业工作经验的技术工人，主要集中在江苏、浙江、广东等开埠较早的地区。船政先是由胡光墉在上海等地预先招募铁匠等有一定专业基础的技术工人，1867 年日意格从法国回到马尾后，带领王葆辰等船政官员一起前往上海对这批工人进行考试、检验，挑拣出 129 人由船政官员黄维煊带领回闽，开始跟随法国工匠熟悉船政铁工车间等专业部门的工作环境和方法，同时由船政根据其学习情况再行考核，“随时察视巧拙勤惰，以定去留”。[①] 至于造船所需的大量木工，则在营建初期的木匠中选用。与此同时，为解决技术工人人数不足的问题，另由船政各生产车间各自招募一批年龄在 15 岁至 18 岁的年轻人，要求“有臂力、悟性者”，称为艺徒，作为技术工人培养对象在各车间跟随法国工头、技工学习，总计人数为数百人，按照学校化的管理模式，统一设立名为艺圃的机构来管理这批人员。

由此，船政在营建初期阶段就已经形成了十分科学的中方工人组成体系，根据重要性和专业性由强到弱，分别为艺徒（半工半读的高级技工）——技术工人——普通工人——健丁。

从 1866 年冬天开始，船政的营建工程到了 1868 年终于粗具规模。

五、沈葆桢的初期管理举措

沈葆桢在 1867 年夏天正式出任船政大臣，亲身见证了这座近代中国的工业奇迹逐渐诞生的过程。在抵任的初期，除了通过奏参吴棠而在官场上展现出铁腕风格外，在船政建设的马尾当地，沈葆桢也显现出了十分强硬的行政作风。

沈葆桢抵任时，正值船政营建热火朝天之际，各类物资源源不断运到，在船政工地上堆积如山，虽然派有亲兵卫队巡逻守护，但是船政厂

① 《海防档·乙》福州船厂（上），（台湾）“中央研究院”近代史研究所 1957 年版，第 122 页。

区面积广大，疏漏在所难免，很快就随之发生了物资遭盗窃的问题，“非不谨慎防范，无如近乡悍民，愍不畏法，每乘月黑风高，穿窬而入，地段辽阔，防不胜防。”①

当时正值船政捕获两名涉嫌盗取物资的人，一名是船政附近中岐乡的乡民梁天成，“窃空地木料”，另外一名则是船政艺圃的技术学生，艺徒刘平三，涉嫌“偷轮机厂钢精，缚存裤裆”。对这两名涉嫌盗窃船政物料者，沈葆桢亲自进行审讯，经查证据确凿，无可抵赖后，沈葆桢出人意料地下令对两人处以枭首极刑。当时虽有很多船政官员对此提出宽免意见，认为盗窃罪不至死，尤其是艺徒刘平三才二十出头，“年甫弱冠，文弱如下胜衣，尤在可矜之列”，建议沈葆桢从宽处理，“许其自新，方能公私两尽，情法兼全”，沈葆桢仍力主必须处以严刑，将二人全部斩首。从后人记述的沈葆桢当时话语中，可以一睹沈氏的心迹：“予岂好杀哉，予不得已也，当此开创始基，若无严法立威，人心安能怵伏，外洋机料，盈握可卷于怀，价值千百，人孰不嗜利，非有极端畏惧，皆有染指之心，则轻身试法者，后来之罹于杀身更多，皆我此时以妇人不忍之仁，有以陷之也，既诱以可欲之利，更示以幸免之机，及至竞相效尤，复绳以极刑，目睹就死之累累，于我心能无戚戚耶？杀以止杀，诸葛公之治蜀，古人先得我心矣，知我罪我，任之而已，但求无愧于心耳”。②

沈葆桢杀一儆百、以严刑立威的做法立竿见影，“船政局上下肃然，有道不拾遗之风焉”。此后，沈葆桢又以类似的做法在船政所处的马尾地方树立了威信。

船政创建时，左宗棠曾委派李庆霖等官员在马尾进行收买民田的征地活动，至沈葆桢到任后，因在具体的营建工作中感觉左宗棠当时征用的土地有不敷使用之处，于是设法在马尾中岐、罗星塔等乡村再追加征用民地。在此期间，工业化过程中不可避免的社会矛盾在福州马尾也出

① 林梵萱：《曲石龛琐记——船政兴衰考》，《马尾船政局史资料汇编》（戊），福建师范大学历史系中国近代史教研组自印本，第 42 页。

② 林梵萱：《曲石龛琐记——船政兴衰考》，《马尾船政局史资料汇编》（戊），福建师范大学历史系中国近代史教研组自印本，第 42 页。

现，而且一时整个马尾地区的乡村都卷入其中。

当时的中国，西方式的建设项目本就十分容易触怒对此无法理解的社会保守势力，此前在上海等地铺设铁路、架设电报线时就有遭地方官绅、乡民反对的先例，更重要的是土地是农民家庭赖以代代相传的最重要的生计来源，一旦失去土地就将意味可能衣食无着。和西方工业革命时代所遇到的社会问题相同，设厂造船的征地工作中发生了一些反对兴建工厂的地方士绅以及乡民反对征地的抗议事件，尽管官方给出了一亩田地 55 两银的高额买价（当时在北方省份一亩田地的正常卖价在 10 两银左右），很多农民仍然不愿意出卖自己的田地，“中岐、罗星塔联合远近数十乡而出阻挠，理喻则不道，势禁则反抗，且敢殴伤差役”。

虽然船政征地在马尾当地已不是首次，事实上最大的征地活动发生于左宗棠总督闽浙时期，几乎征用了中岐乡全部的农田，但左宗棠时期当地并未因征地发生如此严重的抗议举动，而到了沈葆桢追加征地时却引发风波，追根溯源，时人认为其症结出自沈葆桢并不是实缺官员，“百姓惟畏官府之威，虽被抑制，俯首无所请，若以绅士在籍办事，则动即反抗”，此外，当马尾周边乡村联络反抗征地的事件发生后，沈葆桢又以轻车简从的姿态亲自前往谆谆劝导，“小民益生轻视之心”。实际上，除了这些分析之外，和左宗棠当初以闽浙总督来要求福建地方政府主持征地的情况迥异，沈葆桢追加征地时完全由船政自己操作，而没有商助于福建地方政府，这可能也是遭遇民间阻力的重要原因之一。

最终在沈葆桢亲临马尾中岐乡劝喻期间发生严重事件，一些村民“哗噪不已”，乃至用砖石投掷沈葆桢及其随从。转夜过后，沈葆桢一改之前温言劝说的做法，派出船政水师营的 5 艘师船以及 300 余名楚军士兵水陆合围闹事乡村，“责成绅董缚献昨日在场滋事首犯十八人，否则开炮洗村”。正当乡人犹豫之际，水师师船开炮示威，村中“万人变色，立缚以献”。沈葆桢当即下令将为首闹事的 18 人全部斩杀，经村中乡老跪地哀求，并出具保证书，保证此后不违抗船政命令后，改将亲手扔石投掷沈葆桢的 2 人斩首，其余 16 人则处以贯耳之刑。经历如此一番铁腕镇压，船政的追加征地工作立刻顺利完成，且船政在马尾乡村令出即行，“自此中岐乡民若值文肃莅工与过其居，皆奔避恐后，闭户潜伏，而不敢声息矣”。[1]

今天再来回看沈葆桢所采取的铁腕措施，就船政事业而言，此举无疑为船政快速、果决地营造了宁静、可靠的周边社会环境，但这种快刀斩乱麻的做法也无疑将本就属于洋务风气未及的马尾乡村进一步和船政隔绝开，即船政所处的地方社会对船政事务并没有产生了解和深入认同，船政也不再主动去俯身就此去做需要付出滴水穿石般毅力和耐心的沟通努力，船政和马尾地方社会间只是处在一种互相漠然的邻里关系中。在船政发展史以及船政文化史中存在一个十分突出的现象，即不管船政事业如何轰轰烈烈，不管船政在外界获得如何的好评，但当时船政所处的马尾地方社会似乎并没有因此发生什么影响，并没有出现明显的以船政为核心向外大幅影响周边传统社会的文化辐射现象。

沈葆桢在上任同时伴随而来的高压、强硬行政作风，以及奏参闽浙总督吴棠获胜而在高层官场上获得的声威，恰如同船政厂区工地上那一根根用千钧巨力夯砸入土的木桩，使初生的船政在国家和地方都站稳了脚步，对之后很长时间里船政的平稳运行产生了意义非凡的保障作用。

与此同时，沈葆桢还欣喜地发现，他起初对法国人日意格、德克碑能否与自己合作默契的担忧完全可以消除，在船政营建初期的实际工作中，日意格不仅对于船政事务极其用心留意，且与沈葆桢合作、沟通默契，“日意格自入闽以来殚精竭思，孜孜焉如治其家事”，而日意格雇用来的首任总工程师达士博也与日意格一般“实心实力，事事务求精详”。更加可喜的是，作为洋员正监督的日意格还能不徇私情，对洋员、中国人一视同仁，刚刚到职未久的锅炉工头、法国人布爱德因为在工作中对中方人员盛气凌人，被日意格按合同开除，而最早抵任船政的洋监工贝锦达因“办事迟缓”，也被直接开除。受此警示，一时间洋员、洋匠的风气为之肃然，“所有洋员、洋匠咸恪遵约束，尽心教导，不致滋生事端”[2]，这种对西洋人的操控自如，也为船政在洋员运用上开创了良好

---

① 林梵萱：《曲石龛琐记——船政兴衰考》，《马尾船政局史资料汇编》（戊），福建师范大学历史系中国近代史教研组自印本，第 42 页。

② 《报明造船开工日期并船厂一切情形折》，《船政文化研究——船政奏议汇编点校辑》，海潮摄影艺术出版社 2006 年版，第 32 页。

的传统。

与上述这些史事同时，1868 年年初，船政历史上一个值得被永远铭记的日子到来了。

1868 年 1 月 18 日，沈葆桢率船政官员以及日意格、达士博等法方洋员，一起举行仪式祭拜海神妈祖，而后来到被沈葆桢称为“船坞”的船政厂区，与周开锡、夏献纶等官员合力将一根造型奇特的木料搬上船台。按照日意格等当初与左宗棠商定的设厂路线图，当天船政第一艘蒸汽动力军舰的第一段船体龙骨铺设上船台，宣告造船正式开始。尽管此时船政厂区仍然是一片大工地般的建设景象，承托着第一艘轮船龙骨的船台周围也是一派简陋。

船政建厂的各种事务都在按部就班进行的情况，尤其是已经开始了造船的消息，显然引起了清政府高层的关切。从创议开始就遭到来自多方狐疑目光的船政，终于已经成为真实的存在，根据沈葆桢的奏请，清廷给予“自委办船工以来勤能尽职”的洋员正监督日意格赏加提督衔、赏戴花翎；洋员副监督德克碑赏戴花翎；洋员总监工达士博赏加三品衔的奖励，同时以照会通报法国驻华使馆。①

然而天有未测风云的是，就在船政的建设脚步变得日益坚实的时候，一场天灾突然降临。1868 年 6 月，马尾一带开始进入暴雨频频的盛夏雨季。6 月 9 日深夜时分，狂风鼓动巨浪猛烈扑打、冲击江岸，紧邻船政生产厂区的船台附近的江岸发生坍塌，船台附近一块长 40 丈、宽 10 丈（按营造尺换算，长约 128 米、宽约 32 米）的江岸整体坍入江中。沈葆桢亲自率领官员、工人赶赴江边抢救，“奈水势迅急，上实下虚，远者已卧波心，近者土纹冰裂……百端设法，无从补救”，只能应急在靠近船台的岸边打入三层木桩稳固尚存的江岸和保护船台。幸运的是近在江岸边的船台最终没有受到此次灾害波及，“潮痕虽逼近船台，台身数十丈，万木交钤，树基深固，尚不致摇动”。②

① 《海防档·乙》福州船厂（上），（台湾）“中央研究院”近代史研究所 1957 年版，第 120 页。

② 《海防档·乙》福州船厂（上），（台湾）“中央研究院”近代史研究所 1957 年版，第 127 页。

事发后，沈葆桢专门上奏清廷，从内外两方面分析了江岸坍塌事故的原因，即船政厂区土质本来就不坚实，历经夯土和加盖建筑，原本在江岸处夯入以保护地基的木桩受到土力挤压，“内逼则外倾”，使得这些木桩的保护作用降低，以至于未能抵挡巨浪。内在原因则是船政生产厂区挖掘了环绕厂区的运河，“水愈通土将愈弱”，致使厂区土质受到影响。沈葆桢在奏折中汇报已经拟定通过在沿江修砌石岸代替木桩，并填塞船政厂区外围的运河的方法来解决这一问题，同时认为此次事故自己作为管理者负有直接责任，自请清廷给予处分。“臣躬膺巨任，不能先事预防，咎无可诿。合无仰恳天恩，将臣交部严加议处，以为不慎所事者戒”。①

针对沈葆桢自请处分的奏折，清廷显然对沈葆桢在管理船政方面一系列得力的举措表示满意，首先下谕宣布从宽，“所请严议之处，姑从宽加恩改为交部议处”②，当吏部就此案做出“照防范不严，降一级留任”的行政处分决定后，清廷又下谕允许对此降级留任处分进行抵销，③ 江岸坍塌事故并未对沈葆桢造成任何的实际影响。

犹如终夜的狂风已经过去，马尾上空变得格外的湛蓝。第一号轮船的船体建造在 1869 年到来时告成，船政应急建造的铁工车间也都具备了生产能力，同治七年岁末，沈葆桢就此向清廷上奏，汇报船政五年计划中规定的计划起算条件已经具备，船政将从同治八年正月一日（1869 年 2 月 11 日）起正式进入五年计划时代。④

---

① 《海防档·乙》福州船厂（上），（台湾）“中央研究院”近代史研究所 1957 年版，第 130 页。

② 《海防档·乙》福州船厂（上），（台湾）“中央研究院”近代史研究所 1957 年版，第 130 页。

③ 《海防档·乙》福州船厂（上），（台湾）“中央研究院”近代史研究所 1957 年版，第 136—137 页。清代的官员行政奖惩中，加级和降级是重要的一种方式，如果官员档案里有加级等行政奖励的，当其遇到因公罪（公事获罪）而被降级处分时，经过批准可以用以往的加级来抵销降级。

④ 《暹木陆续到工，第一号船身告成折》，《船政文化研究——船政奏议汇编点校辑》，海潮摄影艺术出版社 2006 年版，第 46 页。

第二编　总理船政大臣与五年计划时代

第四章　厂区、人员、机构

一、亚洲第一船厂

即使是见多识广的现代人，倘若亲眼看到百年前船政生产厂区建成时的壮观景象，相信也会为之不禁惊叹。

从1866年12月23日破土动工着手动工营建，[①] 至1869年初开始进入五年计划生产阶段，船政生产厂区的营建用了两年多的时间便告规模初具，船政的第一艘蒸汽动力军舰在船台上开始投入建造时，船政生产厂区内虽然还有大量的建筑尚未完全成型，但总体上的规划已经是历历可见。与之相比，日本在1865年与法国政府合作、聘请法国顾问团队协助建设的日本最大的造船机构横须贺制铁所，此时才刚竣工了船台等设施（1868年5月落成），其他相关的车间大多还处于未完工状态。[②] 日本直到1884年才自行造出其第一艘千吨级的作战军舰。无论是在占地规模、工厂设施的完备程度还是造舰技术上，船政都长期领先于亚洲，曾被誉为亚洲第一船厂。

以现代人习惯的标准来分析，船政所在的整个地块可以按照功能的不同分作行政、教育区，主厂区，辅助厂区等三个主要区域。

---

① 《海防档·乙》福州船厂（上），（台湾）“中央研究院”近代史研究所1957年版，第59页。

② 《横须贺海军船厂史》第一卷，（日本）横须贺海军工厂1915年版，第107、149页。

其中的行政、教育区和主厂区主要是在左宗棠最初征用的数百亩土地上营建起来的，是整个船政的核心区域，地处马尾中岐乡一带，其东北一侧为莺脰山，东南侧是莺脰山的余脉马限山，西北侧是马尾中岐乡的村镇，南面则面临日夜奔流不息的滔滔马江，“地势开旷、面临大江，堪以建厂”。①

（一）行政、教育、宿舍区

翠色如茵的莺脰山一带，是船政的行政、教育机构所在的地块，船政官员、工匠以及洋员们的宿舍等也多营建于此。

1. 船政衙署

衙署是清代官员办理公务的处所，又有公署、公廨、衙门等别称、俗称。② 船政衙署就是总理船政大臣的办公建筑，同时还充当着总理船政大臣的官邸。船政衙署坐落在景色秀美的莺脰山脚下，是一座长方形的中式衙门院落建筑，其旧址大致在今天的福州马尾实验小学的校区一

丘希尔·法拉维恩斯拍摄的船政衙署大门照片。

① 《建造船厂，丈买田地，请豁应征钱粮、粮米片》，《船政文化研究——船政奏议汇编点校辑》，海潮摄影艺术出版社 2006 年版，第 55 页。

② 赵生瑞：《中国清代营房史》（上册），中国建筑工业出版社 1999 年版，第 70 页。

带。环船政衙署的外围，初建时挖掘了如同人工河般的深壕，导马江之水入内，人工河在衙署大门前流经一个长方形的人工开挖的花池，称作官厅池，池塘周围岸边有石质栏杆围护。船政衙署的大门之外，由三侧的墙壁环绕出一个封闭的长方形广场，其中与衙署大门正对的墙壁是影壁墙，其上施有彩画，影壁墙的墙外就是官厅池，墙内便是衙署大门外的广场。在影壁墙的内面不远，对称竖立有两根大旗杆，衙署大门外广场两侧各有一面墙壁，各开有辕门，辕门近旁各建有一座乐亭，辕门外又各有一座小桥跨在环绕船政衙署的人工河上，便于通行，是进出船政衙署的通道咽喉。

20世纪初，法国著名摄影师丘希尔·法拉维恩斯（Chusseau Flaviens）拍摄了一张船政衙署大门建筑的照片，是迄今所知船政衙署大门留下的唯一的影像资料。从这张照片上可以看到，船政衙署的大门（又称头门）是一座六柱五开间的建筑，形制等级相当之高（通常衙署的大门为三开间格局，清代巡抚、提督、总督、将军等衙门才为五开间），两侧连有八字墙，一直延伸连接到衙署大门外广场两侧的围墙。衙署大门建筑的左右两间为暗间，中间的三间为明间，各有一对彩绘着门神的门板，大门之外陈设有一对石雕的精美南狮，大门中央门楣的正上方悬挂有竖刻着“总理船政”四字的匾额，推测为沈葆桢所书。

喜爱诗文的沈葆桢亲笔为船政衙署的大门、仪门和大堂分别题写了楹联，其内容深刻地表达了他对船政事业的感情以及对船政共事者们的期待与激励，成为船政衙署内一道颇具文化色彩的风景。三处楹联的内容分别是“以一篑为始基，从古天下无难事；致九译之新法，于今中国有圣人”“且慢道见所未见，闻所未闻，此即是格致关头，认真下手处；何以能精益求真，密益求益，定须从鬼神屋漏，仔细扪心来”“见小利则不成，去苟且自便之私，乃臻神妙；取诸人以为善，体宵旰勤求之意，敢惮艰难”。[①]

---

① 胡珍宝：《船政衙门的建筑特色和选址——从一张老照片说起》，《福州晚报》，2014年4月15日。《沈葆桢自撰船政局联》，《福州马尾港图志》，福建省地图出版社1984年版，第342页。陈道章：《船政研究文集》，福建省音像出版社2006年版，第395—398页。

2. 天后宫

妈祖是中国著名的海神。船政开工建造第一艘蒸汽动力军舰时，沈葆桢即率领官员们举行了祭拜妈祖的仪式，祈求工程顺遂，当时船政并没有专门供奉、祭祀妈祖的场所，只是临时在船政衙署中设妈祖神位，“即公所中设位行香”。1868 年沈葆桢组织在船政衙署后的莺脰山上专门修建了一座天后宫，作为船政专门祭祀妈祖的场所。天后宫门前专门修建的山路直通山下的船政衙署，不仅便于官员们就近上山祭祀，也显现了这座天后宫独特的官家地位。

20 世纪初美国海军人员在马尾游览时拍摄的船政天后宫照片。照片收藏：陈悦。

在船政天后宫即将落成之际，沈葆桢专门上书清廷请求皇家赐匾，清廷遂命令由南书房翰林书写了“德施功溥”四字，制成御赐匾额颁发给船政，悬挂于天后宫。沈葆桢本人也为船政天后宫题写了多重楹联，其中悬挂在天后宫门口的楹联文字内容为：“地控制瓯吴，看大江东去滔滔，与诸君涤虑洗心，有如此水；神起家孝友，贯万古元精耿耿，望后世立身行道，无愧斯人。”①

---

① 《沈葆桢题马江天后宫联》，《福州马尾港图志》，福建省地图出版社 1984 年版，第 343 页。《择建神宫，仰恳御书匾额片》，《船政文化研究——船政奏议汇编点校辑》，海潮摄影艺术出版社 2006 年版，第 36—37 页。

3. 学堂、艺圃

左宗棠与日意格、德克碑筹划自造轮船时，即计划要同步兴办相关的一系列专业教育。在船政先后设立的各教育机构中，尤以培育造舰工程人员和驾舰航海人员的学堂意义最为重大，相当于是中国最早的西式船舶工程学校和海军军官学校。船政的学堂于1866年末最先在福州城内招生，初名求是堂艺局，因当时马尾的校舍尚未建成，校址一度分设在福州城内的白塔寺、仙塔街和城外的亚伯尔顺洋房三处教学点，[①] 学校迁回马尾后改称船政学堂。船政学堂分为学习轮船建造的前学堂和学习航海、轮机的后学堂，其校舍建筑也分为两处，坐落在船政衙署的南侧，建筑样式基本相同，各为一个近似正方形的院落，具体的建筑构成上则略有区别。

紧邻在船政衙署南侧的第一座欧式建筑群是船政的前学堂，由位于西侧的俯瞰如同“凹”形的半圈围墙和位于东侧的俯瞰也是“凹”形的二层连排欧式楼圈成一个近似方形的大院落。西侧的围墙正面开有学堂的大门，入门后是一座独立的二层欧式教学楼，称为讲堂，学堂的教学、办公均在这座楼内。教学楼向后，与“凹”形的二层欧式楼之间的空地是操场，两侧建有花园。二层连排的欧式楼则是前学堂的宿舍与生活楼，楼上楼下共有74间房间，左半侧的楼上是学员宿舍，楼下是食堂、浴室，紧邻着食堂的后墙外侧盖有两间一层的中式房屋，是学堂的厨房。生活楼的右半侧二楼是教师的宿舍，楼下则是学堂的门房、仆役等校工的宿舍。

从前学堂往南不远，经过欧洲工人宿舍后是后学堂建筑所在。后学堂同样也是由西侧的围墙和东侧的生活楼圈出的院落。学堂大门开在西侧的矮墙正面，在院落的正中央也是一座独立的二层欧式教学楼，教学楼与生活楼之间的空地是学堂的操场。比较有趣的是，似乎是由于学习海军技艺为主的后学堂对户外操练要求更多，后学堂并没有在操场两侧建设花园，而是将花园建在教学楼前两侧，以增大操场的面积。后学堂的教学楼楼上共有6间房间，其中2间是学堂监督和教师办公室，1间

---

① 包遵彭：《清季海军教育史》，（台湾）“国防研究院”1969年版，第6页。

船政学堂及洋员寓所建筑照片。在照片中部可以看到3处成“品”字分布的西式建筑，位于“品”字中央位置的是洋员监督的寓所，其右下侧和左下侧的西式建筑分别是后学堂、前学堂。在前学堂左侧远处还能看到有3座西式二层楼，其最上方的是洋员俱乐部，另2栋是高级洋员寓所。

为会客厅，2间为教室，另有1间是印刷室。楼下则分隔为5间，其中3间是教室，1间是化学实验室，1间是图书馆。后学堂的生活楼样式与前学堂略有不同，并不是完整的连排欧式二层楼，而是由一座平面看类似横放的“L”形的欧式连排二层楼与一排一层的中式连排房屋构成的混合体。其中平面看是“L”形的二层楼为东北朝向，其中北侧部分楼上是教师宿舍，楼下是器材仓库；东侧楼上是学员宿舍，楼下为餐厅、浴室等；南侧的一层中式房屋里是校工宿舍，紧连在这排中式房屋之后则建有厨房、茶房。①

船政的教育体系中，除学堂之外，性质同样重要的还有技术工人的培育，即艺徒。船政营建工作开始后，专门设立了名为艺圃的机构，集中管理各车间招募的艺徒。艺圃建筑的位置在船政后学堂的南侧，是一座大型的中式院落状建筑，外面有高墙围绕，内中则是一间间的房屋。

---

① 《海军军官教育一百四十年》（上），（台湾）“国防部海军司令部”2011年版，第47页。

后学堂的右侧可以看到一大一小两个有围墙环绕的中式建筑院落，与后学堂相邻的较小院落是艺圃，艺圃旁边较大的院落是工人居住的东考工所。艺圃和东考工所后方山上是中方官员寓所以及镇海营的军营。

艺圃的艺徒平时在其中集中居住生活，学习则往往是在船政生产厂区的工作现场展开。

4. 洋员寓所

地处莺脰山脚下，在船政衙署和前、后两座学堂院落之外，散布着船政洋员和洋匠们的公寓、宿舍。其中，在船政前后学堂之间的莺脰山山麓上，建有一座二层欧式建筑，样式、大小与前后学堂的教学楼基本相同，是洋员正监督日意格本人的寓所。这座二层楼可谓占据了船政生产厂区附近的绝佳之地，如果站在二楼房间外侧的回廊里凭栏下望，整个船政的主生产厂区的壮观景象便能尽收眼底。另外，在洋员正监督寓所山下两侧，分别是船政的前后学堂，三者呈“品”字形分布。与之相比，处在旁边莺脰山山脚下的船政大臣衙署则很不显眼。允许洋员正监督占用如此绝佳的位置作为寓所，从中不难感受到船政创始者们为了促成引进西方技术而付出的良苦用心。

除了洋员正监督寓所外，在船政衙署的西北侧，依山脚有 3 栋各自独立的二层欧式小楼，造型与大小和洋员正监督楼以及学堂教学楼相同，用途则分别是洋员俱乐部（戏院）、洋员副监督寓所（一说为医生、翻译寓所）、高级洋员（学堂洋教习、秘书）寓所。因为洋员寓所乃至船政学堂等都是西洋式的房屋，这些建筑连同船政地块上的其他西式建筑，全部由洋员正监督日意格领取经费后自行组织设计建造。

5. 官街

修建船政衙署西北侧的洋员居住区时，从洋员副监督寓所向西，辟出了一条与船政生产厂区邻近的道路，直通江边，称为官街（今福州马尾区的马尾老街），其主要用途是为方便民间贸易。街道两侧商铺林立，每日还有售卖各种新鲜食物的早市，事实上属于船政区域近旁的商店街。[①] 官街不属于船政的建筑或机构，但对船政人员乃至邻近的中岐乡乡民们的生活却颇具意义，不仅便利了船政的人员，而且为田地被收买后的中岐乡乡民提供了一条新的谋生之道，日久成为了马尾中岐乡商业繁华之地。

6. 中方官员寓所、军营

船政中方官员的寓所位于莺脰山上，在船政洋员正监督的洋楼东侧后方，由一组中式的建筑群组成。在中方官员寓所的东侧，则是担任船政以及马尾地方护卫、镇守工作的军队（镇海营）的营盘建筑，以及军营所属的操场。

7. 工人宿舍

船政的工人宿舍分为西方工人（洋匠）和中国工人两组，西方工人宿舍按照等级之类区别分为几处，其中洋匠首（工头）的宿舍区位于整个船政行政区的西北端，属于欧式的连排建筑，每套宿舍都是带有单独庭院的套间，“每人有前厅、客厅、餐厅、卧室各一，以及通常生活设施，前后有花园，厨房和仆人房间在外边”。因考虑到一些洋员和洋匠是携带家眷来闽，船政又为这部分西方人员单独修建了寓所，“已婚工人给予两间卧室的一套房子”，其位置在莺脰山上中国军营的西侧。除匠首外，普通的西方工人的宿舍一处在船政衙门西侧，另一处则在船政后学堂北侧，其建筑等级低于匠首的宿舍，均为联排式的简单建筑，每个普通西方工人分配一套带有花园、厨房以及一大间卧室的套间。[②]

---

① 《察看福州海口及船坞大概情形折》，《船政文化研究——船政奏议汇编点校辑》，海潮摄影艺术出版社 2006 年版，第 24 页。

② 〔美〕庞百腾：《沈葆桢评传——中国近代化的尝试》，上海古籍出版社 2000 年版，第 223—224 页。

船政的东、西考工所。照片中近景处的院落是西考工所，在其稍远处的就是东考工所。在西考工所的旁边还可以看到一座物品仓库。

中国工人的主要宿舍区同时也是工人的管理机构，称为考工所，共有两处，一处在艺圃的南侧，另外一处在前者的西侧，因为两座考工所一东、一西，又分别称作东考工所、西考工所。考工所建筑和艺圃十分相似，每处考公所都类似一个大形院落，内部又有多个小院落组成，其建筑风格为闽式，较西方工人的寓所简陋了许多。为了便于管理，考工所大院落只设有一个统一出入口，内部除了居住工人外，可能还派有委员、委绅居住，考工所的大院里有些建筑明显更为精致的小院落，推测即是在此管理的委员的住宅。

除此，船政还有名为健丁营的机构，即杂役苦力，其驻地犹如营房设施，建设在莺脰山脚。“傍山结垒，略如营房”。另外，船政的辅助生产厂区因为距离主厂区较远，且生产内容主要是与工业技术关联性不大的制砖、炼焦等，因而在这个厂区里就近也建设了一处监工和工人宿舍。

8. 仓库

在办公、教育、住宿等建筑外，船政的这一区域内还有一些独特的建筑物，即仓库。因为生产厂区内部的空间本来就十分拥挤，很多物料仓库不得已堆放进了办公、教育区所在的地块。

其中，在船政衙署的南侧与船政前学堂的东侧之间建有10座存储木料的仓库，早期形式上是木制的仅有支柱和顶棚而没有墙壁的板棚建筑。与此邻近，在衙署官厅池的前方建有一座较大的存储木料用板棚建筑，另外船政后学堂后也建有2座板棚结构的木料仓库，并称储材所，又称木料厂。

与木料仓库同时建设的，还有船政的铁料、零件等物品仓库，其中一组位于西考工所的北侧外围，另一组与此相邻，但已经划入生产厂区的范围之内，这些仓库则是屋顶、墙壁都有的封闭式建筑。因为这些仓库可以储存的物料较多，并称为广储所，依据后来船政大臣沈葆桢造报的船政建设用款报销折显示，广储所多座仓库还各有其名，分别是广储所、广储所料厂等。

在船政初创阶段，因为起盖的建筑工程较多，为存储收发建筑材料还专门设有储石所、砖瓦所，后随着船政各项建筑大部完成，在1873年被裁撤。[①]

（二）主厂区·船厂

马尾莺脰山一带的船政行政、教育、宿舍等建筑群落的西南方向，由人工开挖的运河深壕环绕的一大片滨江的地块就是船政的主生产厂区，其旧址的主要部分大致就是今天福建省马尾造船股份有限公司的厂区范围。根据船政首任总监工洋员法国人达士博制定的规划，船政的生产厂区内又基本上处于一分为二的模式，其东北一半厂区是以木作为主的船体制造区，西南半壁是与其配套的铁火纷飞的铁工制造区，船政洋员总监督日意格后来在著作中习惯将其总体上称作兵工厂（Arsenal）。

建设中的船政全景照片。与右、下方外围已经成型的洋员寓所、学堂、考工所等建筑相比，照片中央的主生产厂区还是一片大工地的景象。照片中可以看到沿江停泊的船只，其中的西式船舶大多是为船政运输物料的运输船，而照片最左侧岸边可以看到停泊有几艘中式船只，属于船政水师营的战船，该处岸上即是船政水师营的驻地。照片提供：中国船政文化博物馆。

① 《会同考核船政员绅分别应裁应留及应备咨取各衔名折》，《船政文化研究——船政奏议汇编点校辑》，海潮摄影艺术出版社2006年版，第298—299页。

船政生产厂区营建时，最先动工和完成的是船体制造区，其性质类似于西方意义上的造船厂，即 Ship Yard。在西方，近代化的造船厂主要是以完成船体的建造、维修和后续的装配、舾装等工作为主，自身往往不具备和不需要具备诸如蒸汽机、锅炉乃至武器等装配件的独立生产能力，此类涉及机器、铁工生产的装备则主要依靠向专门的生产企业购买或共同协作，早期法国海军远东支队向左宗棠推销的宁波造船厂就属于这一性质。在船政的一些公文、档案中，习惯将这一船体制造部门称之为船厂，可谓颇为贴切。

船厂范围内所包含的建筑全部为生产性建筑，具体为船台、船亭、木工车间、小型铁厂等。

1. 船台

正在建造舰船的船政船台，从带有前倾曲线的首柱形状看，所造军舰可能就是“万年清”号。照片中可以看到枕木累搭的船台细节，在船台两侧的板棚建筑就是船亭，即工棚。照片提供：中国船政文化博物馆。

船台，在船政官员黄维煊撰写的《福建船政局厂告成记》中又称作

"船架",[①] 是造船所需的最基础的硬件建筑设施。船政的第一座船台于1867年的12月30日完成，此后至1868年末又陆续完工了两座船台。三座船台相互平行并列，朝向马江，每座的长度大致均为24丈，按照清代营造尺换算，约等于76.8米。船台的数量意味着船政具备了同时开工建造3艘舰船船体的硬件条件。由于当时的造船工艺尚无法采用现代造船业普遍使用的分段法建造船体，因而船台的长度事实上意味着船政所能建造的舰船的最大长度。

因建造船台时所需，在船台的附近修建有两座简易的木质大型门式吊架，用以起吊重型物料。船台竣工后，这两座吊架仍然长期被保留，以便于在船体建造时将木料、设备等物资吊运上船台。

2. 工棚（船亭）

在造船施工时，为了方便起见，船政的每座船台近旁还建设了专门的简易工棚、车间，供船台工人在工作时使用。这类配合造船使用的工棚大多四面没有墙壁遮蔽，恰如中国传统建筑中的亭子，又名船亭。从船政的历史看，船台附近的船亭数量曾发生过变化，早期曾为6座，后来可能为了腾出场地修建其他车间设施而改成了4座。[②]

3. 木材蒸煮所

船政创建的时代，按照西方的木质船体建造工艺，为了解决将平直的木板材加工成带有弧度的船材，以便贴合到船体上型线转折较大的部位充当船壳板，主要采取的是蒸煮板材的做法。与日本横须贺造船所内设立专门机构从事此工作的情况类似，船政也建造了专门的设备，即巨大的桶状容器，使用时将需要加工的板材放入其中，将两头的门关闭，再用专门的导管将热蒸汽输入容器中，"历两时许，（木板）便柔韧如牛皮。然后以钉尾胁。曲折随心，不烦绳削"[③]。该设施所在的施工点位

---

① 黄维煊：《福建船政局厂告成记》，《马尾船政局史资料汇编》（丁），福建师范大学历史系中国近代史教研组自印本，第1页。

② 黄维煊在《福建船政局厂告成记》中称有6座船亭，而据日意格 *L'Arsenal De Fou-Tcheou Ses Résultats* 一书的附图看，当时船亭为4座，本书据此推测船亭数量曾发生过变化。

③ 《暹木陆续到工，第一号船身告成折》，《船政文化研究——船政奏议汇编点校辑》，海潮摄影艺术出版社2006年版，第45页。

置，日意格所著 *L'Arsenal De Fou-Tcheou Ses Résultats* 一书中未有明确说明，推测设在某座船亭附近。

4. 桅舵、帆缆、舢板车间

19 世纪的欧式舰船上，必须要配置舢板小艇作为舰载的交通艇和救生艇，同时考虑到长途航行时有可能会出现燃煤补给困难等问题，大量蒸汽动力的舰船上还依然保留了风帆装置，以备不时之需。船政所造的舰船上，均需要这些西式的舢板、风帆以及桅杆、缆绳等舾装物件，但是在当时的中国根本没有这方面的制造经验，无法通过协造、购买的方式快速解决，船政为此专门设立了桅舵、帆缆和舢板车间，自行生产这类用具。车间的具体位置设在船政生产厂区内的船台、工棚附近。

5. 木工车间（转锯厂）、模型与细木工车间（木模厂）

木工车间和模型与细木工车间位于船台和船亭区域的东北侧，处在整个生产厂区的东北角位置上，紧邻着船政生产厂区外的人工河，其旧址大致是在今天马尾造船股份有限公司大门以内的位置上。其中的木工车间因安装有用以将原木破开成板材木料的锯床，当时又称为转锯厂，而模型与细木工车间主要工作是制作木模，“专任制造船模、汽鼓模、各机件模以及细木雕刻各工”，又称木模厂。

两个车间的厂房建筑俯瞰均为长条形，中间另有一座小厂房相连，总体犹如英文字母“H”的形状，都是砖结构的西式厂房建筑。其中木工车间的面积为 1020 平方米，模型与细木工车间的面积为 1440 平方米。工程最繁忙时，模型与细木工车间有工匠 160 余名。

木工部门总体上由法国工头乐平组建，两座车间内共装备有 3 台锯床（大直锯、小直锯、圆锯）、1 台钻床、1 台磨床、2 台车床、35 台钳床，大部为机器传动，由车间里安装的 1 台 15 马力（虚马力）蒸汽机提供动力源，再通过皮带连接传动各设备。木工车间主要负责将原木破开成生产用的板材以及加工木制船体所需的龙骨、肋骨、船壳板等各类木制件，其车间里的钻床、车床等也可用于小型铁件的加工；模型与细木工车间则负责船用小型木件的加工，船用家具、装饰件的制作以及为船政其他车间制作铸造或生产用的木模。

6. 小铁工车间（小铁厂、炮厂）

从空中看起来如同“H”型的木工车间和模型与细木工车间的南侧，紧邻着的是船政的小型铁工车间，中方称为小铁厂、锤铁厂、截铁厂等。这座铁工车间原本并不在船政的建设计划中，1868 年初船政厂区的第一座船台上已经开始建造第一艘蒸汽军舰，而厂区各铁工车间的厂房建造或设备安装调试尚未完成，为了保证舰体建造中对配套铁件的迫切需求，才应急加盖了这座车间。

小型铁工车间的面积其实并不小，实际上由相邻的一大一小两座车间建筑组成，总面积达到了 2160 平方米，为木结构建筑。内部装备 44 座化铁炉和 3 座 300 千克汽锤，可以进行小规模的金属冶炼、铸造、锻造等作业，是船政在大型铁工车间投入运行之前，主要的铁工制品的生产部门。诸如造船所用的铁钉、金属龙筋，乃至大型铁工车间建筑所用的铁柱、船政军舰所用的炮弹弹头等，都在这里加工。

7. 小配件车间（小轮机厂）

与小铁工车间中的小车间建筑紧邻，另有一座配件车间，也是木结构建筑，面积为 510 平方米，主要生产各种船用的小型金属舾装件，推测船用的金属锚绞盘、舷窗、水密天窗等设备均在该处生产。

8. 仪表车间（钟表厂）

近代化的造船是涉及大量工业门类的系统工程，在当时的欧洲通常依赖着广泛的社会协作，很多船用的设备都可以在社会上找到专门的厂家进行配套生产、供货，然而船政初建时代的中国根本不具备任何工业生产基础，船政不可能在国内找到配套的设备生产企业，而又不甘心依赖外购装备进行组装式的造船，因而船政不得不建立了与造船相关的所有配套制造部门，仪表车间就是颇具代表性的一例。

船政的仪表车间位于小铁厂附近，面积为 720 平方米，同样是木结构建筑，内部分为三个工作部门，分别生产航海用六分仪等小型仪器以及望远镜等光学器材，还有就是对精密程度要求较高的船用磁罗经等设备。可以说，船政的仪器车间开创了中国在这些领域的制造业历史。

1873 年船政五年计划即将成功之际，为精简机构，钟表厂从编制上被撤销，原有的生产业务被分别归并入轮机厂、水缸厂。[①]

9. 办公所

屋顶带有小型钟楼的船政洋员办公所。

办公所是整个船政的生产管理机构，五年计划时代，船政的洋员监督、总监工、提调等中外官员往往都在此办公。办公所建筑位于造船厂一侧，坐落在造船厂一系列车间外的东南边角上，与船政衙门所在的行政区域隔人工河相望。办公所的主要建筑有两座，一座是北侧的中方官员办公所，是栋一层的建筑；而位于中方官员办公所南侧的是一栋二层洋楼，属于船政洋员的办公所。按照当时西方船厂的习惯做法，二层楼的屋顶上建有一座小塔状的小钟楼，安装有两台欧式自鸣号钟（一台面朝厂区，一台面朝行政、教育和宿舍区方向），每当整点会自动鸣响报时，是整个船政按时作息的依据，“工匠凭以作息者也”[②]。自鸣钟的表

① 《会同考核船政员绅分别应裁应留及应备咨取各衔名折》，《船政文化研究——船政奏议汇编点校辑》，海潮摄影艺术出版社 2006 年版，第 299 页。

② 黄维煊：《福建船政局厂告成记》，《马尾船政局史资料汇编》（丁），福建师范大学历史系中国近代史教研组自印本，第 1 页。

盘上以罗马数字为时间标记，当时在法国的布列斯特船厂、罗什福尔船厂以及由法国提供技术支持建造的日本横须贺造船所内也都有造型类似的自鸣钟，表盘上同样也都是用罗马数字作为刻度标记。

（三）主厂区·铁厂

对建造蒸汽动力的舰船而言，锅炉、蒸汽机等动力设备的配套是重中之重，属于技术密集的核心设备，是蒸汽舰船的技术关键所在。与同时期欧洲造船厂可以通过在本国购买等方式获得这类设备的情况不同，当时的中国国内根本没有与之相关的企业，而且左宗棠从筹划自造轮船开始之时，就定下目标要摘取这颗蒸汽时代工业技术高峰上的璀璨宝石，使中国获得自行建造蒸汽机、锅炉的能力，掌握工业革命时代的原发性科技。船政主生产厂区中的铁厂便是以生产锅炉、蒸汽机等设备为主的生产部门，相较以木料为主要生产原料的船体建造部门，该部门因为以钢铁等金属为主要生产原料，所以习惯被称为铁厂，而这类生产企

船政铁工厂远眺。树立有高大烟囱处的建筑群就是船政的轮机车间，烟囱背后的高大建筑二楼便是船政绘事院所在。在轮机车间建筑群的左右，各有一组正面看如同“山”字形的车间建筑，分别是船政的锅炉车间（水缸厂）和铸造车间（铸铁厂）。在铸造车间右下可以看到屋顶带有小钟楼的船政洋员办公所，而照片近景白色的建筑群则是船政前学堂。

业在西方则习惯被称作铁工厂，即 Iron Work。

船政科技含量最高的生产部门铁厂占据了生产厂区的西南半壁，所含的主体是三大车间，即锅炉车间、轮机车间、铸造车间，其生产能力涵盖了舰船蒸汽机、锅炉的建造。

1. 锅炉车间（水缸厂）

锅炉是蒸汽机的动力源，由于其大致的原理类似用火煮水以产生高压蒸汽，近代中国又习惯将锅炉称为水缸，船政的锅炉车间也就被习惯称作水缸厂。锅炉车间的建筑位于船政生产厂区的最南侧，是由连接为一体的三栋长条形砖结构的欧式厂房组合而成，其中两侧的厂房宽度较窄，中间的最宽。由于每栋厂房的屋顶都是三角形的屋顶，从正立面看宛若“山”字形，在有关船政的历史照片上，这组有着如同波浪般的三个连接在一起的三角形屋顶的车间非常容易被辨识出来。

锅炉车间于 1868 年年初开工，总占地面积 2400 平方米，俯视总体上为长条形，其居中的厂房建筑宽度为 20 米，与其左右衔接的厂房建筑宽度则各为 10 米。车间内部安装有 1 台 15 马力（虚马力）蒸汽机及配套的锅炉，用皮带传动的方式为车间中的其他机器设备提供动力。该车间主要负责组装和制造各种锅炉，同时还承担着舰船、轮机所用的金属管路、风筒、烟囱等设备的制造，“专任制造船上锅炉、烟筒、烟舱、汤管、烟管、汽表、向盘各工”，工程最繁忙时工匠人数 350 人。

2. 轮机车间（轮机厂）

紧邻在锅炉车间北侧的是船政的轮机车间，负责生产蒸汽机。其厂房建筑的施工、构造与锅炉车间类似，都是铁质梁柱和砖墙混合结构的建筑，不过布局上却有着自身的特点。轮机车间的建筑俯瞰呈“凹”字形，即由两侧两座对称的纵向厂房和中间一座横向的厂房衔接而成，位于两侧的两座厂房为蒸汽机部件装配车间，总面积为 2400 平方米；在“凹”形中间的横向厂房则是位于蒸汽机生产流程上最后部分的总装车间，面积 800 平方米，在其二楼还建有办公室，是名为绘事院的船政工业制图机构的工作场所。

轮机车间由法国工头 Tolme（1872 年因病离职）负责组建，内部装有 1 台 30 马力（虚马力）蒸汽机和配套的锅炉，为整个车间的各种

轮机车间是保存至今的为数不多的船政建筑之一，车间内仍然还能见到当年船政制造的法式钢铁梁柱。照片拍摄：陈悦。

机器提供动力。比较特别的是，可能是组装完成的蒸汽机测试时需要获得蒸汽，轮机车间“凹”形建筑之外修建有1座大锅炉房，内中安装有大型的舰用锅炉，其高大的砖制烟囱是船政厂区内的重要标志性建筑。该车间主要负责蒸汽动力舰船上的心脏部件——蒸汽机的组装，将铸造、锻造等车间制造好的蒸汽机配件进行磨削修整，最后装配调校成型。因为蒸汽机的构造极为精密，轮机车间里安装的机器设备里包含了车床、铣床等先进生产设备，在车间里还安装有专门为起重、搬运重物所用的天车。

3. 铸造车间（铸铁厂）

船政的铸造车间建筑位于轮机车间的北面，厂房建筑和锅炉车间基本相同，外观上也是三座各自带有三角形尖顶的厂房相连的造型，占地2400平方米。分别位于轮机车间南北两侧的样貌相仿的锅炉车间和铸造车间，加之具有这两座车间之中的“凹”形的轮机车间，三座大车间在建筑格局上形成了一种十分优雅协调的对称之美。

铸造车间内由1座15马力（虚马力）蒸汽机提供动力来源，车间里有3座化铁炉，可以同时熔炼15吨铁；此外车间内还装备有化铜炉，可以熔炼铜件。该车间主要生产各种舰用、轮机用金属铸造件，“专任船上所需之铸铁、铸铜各机件”，在投入使用后，该车间的重要性立即超过了先前建造的小铁厂。

4. 锻造车间、轧铁车间（打铁厂、拉铁厂）

船政的锻造车间原本设在船政主生产厂区内，和轮机、铸造、锅炉车间并列，但是因为锻造车间内使用汽锤，工作时震动极大，而主生产厂区因为属于江滩田地，“地基松软，每一汽锤击动，则屋瓦皆震”，为安全起见，经日意格考察后，该车间于1871年迁到主生产厂区东侧与厂区一河之隔的临山地块，紧邻在西考工所的西侧。又因当时船政所用的铁条、铁板都需要从欧洲进口，为解决自制问题，在新建锻造车间时又增建了轧铁车间，两座车间以一横、一纵的姿态相连，平面上俯瞰类似“7”字形，其建筑的样式和所用材料与生产厂区内的铸造、锅炉等车间不同，为木结构建筑，两座车间的总面积达到4190平方米。

锻造、轧铁车间由法国洋匠博士忙负责组建，其中锻造车间拥有6座蒸汽动力的冲压锻锤和汽锤：7000千克汽锤、6000千克法尔科（Farcot）式双锻汽锤、2000千克汽锤、1000千克汽锤各1台，300千克汽锤2台。拥有16个熔铁用的反射炉和6个再热炉。可以通过锻打预制的铸造坯件的方式生产厂房结构所用的金属梁架以及蒸汽轮船所用

建设中的船政。照片左侧脚手架尚未拆除的大烟囱就是正在建造的打铁厂、拉铁厂的锅炉房烟囱。在这座大烟囱背景远处依稀能看到另一个喷薄着煤烟的烟囱，那处烟囱下的是船政的轮机车间。〔英〕约翰·汤姆森（John Thomson）1870 年拍摄。照片收藏：British Library，1787. d. 7。

的诸如铁锚、锚链、传动轴、蒸汽机部件、铁板等各种锻造件。可锻打150 毫米以下厚度的铁板，这也意味着船政具有锻造钢铁装甲板的硬件条件。

与锻造车间相连的轧制车间内，配有 6 座再热炉，4 座轧铁机（轧制板材、角铁、小铁件、铜件各 1 台），由 1 台 100 马力蒸汽机为轧铁机提供动力。该车间可以生产船用以及轮机、锅炉用的铁板、角铁、铜板等，可以将直径或每边自 6 厘米至 120 厘米的圆铁条或方铁条等铁料（展制直径或每边自 7 厘米至 30 厘米的铜条）加工成铁板，每年约可展制 3000 吨铁。

锻造、轧制车间需要用到铸造车间生产出的坯件，而其所出产品又是轮机、锅炉车间所需，为了方便车间之间的运输，从锻造、轧制车间开始铺设一道铁轨，纵贯船政整个生产厂区，将相关的多个车间连接到一起，工人们可以推着专用的小车依靠轨道运输物件。由于锻造、轧铁车间里的机器设备众多，对动力源——蒸汽机的功率要求较大，与轮机车间相仿也建造有一座大锅炉房，同样也有着一根高高的砖制烟囱，是当时整个船政生产厂区内的两根大烟囱之一。

5. 机器仓库（机器所）

配合铁工车间的生产，在铁厂的厂区范围内还建有数处专门的仓储建筑，用于存放制成的蒸汽机等设备以及建造所需的一些部件。船政的这类机器仓库主要在轮机车间、锅炉车间、铸造车间的附近，以及锻造车间附近。1873 年船政五年计划即将到期时，机器所被并入了广储所。①

6. 放样车间（样板厂）

放样车间是船厂的重要部门，但是位置设在了铁厂的范围内。放样车间主要是将舰船的建造图纸进行放大，绘制为 1∶1 比例的等比例图纸，再将 1∶1 比例的零件图纸提交给船台等工作部门，以便据此在木料等材料上描摹施工。早在船政建设船台等船厂设施时，放样车间便投入建造，由于船厂一侧几乎没有空地可以加盖厂房，便选择了船厂以南的地区建设，其具体的位置在铁厂的三大铁工车间以西。

7. 拖船坞（铁船槽）

船坞是关系到一座船厂是否具有对舰船实施离水维修能力的关键性硬件设施，也是建设近代化海军所必须具备的舰船保养设施。左宗棠筹划设厂造船时就预备要在马尾修建船坞，起初计划修建大石船坞，即干船坞，后因马尾地方土质不适合开挖大型的干船坞，且大船坞的施工耗时耗力，左宗棠遂与日意格等商议，并经报请清廷，确定将船坞的样式改为当时世界上最新颖的铁板船槽（当时又称铁螺丝船槽），即拖船坞。②

所谓的拖船坞，类似于现代造船业中的坞台，其特点是可以通过延

① 《会同考核船政员绅分别应裁应留及应备咨取各衔名折》，《船政文化研究——船政奏议汇编点校辑》，海潮摄影艺术出版社 2006 年版，第 299 页。

② 《改用铁板船槽片》，《船政文化研究——船政奏议汇编点校辑》，海潮摄影艺术出版社 2006 年版，第 18 页。

伸入水的专用滑道，将船只直接拖上岸维护或者从坞台上送入水中。船政铁船槽的构件完全在法国定做，之后运回马尾组装。由于船政生产厂区内船厂一侧的江岸都被船台等设施占据，船槽的安装地点便定在了铁厂一侧的江岸，整个工程在法国洋匠阿兰的具体指导下完成。

正在拖船坞上维护的船政水师舰船。照片推测拍摄于1875年。照片中，拖船坞的活动平台处于离水维护的位置，在其上的是两艘船政水师的80马力炮舰，在平台下方可以看到铺有碎石的坡岸以及坡岸上的铁轨。在两艘军舰身后的建筑，是与拖船坞配套的机器房，驱动平台的卷扬机以及提供动力的蒸汽机、锅炉都安装在这座建筑中。在拖船坞的左侧江边，可以看到带有高大吊臂的起重码头，码头近旁停泊的是正在维护的船政水师“福胜”级蚊子船。照片提供：中国船政文化博物馆。

船政的铁船槽结构上首先以一个巨大的铁制框架基座作为水下部分的基础（构造为将纵向的42扇框架结构横向铆接相连成一体），称为槽架，总横宽97.4米，纵长35.9米，组装完成后在1870年3月26日整体安装入水，“又恐潮水汹涌，架因而浮，于是堆垛石屑，即其空隙就势填之”。而后在构成铁槽架的42扇框架上铆接安装铁轨，共铺设42道铁轨，铁轨从铁槽架表面一直延伸铺设至预先修整加固好的坡状江岸上。

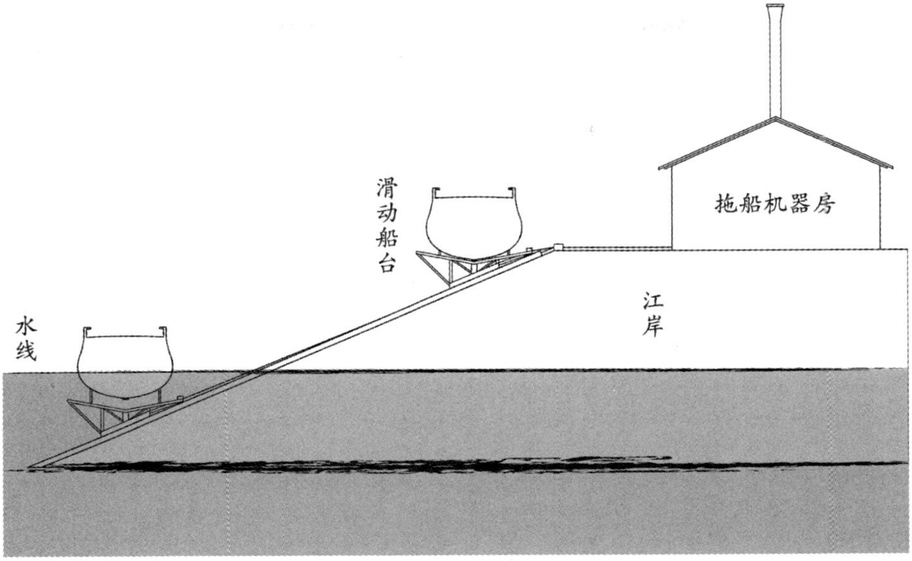

拖船坞示意图。制图：顾伟欣。

作为铁船槽的主体部分，在槽架铁轨之上安放有铁制拖船台架，即活动平台。平台的钢铁结构和底部的槽架结构相对应，台面之下也有铁制框架，框架底部装有铁制滑轮（台面下的每一扇铁制框架的前后端各安装 2 个铁轮），一一对应承放在槽架表面的铁轨上，通过蒸汽机驱动卷扬机收放台架，来实现台架在铁轨上的上下滑动。船只需要上坞维护时，首先施放台架，沿铁轨入水，船只在涨潮时驶至台架上方，当退潮时便自动搁坐到台架上，固定完成后驱动蒸汽机将台架拖曳上岸，便能实现对船只的离水维护。

出于提高使用效率起见，船政铁船槽上的台架分成宽度不同的大小两个部分，其小型台架台面横宽 37.7 米，台面下有 17 扇铁制框架，理论上可以维护长度不超过 37.7 米的小型舰船。大型台架台面横宽 59.7 米，台面下有 25 扇铁制框架，可维护中型舰船。当所需维护的船只长度不大时，可分别由大、小台架施工。而当需要维护较长的大型船只时，则大小两座台架可以同时启动，当成一座台架来使用，此时最大就可以维护长度达 97.4 米的船只。

作为驱动铁船槽的动力来源，紧挨着铁船槽的后方修建有机器房，横宽 97.4 米，纵长 16.45 米，其中安装 1 座 40 虚马力的蒸汽机及其配套的 2 座锅炉和 42 部拖船卷扬机。蒸汽机通过皮带带动机器房内的卷扬机，再由卷扬机通过安装在铁船槽台架框架间的传动轮驱动台架。考虑到上台维护的船只吨位不一，所需要的拖曳马力不一，船政铁船槽的蒸汽机设定了出力不同的三个档位，即小车、次车、大车。拖曳小型轮船时，开小车驱动 17 台卷扬机拖曳小型台架，需 1 小时；拖曳中等轮船则开次车，驱动 25 台卷扬机拖曳大型台架，需要 2 小时；拖曳大型军舰时，则大小两个台架并用，蒸汽机开大车驱动全部 42 台卷扬机，需要耗时 4 小时。① 根据设计，船政铁船槽的工作极限可以承载重量为 2500 吨的舰船。

8. 起重码头

距离铁船槽不远，船政生产厂区的起重码头也建设在江岸边，刚好处在船厂与铁厂交界的位置上。起重码头又名铁天车码头，其构造首先是一座从岸边向江中深水处伸出的码头栈桥建筑，在栈桥上修建有最大起重能力为 40 吨的人字架式大型吊臂，可能可以获得蒸汽动力。在船政厂区营建尚未完成时，起重码头的主要功用是将外来运输船上的重型物料起吊上岸，而当船政厂区规模初具转入造船阶段后，起重码头事实上变成了舾装码头。船厂厂区建造完成的船体下水后首先靠泊至此，铁厂厂区内生产出的锅炉、蒸汽机可以通过连接车间与码头的运物轨道运输到码头上，再由大吊臂吊运进船体内安装。为了便于重物的运输，起重码头铺设有专门的铁轨连接到船台、铁工车间。

（四）辅助厂区

除上述集中在莺脰山以西与马江之间的船政主厂区外，船政还另有一个犹如卫星厂区的辅助厂区。辅助厂区位于整个船政主厂区的东南侧，与罗星塔所在的青洲一水之隔，其旧址大致是今天福州马尾区君竹路附近的沿山市场一带，其中多是辅助性的车间和窑口，工人多根据工

---

① 《海防档·乙》福州船厂（上），（台湾）“中央研究院”近代史研究所 1957 年版，第 263—265 页。

作量情况临时增募，不属于常设的生产机构。

1. 砖窑

辅助厂区的砖窑分为两类，一种是烧制船政建筑所需的红砖，另一类则是负责烧制舰船锅炉所需的耐火砖。与砖窑相邻，还建有配套的用于预先配置耐火黏土的工棚以及用于将泥料做成砖坯的工场。

2. 石灰窑

船政初期所造的船体多为木质，捻缝的工作量较大，石灰厂所产的石灰主要作为捻缝所用的油灰原料。

3. 炭窑

主要生产船政车间锅炉所需的焦炭，由于产量不大，对船政所造的舰船只能提供有限的供应。

表八　船政厂区基础建设用款情况①

序号	项目名称	用款（银）
1	起盖各厂购买田地	二万五千三十二两七钱一分九厘九毫
2	起盖洋楼购买山地	二千二百四十九两一钱
3	厂区土地填实、加高	三万九千五百二十九两八钱七分五厘
4	开挖环厂人工河、修建河上桥梁	四千四百三十八两二钱八分四厘
5	铺砌石路	二千一百四十八两六分八毫
6	修筑石坝	一万三千四百九十九两一钱

表九　船政各建筑设施建造用款情况②

序号	工程名称	工料费用	备　　注
1	学堂、洋员洋匠住宅等	六万七千二百八十两	包括学堂、洋员洋匠寓所、办公所等所有西式非生产性建筑

① 本表据沈葆桢《报销船政经费折》清单绘制。《船政文化研究——船政奏议汇编点校辑》，海潮摄影艺术出版社 2006 年版，第 94 页。

② 本表据沈葆桢《报销船政经费折》清单绘制。《船政文化研究——船政奏议汇编点校辑》，海潮摄影艺术出版社 2006 年版，第 94—96 页。

续表

序号	工程名称	工料费用	备　　注
2	船台	六万四千二十九两七钱三分六厘一毫	
3	船亭	六千四百八十一两二钱八分五厘四毫	
4	铸铁厂	七万七千四百一十一两五钱一厘	船厂厂区内的铸造车间
5	轮机厂	四万二千三百六十四两一钱三分三厘八毫	轮机车间
6	合拢厂、绘事院	二万三千三百九十九两四钱八分七厘	轮机车间两座车间建筑连接部的建筑
7	大铁厂	三万三百六十一两二钱八分三厘三毫	铸造车间
8	水缸厂	五万六千八百一十九两六钱四分七厘五毫	锅炉车间
9	大烟囱、大锅炉房	六万三百四十六两一钱四厘七毫	
10	拉铁、锤铁厂	一十七万五千五百八十三两九钱三分二厘三毫	锻造车间、轧铁车间
11	转锯厂	二万二千六百七十四两九钱三分五厘二毫	木工车间
12	小铁厂	二万二千四百一十五两六钱一分五厘八毫	
13	小轮机厂	三千二百五十七两五钱一分一厘六毫	
14	木模厂	三千一百六十九两六钱八分一厘四毫	模具、细木工车间
15	储模所	一千二百四十六两三钱五分八毫	模具、细木工车间附属仓库
16	钟表厂	三千三百一十五两八钱七分七厘一毫	仪表车间
17	桅舵舢板厂	四千一百八十六两七钱二分九厘四毫	桅舵舢板车间

续表

序号	工程名称	工料费用	备　　注
18	帆缆厂、炮厂、艺徒诵堂	三千六十一两二钱三分九毫	
19	砖厂	一万九千六十七两七分三厘三毫	砖窑、石灰窑、焦炭窑
20	铁船槽及机器房	一十七万五千四百两二钱八分八厘七毫	
21	起重码头、铁轨	五万五千九百九十四两一钱二厘五毫	
22	天后宫	三千八十三两八钱一分一厘七毫	
23	船政衙署	八千五百九两二钱九分一厘二毫	
24	东考工所	五千二百九两五钱三分六厘四毫	
25	西考工所	八千七十一两五钱三分六厘七毫	
26	艺圃	三千八百六十两五钱三厘四毫	
27	广储所	一千三百七十七两四钱七分二厘六毫	
28	广储所第一座料厂	二千四百八十一两五钱一分七厘五毫	
29	广储所第二座料厂	一千六百七十三两三钱八厘八毫	
30	广储所第三座料厂	一千六百四十八两六钱四分六厘五毫	
31	机器所	一百九十六两七钱二分一毫	机器仓库
32	储材所	一百七十七两三钱五分七厘八毫	

续表

序号	工程名称	工料费用	备　注
33	镇海营	一千六百七十七两一钱五分五厘二毫	
34	健丁营	一千四百一两三钱三分九厘四毫	
35	修理船台	七千六百五十八两四钱八分一厘	
36	修理烟囱、锅炉等	一万一千四百九十六两五钱三分二厘一毫	

二、船政的人员

与船政的厂区营建工作同步，在船政步入五年计划时，经过前期的磨合、积累经验，船政也已经形成了一套相对成熟和完善的人员组成体系。较具有特点的是，船政在官方公文档案中对自身的人员构成的分类，不仅仅依据工作职位的不同来区分，更多的是将所属人员的出身、身份作为重要标准来分类。

（一）职员

（甲）船政大臣　作为船政的全权管理官员，船政大臣是船政的最高管理者，由清政府中央直接指派任命。由于船政事务涉及诸如工程、教育、行政、防务等诸多领域，千头万绪，船政大臣事实上主要管辖行政方面的事务，其他各专业部门，则由下一层级的官员、高级职员等具体管理，直接向船政大臣负责。有所区别的是，首任船政大臣沈葆桢属于总理船政大臣，而五年计划结束后接任的船政大臣则级别有所降低，称为督办船政大臣、署理船政大臣乃至兼办船政大臣、会办船政大臣。

（乙）委员（委绅）　船政因为不是具有国家编制的经制机构，没有官员和高级职员的实缺编制，在这方面的人员任用形式上采取的是临时任命式的给委任用，即委任。船政官员和高级职员中的主干是委员或委绅，即受委办事的官员、绅士。其中的委员，是指在受船政委用时已经具有官员、候补官员等身份的人员，而委绅则是受委时为地方绅士身份，不具备官员身份的人员。在具体的操作中，船政的委员和委绅常常被统称为员绅，或干脆混称为委员，只有在正式场合和文件里才会严格区分出委员和委绅的不同，本书除非特别必要时，也将这类人员并称为委员。

船政的委员人数没有明确的名额规定，大致在数十人上下，除部分高级委员外，其他多为地方的候补官员或绅士，大规模进入船政任事的时间从1866年12月23日开始。[①] 委员根据任事的不同而等级不一，其最高级者为提调委员，在其下的则是具体分管船政的某一部门的委员，诸如总监工、监工、学堂监督等，较低阶的则是担任普通职员的委员，诸如文案、支应等。根据船政历史上的实际操作情况分析，在对于委员尤其是高级委员的任命上，其人选如果是现任或候补官员，往往需要奏请清廷批准，倘若只是一般的绅士，总理船政大臣有直接任命之权。

（乙一）提调委员　在船政官员系统中，最高级别的委员职位是提调委员，简称提调。提调这一官名源自宋代，为提举调度之意。到了清末，则成为非经制机构中高级管理人员的官名，多指专管某一方面事务或某一新设非经制机构的高级官员，其官名全称中往往会在提调之后缀连上所管事务的名称，船政的提调委员又称提调船政工程委员。船政的提调人数设置不一，少则一人甚至不设，多则数人，其工作主要是代表总理船政大臣管理某一方面的全局性工作，是于船政官员体系内职权仅次于总理大臣的高级官员，当只设一位提调委员时，这位提调委员则相当于是总理船政大臣的副手。船政创始阶段各项事务繁杂，也是提调人数最多的时候，最先任提调的是周开锡与胡光墉二人，而后胡光墉请假，又增加了夏献纶、吴大廷等人，后来则并为一人。这一级的委员被派任前一般已经具有较高的任官资历，通常是具有道员及更高级别身份的人员，通常需要由总理船政大臣上奏举荐，由清政府中央决定是否批

---

① 据沈葆桢《报销船政经费折》记载，船政员绅的薪水银是从同治五年十一月十七日起计算支付的，即1866年的12月23日，见《船政文化研究——船政奏议汇编点校辑》，海潮摄影艺术出版社2006年版，第96页。在此之前，筹设船政的工程中已经有少量官员在任事，这些人当时多属于借调，或是从他处借支薪水，而自12月23日后则开始正式从船政领取薪水。

准任用。

表十　五年计划时代的船政提调委员变化情况

姓　名	就任时间	离任时间	离任事由
胡光墉	1866 年	1866 年	无法在闽常驻，改为兼任
周开锡	1866 年	1869 年	调任总统甘肃南路诸军
吴大廷	1869 年	1870 年	调任综理江南轮船操练
夏献纶	1870 年	1873 年	调任福建台湾兵备道
吴仲翔	1874 年	1881 年	进京赴部引见

（乙二）稽查委员　又称稽查船政委员，稽查委员是船政五年计划期满时新设的高级职位，后改称总稽查委员，直接向船政大臣负责。1874 年值日本侵台事件发生，沈葆桢受命渡台抗衡，因考虑到当时的船政提调对于军事事务不熟悉而增设了稽查委员以负责军事。相对于作为船政高级行政官员的提调委员，稽查委员则类似是高级陆上军事主管官员。

船政首任稽查委员为原陕西布政使林寿图，初设时稽查委员的主要职责在于管理船政所在地区的防务，具体调度船政所辖的福靖军等陆上军队，“藉稽查船政为名，资其坐镇并随时察看海口情形，以固省垣门户”。[1] 同时，稽查委员还具备纠察船政官员和高级职员的权力，成为监督官员纪律的专员。[2] 和提调的任用相似，稽查委员受任前也往往需要具备道员及以上的任官经历，其委任也需要奏请清廷批准，而其人数的设定也没有一定之规。船政后设立总稽查委员，但依然保留了稽查这一职务，通常也由委员等担任，称稽查委员，负责专门针对船政某一部门或某一生产项目的具体定点稽查。

（乙三）监工委员　监工从船厂创设开始就已经设置，具体又细分为总监工和监工，早期多由委员担任。其中总监工委员负责管理整个船

① 《派稽查并提调片》，《船政文化研究——船政奏议汇编点校辑》，海潮摄影艺术出版社 2006 年版，第 84 页。

② 《许道到工，派稽查员绅片》，《船政文化研究——船政奏议汇编点校辑》，海潮摄影艺术出版社 2006 年版，第 137 页。

政的建筑、生产、工务等，类似船政生产部门的总负责人，首任为叶文澜。各监工则是船政不同生产车间或不同生产工艺的主管官员，类似车间的生产主管或技术监督，有时也称为管理委员，通常每车间都有多名监工。由于中方早期缺乏专门的技术人员，中方的监工通常只负责相应车间、部门的中方人员的纪律管理，而技术性的生产管理往往是由洋员负责。在中法合作五年计划到期后，大量的洋员、洋匠离开船政，一些船政前学堂毕业的学生开始走上监工乃至总监工职位，同时管理人员与技术，此后监工就多由学生担任，由委员担任监工的情况则日渐减少。

（乙四）监督委员　教育是船政事业中与制造并重的工作，船政的前、后学堂以及绘事院、艺圃等教育机构，均各设有监督或管理。初期多由委员担任，与监工委员的情况相类似，因为中方的监督并没有足够的专业技术知识，在教育机构中主要负责对中方学生的督导、管理，"督课艺童，防闲诱掖"①，而真正的教学工作则主要由洋员、教习负责。

（丙）学生　在船政的职员体系中，除官员和委员外，另一大类人员就是学生。此处的学生，与现代汉语词汇中的学生一词有着迥异的含义。在船政正式公文中，学生实际是指由船政学堂教育毕业者的出身身份。按照清代科举制度，初入学学习、尚未考取功名的知识分子称童生、文童，与此类似，船政学堂在读的学员被称为艺童；而科举制度中童生考中秀才、取得功名后，称为生员，船政学堂的艺童们毕业后也便称为学生。在船政的人员体系中，中法合作五年计划到期时，是经历新式教育的学生开始大量出现的时候，而具有专业知识的学生大量加入到船政的职员队伍中，也促进了船政职员向专业化的成功转型。

和委员、委绅能担任几乎所有中高级职员职务一样，学生也同样能被派担任类似职务，诸如提调、稽查、监工、监督等，其区别主要是在官方档案中会被写作提调学生、监工学生等，有别于提调委员、监工委员等。除此之外，学生还会担任一些专业技术要求特别高，委员、委绅

① 《会同考核船政员绅分别应裁应留及应备咨取各衔名折》，《船政文化研究——船政奏议汇编点校辑》，海潮摄影艺术出版社 2006 年版，第 302 页。

等无法胜任，在五年计划时代主要由洋员担任的职务，例如学堂的教习、助教（帮教）以及船政军舰的军官等。

除学生外，船政艺圃培育出的艺徒作为专业技术工人，也有机会被选派为诸如监工一类的工程技术职务。

（丁）通事、书役、杂役　作为官员、委员、学生的工作助手，船政还有一批低级的职员，这些职员大多不具备上述出身背景，主要担任翻译以及低阶的秘书、文员等工作。其中书役又包含有经书、缮书、驿书、号书等不同的职位。

（二）学员

学员是船政人员体系中的重要组成部分，主要是前后学堂以及绘事院和艺圃的在学人员，五年计划时代多在福州及周边地区招考，船政后学堂另有少量外堂生是在香港招募。

（甲）艺童、画童、艺生　前、后学堂是船政最主要的教学机构，早期称为艺局。学堂的学员有时会被习惯统称为学生，而在船政早期的公文中实际有区别细致的称谓，在学学员中如果未参加过童子试的称为艺童，入学时已经有考取童子试资格或其他教育资格的称为艺生。（学员中登练习舰实习者又称练生、练童，入绘事院学习者又称画童）

（乙）艺徒　艺圃是船政培养技术工人的专门学校，其学员因其性质属于半工半学的学徒工，称为艺徒，以区别于学堂的艺童、艺生。

（三）工人

船政生产部门的重要力量就是工人，依据其技术熟练程度，以及从事的工作内容，也包含有几类。

（甲）工匠　工匠是船政的技术工人，根据级别分为匠首（工头）和匠丁（普通工人），按照工种则又有铁匠、木匠等区分。船政的工匠主要是从宁波以及福建本省雇佣，按照工匠们的地域来源不同，又分为福匠、宁匠等。工匠统一在东考工所和西考工所居住，分别由各考工所对其进行管理，工作量采用工分制核算，由所在车间等生产部门记录工分，工食银（工资、食费）则由所在的考工所统一领取后再发放。

（乙）健丁　健丁是船政重要的杂务工人，没有技术专长，主要从事厂区的粗重体力劳动，由专门的健丁营实施集中管理和住宿，健丁营正式设立运作的时间为1867年11月8日。① 和工匠的工作量核算一样，健丁也由用工部门记录工分，其工食银同样也是由健丁营统一领取发放。

（丙）匠丁、运夫、排工　船政的工人群体除了占主要部分的工匠、健丁之外，还有一些带有临时性的杂务工人，主要为匠丁、运夫、排工等。其中负责铁船槽以及挖泥船工作的称为匠丁，操作和管理机器的称为匠，帮工的小工则称为丁。船政的广储所是重要的物料仓储机构，其中的搬运工人称为运夫，和健丁一样采用军队化管理，即每十人编为一个十人队，由什长管理，各什长由统一领导搬运运夫的夫长管理。船政的储材所则是存储造船用木料的机构，当时习惯将木料帮结为木排进行储运，储材所有专门的运排工人，称为排工，排工的工头称排长。

（四）军人

在船政人员体系中，军事人员主要有两大类。其中一类是在船政的管理、生产部门工作，不直接从事军事事务，但因为出身背景或其他原因，具有军人身份的人员，包括有军官身份的巡捕、差弁以及普通士兵身份的亲兵、护勇等，主要担负厂区内各车间的秩序维护和治安管理等工作。在船政的实践中，一些船政的其他工作人员因功受赏时，也常会被奖励以军功，就此也具备军人身份。与船政其他职员相似，船政的这些军人身份人员，也都并不是具有国家正式经制编制的人员。

船政另外一类军人则是船政真正的军事工作人员，包括担任厂区乃至马尾地区防卫任务的福靖军、镇海营等，属于福建地方派驻的勇营军队，在派驻时，船政大臣对其具有一定的管理和调度权力。还有就是船政自行组建的水上巡缉和厂区纪律维持部队——船政水师营，以及后来组建的专门的蒸汽舰船舰队——轮船水师（船政水师），这两支力量属于船政的直辖军队，不过也并没有国家经制编制，性质上类似勇营部队。

---

① 据沈葆桢《报销船政经费折》记载，健丁单独开列计算支付薪粮的时间是同治六年十月十三日，即1867年11月8日，此前健丁的薪粮应当都是计算在各工程的工料银中没有单列，因而这一天推测就是健丁的单独管理机构健丁营的设立运行时间。

（五）洋员、洋匠

左宗棠创设船政的一大重要助力，就是来自于西方的技术团队支持，这些外来的技术专家，在船政公文中被称作洋员、洋匠，是船政人员体系中的一支重要力量。

洋员团队的管理者称洋员监督，外国工程师、教授等称作洋员，外国技术工人则被称为洋匠。船政洋员监督分为正、副二职，由日意格、德克碑分别担任，后来又增加了由斯恭塞格担任的洋员监督帮办一职。洋员洋匠在船政主要被派任为车间技术骨干（职务为主任、工头等）、学校教习等职务，其中在车间从事工厂等工作的洋员、洋匠，由洋员总监工统一领导，并由洋员总监工制定具体的生产、建设规划，由其向洋员监督负责。船政五年计划时代的首任洋员总监工为达士博，1869 年达士博因故被开除后，继任者依次为洋员安乐陶、舒斐等。在船政从事学校教育、后勤等工作的洋员，则由洋员正监督日意格直辖。

在船政五年计划时代，以洋员监督领导的外方技术团队，总体上犹如是船政中方人员团队的一个外方投影，船政各重要生产、教育机构，几乎都会同时有外方人员在其中负责技术性的工作。船政的一些重要职务，同时会分设有华、洋双方的人员。以总管船政工程事务的总监工一职为例，就同时有中方的总监工委员以及外方的总监工洋员，具体分工上，总监工洋员主管生产、技术性工作，中方的总监工委员则多负责中方人员的调度、管理以及施工材料的采购保障等工作。

在人员的管理上，船政五年计划时代，外方人员实行与中方人员分离平行的模式，即船政的中方人员归属中方管理，而洋员、洋匠则归属洋员监督管理，再由洋员监督直接向船政大臣负责。具体在洋员、洋匠团队内部，则是由洋员正、副监督和洋员总监工组成的领导团队实施管理。依据船政创设时设立的规章，五年计划时代船政所用的洋员、洋匠均由洋员监督出面雇佣，而在五年计划到期后，船政中方人员已经能够掌控技术工作，便不再委托专门的外国技术承包团队，零星的洋员、洋匠改由船政自行雇佣和管理。

三、船政的机构

船政是中国历史上破天荒的全新机构，其所涉及的事务、工作极为广泛、琐细，既不同于此前中国已有的衙署等传统机构，也与西方纯粹的造船企业有明显的区别，“名目纷繁，不胜枚举”。在船政五年计划时代，经由总理大臣沈葆桢设计主导，船政内部形成了一套独特的机构组织体系，而这也奠定了船政的基本组织模式，“前大臣沈葆桢为之分门别类，始克纲举目张”。①

船政的组织体系在总理船政衙署之下，分成“处”“厂”“局”“所”“院”“营”等不同级别的单位。其中的“处”是管理性、事务性机构，“厂”和“所”是规模不等的生产性部门，“局”“院”则是教育性机构或特设部门，“营”则是军事化的人员管理机构。根据民国时代曾担任过马尾造船所所长的韩玉衡回忆，船政内部在具体的管理机构设置上，还可以按照工作职能的不同为标准，区分为总务、工程、教育、军事等四大部门，这种架构也是在船政初创的五年计划时代就已成形。②

(一) 总务部门

韩玉衡回忆文章中所称的总务部门实际上类似于清末军队体系中的营务处，是总理船政衙署的直属机构和主要组成部分，属于船政的核心枢要机构，类似于司令部机关，负责处理上下公文往来以及核算、收发经费、日常的行政管理、档案管理等，多由船政提调直接负责管理，首任管理者即是提调委员周开锡。在其内部又细分为文案处、支应处、发审所等机构。

(甲) 文案处　文案处类似于机要秘书组，负责起草文件、处理公文和机要事务、管理船政内部工作和档案，“管理核议各厂所、各轮船、

① 《遵旨裁员，依限具报折》，《船政文化研究——船政奏议汇编点校辑》，海潮摄影艺术出版社 2006 年版，第 400 页。

② 韩玉衡：《福建船政面貌》，《马尾船政局史资料汇编》（乙），福建师范大学历史系中国近代史教研组自印本，第 5 页。另，韩玉衡文中的警备部门只注意到了船政执行工厂警备的机构，而未涉及船政水师，本书将韩文所称的警备部门改称为军事部门。

各学堂事宜，厘校工料册卷，办理中外交涉事件”，其工作人员多为委员、委绅。

（乙）支应处　支应处负责船政经费的收支管理以及核算和报销等财务工作，属于船政的会计部门，“管理、收发制船、养船经费，稽核工料数目等事”，工作人员也多是委员、委绅。

（丙）发审所　在总理船政衙署直辖机构中，比较特别的是还设有专门的司法部门，即发审所，不仅处理船政内部的司法事务，同时还担负马尾地方的司法管理，“管理审勘工次匠徒关涉词讼，兼查保甲等事”。①发审所由专门的发审委员管理，遇有审判事务时，则往往由船政大臣亲自主持裁判。

（二）工程部门

工程部门是船政各部门中的重头部门，直接管理船政所辖的船厂、铁厂等生产性机构，负责船政的舰船建造工作，在五年计划时代，这一部门属于中法合作管理，中方的最高管理官员职务为总监工，由委员级官员担任，首任为叶文澜。法方的最高管理官员同样也是总监工，首任为达士博，洋员监督日意格也对此实施兼管。

（甲）办公所　工程部门的核心机构，称为办公所，设在船政的生产厂区内，负责“经理全厂事务，调度工程”②，船政五年计划时代由洋员监督、洋员总监工和中方总监工在其中领导，向总理船政大臣负责。五年计划时代结束后，办公所的名称改为工程处，其职能则没有变化。

（乙）各厂、所、局、营、院　在办公所（工程处）管理下的，是船政涉及生产施工的各车间以及东、西考工所和健丁营等工人组织。其中比较特别的是，办公所管理下有一个没有固定工作处所的部门，即版筑所，该机构负责船政厂区锅炉、烟道的耐火砖修砌以及船政造军舰用的锅炉内部耐火砖修砌等，“管理监造炉沟及轮船锅炉砌砖、船底筑灰，

① 《会同考核船政员绅分别应裁应留及应备咨取各衔名折》，《船政文化研究——船政奏议汇编点校辑》，海潮摄影艺术出版社2006年版，第305页。

② 《船政厂坞模型说明书》，《中国近代舰艇工业史料集》，上海人民出版社1994年版，第424页。

筹度用料，调度工作”。①

五年计划期间，除绘事院由洋员正监督直接管理外，其余各生产性的车间多采取中外合作管理，法方管理者主要是工匠头目即工头，主要负责技术性的指导和管理工作，中方管理者多为委员、委绅，负责管理各车间的中方工头、工人。除车间外，东、西考工所和健丁营则完全由中方委员管理。

（三）教育部门

船政之所以超越普通的生产性企业，其中一大重要原因就是在船政体系下有一套完善的近代化海事教育机构，具体包括前、后学堂和艺圃。前、后学堂原称为艺局，采取中外合作管理模式，中方的管理官员称为监督，由委员级官员担任，主要负责学校日常事务和学生的管理，西方的管理官员称为总教习，负责教学管理。艺圃是船政的技工培训机构，由中方官员直接管理人员，教学则由各技工所在的车间部门的外国技术人员负责。

（四）军事部门

船政创议之始，就带有十分明显的军事色彩，在船政内部也包含了专门的军事部门。

在五年计划时代，船政所出现的军事部门分为水、陆两支。在水上，1867 年秋沈葆桢上奏清廷，调集“旧撤炮船”10 艘，招募水勇二三百人，成立了船政水师营，营址设在船政厂区附近的英商天裕船坞旁，其功能设定为在轮船未造出之前负责使用旧式的师船“巡缉近洋”，兼顾船政厂区外围水域乃至厂区陆上的警备，计划当蒸汽动力军舰造出后，则更换装备，“擐甲登船”，编练近代化的蒸汽军舰部队。② 其指挥官最初称作管带，首任船政水师营管带为尽先游击、署理绿营闽浙总督督标水师营参将杨廷辉。③

---

① 《会同考核船政员绅分别应裁应留及应备咨取各衔名折》，《船政文化研究——船政奏议汇编点校辑》，海潮摄影艺术出版社 2006 年版，第 304 页。

② 《察看福州海口及船坞大概情形折》，《船政文化研究——船政奏议汇编点校辑》，海潮摄影艺术出版社 2006 年版，第 25 页。

③ 《游击杨廷辉暂缓进京，留带船政水师营片》，《船政文化研究——船政奏议汇编点校辑》，海潮摄影艺术出版社 2006 年版，第 35—36 页。

实际的操作中，船政水师营逐渐成为了工厂的警备机构，并未演变成近代化的海军舰队。而舰队的职能，则在1870年随着船政所造的蒸汽动力军舰的不断增加，沈葆桢经奏请清廷，新设立轮船统领统一负责船政蒸汽动力军舰的管理、训练、操演，成立了轮船水师（也习惯称为船政水师），由绿营福建水师提督李成谋兼任首任统领。[①] 另由洋员担任总教习，首任总教习为原洋员副监督德克碑，后续为洋员斯恭塞格、德勒塞等。

在陆地方向，最先驻扎马尾的陆军部队为楚军系统的镇海营，属于非国家经制的地方勇营部队，曾参加船政的营建工作，其营盘设在可以俯瞰船政厂区的莺脰山上，指挥官称为营官或管带，兵力为500人。[②] 五年计划期间，驻守马尾一带地方的陆军又增加一营，也受船政大臣管辖，番号为福靖军后营，又称福靖老后营，兵力500人，由一名统带官管理。[③]

---

① 《请派轮船统领，以资训练折》《水师提督李成谋堪胜轮船统领片》，《船政文化研究——船政奏议汇编点校辑》，海潮摄影艺术出版社2006年版，第54—55页。

② 《察看福州海口及船坞大概情形折》，《船政文化研究——船政奏议汇编点校辑》，海潮摄影艺术出版社2006年版，第24页。另，沈葆桢在船政报销折中提到了驻防楚军的番号，即镇海营。

③ 《参操防不力之总兵革职片》，《船政文化研究——船政奏议汇编点校辑》，海潮摄影艺术出版社2006年版，第119页。

第五章　五年计划时代的舰船建造

左宗棠等先行者筚路蓝缕创建船政，最根本的初衷是想要掌握洋人秘技，自行建造出以蒸汽为主要动力的西式军舰，以此来解决中国海防舰船装备落后的问题，从而改变中国海疆长期失防的窘境，乃至改变近代中国遭欧洲列强欺凌的命运。作为被很多时人视为可以改变中国落后挨打命运的器物，蒸汽动力军舰在中法合作的船政五年计划之中是重之又重的内容，建造军舰也就被列为是合作成绩的量化考核指标。

按照船政五年计划的相关设定，日意格、德克碑所领导的西方技术团队必须要在船政各铁工车间投产后的五年时间里，指导、协助中方建造出 16 艘蒸汽动力的军舰，教会中方如何自行独立建造蒸汽动力军舰。五年计划中对于中法合作建造军舰的舰型选择，则简单地按照军舰所装备的蒸汽机功率的大小不同，列为 150 虚马力和 80 虚马力两类，16 艘军舰的建造指标具体细化为 11 艘 150 马力军舰和 5 艘 80 马力军舰。考虑到当时军舰的木质舰体建造较容易掌握，而要学习蒸汽机和锅炉的装配、制造则需要花费一个较长的周期，五年计划中规定 150 马力军舰的前两艘可以直接使用从法国进口的蒸汽机、锅炉，以此为船政自行学习制造轮机留出足够的时间，此后剩余的 150 马力军舰必须装配船政自造的轮机。80 马力军舰因为体量较小，属于在 150 马力军舰的建造空隙见缝插针建造的副产品，计划直接从法国进口轮机配套使用。

在中法合作五年计划的具体实施中，船政最终实际建造完成了 9 艘 150 马力军舰、5 艘 80 马力军舰以及 1 艘本不在计划中的 250 马力大军舰（以 1 艘 250 马力军舰折抵五年计划中的 2 艘 150 马力军舰的考核指标），在短短的 5 年时间里就成功地为中国的海防输送了一批宝贵的新式舰船装备。不仅如此，船政在此期间成功实现了由中国技术人员独立进行蒸汽动力舰船及其配套设备的设计、建造的目标，所造舰船和蒸汽机、锅炉的性能也非常优良，可谓成绩斐然。

一、150马力军舰（“万年清”）

船政的造舰历史从建造150马力军舰起正式拉开大幕，因为当时的中国并没有建造中、大型蒸汽动力军舰的历史，缺乏具有经验的工程技术人员，日意格率领的法国技术团队将第一艘军舰的建造看得极为重要，视作中法双方技术人员互相熟悉的重要磨合实践，也当作是对中方人员进行手把手实做教学的重要试验。这艘军舰的建造成败利钝与否，无疑将直接影响到船政造舰事业的推进。

船政建造第一艘150马力军舰，设计图纸完全来自于法国，蒸汽机、锅炉等核心部件以及当时船政还无法加工的金属部件、舰船舾装件等也都由日意格、德克碑在赴法国“购器雇人”的同时从欧洲直接购买。船政的中国工人们所需要做的是，在法国技术人员的指导下熟悉如何阅读并理解近代化的舰船施工图纸，熟悉如何使用蒸汽动力驱动的加工机器，熟悉如何使他们原本代代相传的传统匠作技艺符合近代化舰船建造的标准要求，熟悉欧洲式舰船的舰体构造、工艺要求以及将舰体加工建造出来，再将从法国运来的各种机器设备装配到舰体上。

按照船政中法合作的约定，考虑到建设车间、安装机器、培训工人和运行投产都必然需要耗费大量的时间，带有量化考核目标的五年计划的起算时间应该从船政具备金属加工能力之日开始，即以船政的铁工车间投产之日为标志，在此后的五年内要完成16艘军舰的建造。然而事实上，法国技术团队为了稳妥起见，早在铁工车间投产之前，就已经提前开始了建造第一艘军舰的各种前期准备工作。

1867年10月12日，日意格、德克碑在法国雇佣的洋员总监工达士博到达马尾，船政拥有了第一位欧洲意义上的造舰总工程师。在当时尚是一片大建筑工地的船政厂区里，日意格和达士博等借用已建成的一座板棚栈房，安排在其中铺设地板，由法国绘图员就着地板，对150马力军舰的船体图纸进行1∶1的放样，达士博等则指导船政的中国木匠们熟悉这些他们前所未见的图纸，学习工程识图，掌握图上的线条、洋文和外国数字所蕴含的意义，进行施工前的准备。由于法国技术人员与中方人员之间存在短时间内难以克服的语言不通的隔膜，除了由专门的

船政船台上等待下水的“万年清”舰。照片提供：中国船政文化博物馆。

翻译在场口译外，很多时候通晓中文的日意格也到现场充当翻译工作，“令画匠绘一百五十四马力船式于地板之上，分行布线，细如茧丝。凡船身所有斗笋衔接处莫不有图，各不相混，区直、尺寸志以洋字，令中国木匠一一辨识，俾按图仿造，可以不烦言而解”。①

当年 12 月 13 日，船政造船所需的第一批近代化机器设备（主要为锯、刨等大型木工机器）从法国运到，在法国工程师和技术工人的指导下开始进行安装调试，船政开始拥有了机械化的木工加工硬件设施。以此为基础，由西方技术工人直接操作或教导中方工人操作，船政也具备了根据图纸加工木制舰船所需的肋骨、龙骨、船壳板等大型木制舰材的能力。

12 月 30 日，船政的第一座船台顺利竣工，船政具备了进行船体装配、施工的必备基础建筑。几天之后，满载着德克碑为船政订造的舰用

① 《报明造船开工日期并船厂一切情形折》，《船政文化研究——船政奏议汇编点校辑》，海潮摄影艺术出版社 2006 年版，第 30 页。

蒸汽机、锅炉等设备物资的西式风帆运输船从法国扬帆起航驶向马尾，而日意格通过香港等地订购的造舰用木料也陆续有多批运到马尾，中国工人们开始在法国技工的示范和教导下按照军舰施工图，使用西式的机器将一根根木料加工成所需的龙骨、肋骨等部件。不久，1868 年 1 月 18 日，船政第一艘蒸汽动力军舰——首艘 150 马力军舰的龙骨被铺设安放到刚刚落成的第一座船台上，舰体的装配建造正式开工。

以西法建造木质舰体的舰船，其主要的步骤是首先铺设龙骨，安装首柱、尾柱，继而装配船的肋骨、梁柱，铺设甲板以及封钉船壳板，用油灰填充木质板材间的缝隙，再安装桅杆、轮机以及最后舾装。[①] 在技艺上，主要是对木工有大量的要求，虽然蒸汽动力军舰是西式事物，设计也是从未见识过的样式，但具体到木工施工作业的本身而言，只要学会了辨识西方标准的工程图纸，船台上的木工作业对中国的木匠而言并不存在太明显的技术难度，无论西式、中式，木工的基础技艺是相通的。船政第一艘军舰开工后，工匠施工本身并没有遇到什么明显的技术障碍，有些令当事人意想不到的是，反而是制造舰体所用的原材料出现了供应困难，结果导致施工进度受到拖累。

西式木制船体的舰船在选材上对木料的质量要求比较高，当时西方主要是采用具有耐腐蚀、防水、不易变形等突出特性的柚木、橡木等作为制作舰船龙骨、船壳、甲板、桅杆的材料，另还需要天然的弯木作为制作肋骨的材料，这些木料在中国本土均没有大量的出产，基本都需要依靠外购。由于法国技术团队方面没有对木料购买、运输的难度做出充分的估计，原本环环紧扣的第一艘军舰建造工作，因为木料供应不上的问题陷入了连续的停工待料困境。

船政第一艘蒸汽动力军舰采用柚木作为主要舰材，开工的初期，柚木等相关木料主要通过在南洋的重要商埠香港和新加坡采购，但这两座城市都不是木料的出产地，只不过是中间交易城市，很难保证在短时间

① 〔美〕Chas. G. Davis：*The Building of a Wooden Ship*，Philadelphia，Penna 1918.

内有连续大量符合造舰所需的木料出售。随着船政第一艘军舰舰体工程的不断推进，其对木料的需求源源不绝，也就在此时木料供应开始出现了间歇性的停顿。为解决这一问题，洋员总监工达士博被派亲赴新加坡督促采办，乃至深入到柚木的出产地暹罗（今泰国）、缅甸等国就地设法采购。① 1868年年中，自当年初由暹罗采办的第一船木料运到后，因为从深山密林中开采木料以及将木料运出极为费时，船政后续购买的木料都杳无音信。船政大臣沈葆桢“不胜焦灼”，为纾解困局，先后派人就近前往厦门的外商船坞商量转购曲木41根、直木129根，赴香港的洋商船坞转买柚木板70片。这种从其他船厂直接转买木料的办法，虽然能够一时救急，但是采购价格十分高昂，而且数量也很有限，“随到随尽”，直至12月随着大批暹罗木料运到马尾，才终于解决了第一艘蒸汽军舰舰体用木料的问题。此后，为了彻底解决船政将来造舰所需木料的供应问题，沈葆桢专门委派总监工叶文澜率领船政职员蒋锡播、吴宝璘、吴世忠、刘国泰、叶景祺、吴作楫、吴高翔等前往暹罗，在柚木的产地“坐山收运”，同时还由清政府向暹罗王国行文咨会，要求暹罗政府对船政前去采买木料的人员给予照顾和便利。②

1869年春节，船政厂区在忙碌的生产建设中度过，除了陆续兴建成形的一座座厂房车间外，人们的关注焦点很容易就会聚集在第一号船台上舰体日益成形的第一号军舰的身上。春节过后，在法方技术人员指导下，船政工人们开始进行诸如木板捻缝等各种后续工程，“广招捻、钻各匠，捻灰、穿孔、塞罅、沤钉，铁匠打镶铁梁、铁胁、铁条等件”，历时两月左右舰体大功告成。此后，在1868年夏季就已经从法国运抵船政的舰用蒸汽机、锅炉、传动轴等动力系统设备开始安装上舰，木匠们则开始忙着制作桅杆、舵叶等木质舾装件。“三月初旬，船匠始得刓雕梁座、斗拢机器、车治舵桅，铁匠拆移轮机、水缸等件；上船配合遍

---

① 《暹罗船木到工折》，《船政文化研究——船政奏议汇编点校辑》，海潮摄影艺术出版社2006年版，第44页。

② 《委员驰赴暹罗办木片》，《船政文化研究——船政奏议汇编点校辑》，海潮摄影艺术出版社2006年版，第46—47页。

嵌泡钉、螺饼兼制铜管、气筒、尾轮、铁辊等事。”① 1869年5月中旬，船政第一号军舰开始了它在船台上最后的舾装工程，舰上的工匠们安装桅杆座、锚绞盘以及舰内的隔舱板等，舰体外部则按照当时西方舰船防海水腐蚀的传统做法，在舰体水线以下的木制外壳之外包裹上铜皮，舰体的下水托架也在这一阶段开始制作完成。

1869年6月10日是中国海军史上值得永远铭记的重要日子。当天，船政大臣沈葆桢率提调委员周开锡等先行祭拜了妈祖、江神、土神、船神，而后为第一号军舰举行下水仪式。中午时分趁着马江涨潮的有利水文条件，日意格在现场亲自督率中法技术人员将支撑在船台上舰体两侧的撑杆、支架一一拆除，最后将舰首的固定托架锯断，第一号军舰的舰体顺着前高后低的船台滑向了马江江面，“锯甫过半，船砉然自行。一瞬之间，离岸数十丈”②，目睹此景，船政内“中外欢呼，诧为神助”。耗时近两年的建造，中法人员饱尝艰辛，船政第一艘军舰终于顺利下水，模样初具，船政大臣沈葆桢亲自为该舰拟名为“万年清”，取江山万年的吉祥寓意。

下水之后，船政立刻开展“万年清”舰员的配备和训练，洋员副监督德克碑被指派为训练监督。同时，该舰下水后的各种后续收尾的舾装和装修工程也紧锣密鼓地开展，“饬日意格催中外匠作逐件制造，大自桅、舵、烟筒、煤舱、舢板，小至明窗、水管、绳缆、栏梯，精自舵表、气表、远镜、号钟，粗至帆、旗、衣装、床、爨、椅、几”。这一阶段工程的复杂程度，较之船体建造时期更甚，船政大臣沈葆桢后来向清廷汇报的奏折中对其间工作的艰辛曾有十分生动的描述：“数月以来，大自桅舵，小至钉环，逐渐结构，每造一器，由绘图而刻模，由刻模而打铸，由打铸而刮摩，以至配合镶嵌，动需时日。加以洋人随事沾沾自喜，虽极平常之法若不胜珍惜，必几经催促而后出以示人。品类既繁，

---

① 《第一号轮船下水并续办各情形折》，《船政文化研究——船政奏议汇编点校辑》，海潮摄影艺术出版社2006年版，第48页。

② 《第一号轮船下水并续办各情形折》，《船政文化研究——船政奏议汇编点校辑》，海潮摄影艺术出版社2006年版，第48页。

彼亦不能事事驾轻就熟，而又深讳所短，惟恐人知……费缘是巨，工缘是迟，学习之匠徒、督催之员绅亦缘是愈形劳瘁。”①

“万年清”的全舰工程至1869年9月终于完工，随即按照西方造船的标准对这艘军舰进行了一系列航试。1869年9月18日，“万年清”首先前往闽安、琯头、壶江等闽江内河一线实施第一次轮机试机和水上航试，洋员总监工达士博原主张由具有经验的西方人员引航，但在船政大臣沈葆桢的坚持下，完全由中国人员独立完成。在内河航试完成后，当月25日，沈葆桢亲自登上这艘对船政意义重大的军舰，与日意格等监督进行非常重要的出海航试。“万年清”驶出闽江口进入大海，过马祖岛，绕连江的南茭、北茭等处后返航。航行途中，“星月在天，一望无际，银涛万迭，起落如山”，沈葆桢虽然受晕船之苦，但是欣喜地看到中方舰员们“皆动合自然”。从第二次鸦片战争以来，中国人苦苦追求而不可得的西方蒸汽动力军舰此刻已经在中国人的驾驭之中，一代中国人的自强梦想眼见已经成为了触手可及的现实。最终，“万年清”经航试测得螺旋桨每小时转速4680余圈，出海逆风逆潮时的航速为10节（海里/小时）左右，顺风顺潮时航速为14节，取风浪平静时的速度，每小时能达到12海里，符合设计要求，顺利通过了航试，宣告竣工。②

为了向清廷报告船政的这一重大工作进展，让清廷更真切、实在地感受到船政的建设成就，沈葆桢一方面详细上奏报告了建造和航试的情况，甚至于将由船政绘事院绘制的“万年清”彩色总布置图和轮机图装入锦匣进呈御览，③ 一方面干脆直接派遣“万年清”舰驶出闽江，在船政中方舰员的驾驭下沿中国海岸线向北方航行，向清廷报捷。1869年10月25日，鸦片战争中曾多次被西方列强军舰侵入的天津大沽口第一

---

① 《海防档·乙》福州船厂（上），（台湾）“中央研究院”近代史研究所1957年版，第193页。

② 《第一号轮船赴津折》，《船政文化研究——船政奏议汇编点校辑》，海潮摄影艺术出版社2006年版，第50—51页。

③ “万年清”图纸呈报清廷后，被留存宫中，原件现保存在中国第一历史档案馆，目录号：舆295号。

1869 年沈葆桢呈送清廷的“万年清”彩色总布置图。原图收藏：中国第一历史档案馆，舆 295 号。

次迎来了真正为中国所有的蒸汽动力军舰，“万年清”在当天通过大沽口驶入天津内河，“华夷观者如堵，诧为未有之奇”。受清廷所派具体检验“万年清”的三口通商大臣、直隶总督崇厚在亲自登舰和随舰航行后，对“万年清”以及船政自造军舰的努力作出了高度评价，称“(“万年清”）在大海之中冲风破浪，船身牢固，轮机坚稳，舵工、炮手在事人等驾驶、演放均极操纵合宜，动作娴熟”“实能集外国之所长，得其窍妙，从此精益求精，续造大小各号轮船，自必更臻妥善，以之靖宇宙而宏远模，洵属无疆之利”。[①]

在“万年清”问世的当时，该舰对照西方通行的舰船分类标准究竟属于什么舰种，船政自身并没有明确的说明，只是根据该舰装有蒸汽轮机这一动力特征称为轮船，清政府中央根据船政的奏报，也依样称其为轮船。而船政洋员监督日意格在其所著 *L'Arsenal De Fou-Tcheou Ses*

① 《海防档·乙》福州船厂（上），（台湾）“中央研究院”近代史研究所 1957 年版，第 199 页。

Résultats 一书中，则将“万年清”归类为 Transport，即运输船，这可能和“万年清”的设计中加有货舱有关。不过按照当时居世界主流的英国海军的舰船分类标准来分析，“万年清”虽然设有货舱，但就其舰上布局来看，显然是军舰的特征大于商船，实际上应该归类为 Sloop，即炮舰。[①] 19 世纪的西方海军中，炮舰通常用于近海巡防、交通报信、对岸上目标实施火力压制等，是一种多面手军舰，而“万年清”则属于在炮舰的基础上加装了货舱的特殊改型，在具备炮舰功能的同时，还可以充当运输船。

“万年清”虽然具有蒸汽动力，但是和当时全世界的主流蒸汽动力军舰一样，仍然还保持有风帆装备，配备有帆装，必要时该舰可以挂帆航行。按照欧洲通行的风帆船分类标准，“万年清”则属于 Barquentine 式，即前桅横帆式三桅帆船，只有前桅杆装备可以张挂横帆的横桁，其他桅杆上都只有张挂纵帆的斜桁，由此“万年清”的正式分类应属于前桅横帆式三桅木制炮舰。而按照清末中国对西式帆装的表述习惯，舰船带有横桁的桅杆算作一枝桅杆，没有横桁的只算作半枝桅杆，“万年清”首桅有横桁，但是中桅、后桅都只有斜桁，因而可称为一枝半桅。[②]

从外形上看，“万年清”的舰体选取的是 19 世纪十分流行的 Clipper Ship（飞剪船）船型，这种船型是当时世界上著名的高航速船型，优雅美观。近代西方往来中国运输茶叶、丝绸的运输帆船多采用这一船型，同时这也是 19 世纪六七十年代世界各国蒸汽动力炮舰所习惯采用的船型。“万年清”的具体设计则与法国在 1858 年至 1859 年期间建造的 *La Motte-Picquet* 级前桅横帆式三桅炮舰十分接近，二者之间可能具有设计上的参考借鉴关系。

---

① 现代英国出版的著名海军年鉴《康威世界军舰》中，即将“万年清”的类别归入 Wooden Sloop，见 *Conway's All the World's Fighting Ships 1860—1905*，Conway Maritime Press 1979，P. 398.

② 有关将没有横桁的桅杆称为半桅的释义参见许景澄：《外国师船》，光绪一二年柏林使署石印版，卷 9，第 2 页。《国风报》1910 年 14 期所载《船政成船表》中，即记述“万年清”为一枝半桅。

"万年清"的排水量为1450吨,[①] 舰体为全木制，当时中国习惯称为木胁木壳，总体布局上是三桅杆、单烟囱的面貌。其吨位、体量较大，超出了此前上海江南机器制造总局建造的明轮船"惠吉"和暗轮船"操江"，是近代中国自行建造的第一型排水量超过千吨的蒸汽动力军舰。"万年清"的水线长68.02米，全长76.16米（不包含舰首斜桅在内的长度），最大宽8.9米，军舰的长宽比超过8，显现了其是一种快速军舰。

"万年清"因为具有载货能力，军舰空载和满载时的吃水深度相差较大，空载时舰首吃水1.76米，舰尾吃水2.69米，满载时舰首吃水4.03米，舰尾吃水4.64米，军舰的舱深则为5.33米。[②] "万年清"在动力系统方面，主机选用的是1座立式双缸蒸汽机（蒸汽机的汽缸在曲轴的上方）。虽然这座蒸汽机是日意格、德克碑回法国时采购，但实际上是英国制造，推测是格拉斯哥工厂的产品。这座蒸汽机的总高3.84米，底座宽2.88米，长3.2米，功率580实马力（150虚马力）。与蒸汽机匹配的，是2座方形低压火管锅炉，以煤为燃料。由于"万年清"的舰体较窄，2座锅炉采取了一前一后背靠背的安装方式，炉门朝向军舰前方的那座锅炉高3.39米，宽5米，纵深3.16米，有5个炉门；炉门朝向舰尾方向的锅炉高、纵深等数据和前面的锅炉一致，但宽度只有4米，炉门为4个。两座背靠背贴在一起安装的锅炉，内部共用一个大燃烧室，为了方便锅炉舱内的填煤作业，在两座锅炉的炉门前方各设置了一座煤舱，两座煤舱共可载燃煤100余吨。[③]

船政筹设之初，闽浙总督左宗棠就想到了军舰建造出来之后的养护、运行经费的问题，就此提出了以船养船的设想，即安排船政所造的军舰平时用于运漕米、运货、载客，获取盈利，以这种商运获得的收入

---

① 〔法〕Prosper Giquel: *L'Arsenal De Fou-Tcheou Ses Résultats*, Shang Haï Imprimerie A. H. De Carvalho1874, P. 14. *All the World's Fighting Ships 1860—1905*, Conway Maritime Press 1979, P. 398.

② "万年清"军舰主尺度的测算参见陈悦：《近代国造舰船志》，山东画报出版社2011年版，第40—41页。

③ 《第一号轮船赴津折》，《船政文化研究——船政奏议汇编点校辑》，海潮摄影艺术出版社2006年版，第50页。

来补贴军舰的养护经费。左宗棠的设想提出后，在当时为各方默认，成为船政军舰设计的一项重要目标，基于此，在五年计划中列入建造的150马力军舰都被要求能够用于运输漕米等物资（80马力军舰因为舰体较小，装货的潜力不足而没有被设计增加货舱），而“万年清”就是船政第一艘本着兵商两用思想创制出的特殊军舰，在炮舰的基础上增加了容量约260吨的货舱。①

作为一艘需要满足作战需求的军舰，“万年清”在露天主甲板的两舷预设有炮位，属于传统的船旁列炮式。根据日意格在 *L'Arsenal De Fou-Tcheou Ses Résultats* 一书中的记述，该舰载有6门火炮，而直隶总督崇厚校阅该舰后的上奏里也透露了“万年清”装备有6门火炮这一信息，不过对火炮的具体型号则记述不详，仅称是2门铜炮、4门钢炮，均为新式的线膛炮。② 综合二者分析，“万年清”装备的可能是6门前装线膛炮。需要特别指出的是，在一些有关船政的档案文献中，“万年清”舰因为设计有货舱以及在其服役的后期主要从事军运而被定性为商船，但根据“万年清”装有火力较强的武备这一细节，起码在该舰初建成时仍应当被视作是一种作战性军舰。

放诸同时代西方国家主流的炮舰中去进行对比，“万年清”的各项性能指标均属中规中矩，不过这样的成绩对尚处于建造学习、磨合期的船政来说已经是十分出色，倘若不是中途遇到造舰用木材的供应不及问题，该舰的建造时间可想而知还会更为快捷。同一时代，与船政有着相近技术背景的日本横须贺制铁所，也是在全无近代军舰建造的基础上，在法国技术团队的协助和指导下建设船厂、建造军舰，其所造的第一艘蒸汽动力军舰“清辉”几乎与“万年清”同型，然而建造的时间较“万

---

① 《“万年清”轮船修改商船式样片》，《船政文化研究——船政奏议汇编点校辑》，海潮摄影艺术出版社2006年版，第192页。

② 《海防档·乙》福州船厂（上），（台湾）“中央研究院”近代史研究所1957年版，第197页。另有海外著作给出了“万年清”所备火炮的口径信息，但无出处，如〔英〕Richard N J Wright：*The Chinese Steam Navy 1862—1945* 中称“万年清”的6门火炮是140毫米口径，见该书第36页。而 *Conway's All the World's Fighting Ships 1860—1905* 中称“万年清”的6门火炮口径是5.5英寸口径，见该书第398页。

年清”更长，军舰的体量规模则不及“万年清”，从这样的对比结果更能看出船政创制“万年清”的成绩之突出。

“万年清”在取得了卓著成绩的同时，通过实际的长距离航行检验也发现了一些设计上的不足，其最突出的问题是“万年清”出现了“水土不服”的情况。“万年清”的总体设计基本是完全从法国照搬，这种长度近 80 米的军舰在欧洲只能算作中等体型，而在当时的中国已经算是十分大型的舰船，中国的舰员对于操纵如此大体量的军舰缺乏经验，驾驭较为吃力。另外中国的近海情况与欧洲不同，多浅沙、礁石，港口又多是没有经过机械疏浚开挖、水深较浅的原始口岸，加上很多时候“万年清”还需要进入水域狭窄的港汊、内河里活动，身处这样的境地，舰体较长、满载时吃水较深的“万年清”就显得航行操作多有不便。尤其是根据将“万年清”用于运输漕米的设想，以“万年清”的吃水深度很难顺畅进入漕运的目的地天津。由此，尽管“万年清”的设计方案实际上是船政五年计划中确定的 150 马力军舰的通行设计，但事实上只建造了 1 艘，船政从第二艘 150 马力军舰开始，中、法技术人员就对原设计进行了大刀阔斧的修改。

二、80 马力军舰（“湄云”级）

与设计时就被要求为兵商两用的 150 马力军舰不同，船政五年计划中和 150 马力军舰配套建造的 80 马力军舰，从一开始就被设定为是纯粹的作战用军舰，即西方海军舰艇分类系统中的小型火力支援军舰 Gunboat（炮艇），日意格在 *L'Arsenal De Fou-Tcheou Ses Résultats* 一书中称其为 Canonnière（法文：炮艇）。这种军舰和 Sloop（炮舰）的设计以及功能用途基本一致，只是体量大小有别，Gunboat 与 Sloop 的区分依据，通常是以军舰的排水量大小作为标准，排水量小于 1000 吨的算作 Gunboat（炮艇），而在 1000 吨及之上的则算作 Sloop（炮舰）。[①]

---

① 以排水量 1000 吨作为区分炮舰类军舰的标准，在 19 世纪中后期的世界海军中颇为流行。同时代的日本海军在 1898 年 3 月 21 日颁行的炮舰分类标准中，也是根据排水量 1000 吨为界限进行区分，所不同的是在名称上没有使用炮艇，而是将排水量超过 1000 吨的火炮军舰称为一等炮舰，不足 1000 吨的称二等炮舰。

1868年年中，船政第一号军舰的建造施工因为受到南洋木料供应短缺的影响，陷入了半停滞的状态。为了不白白浪费工时，船政大臣沈葆桢决定利用这段空闲，组织工人赶紧搭建第二号船台，以备船材问题解决后可以同时开工建造80马力炮艇。“因木料费手，致船工稽迟，若必俟第一号船工尽完，始将第二号开造，未免旷日縻费。因先于坞中预选第二号船台，可造八十匹马力者。”①

到了1868年的岁末，船政从暹罗购买的造舰用木料大批运到，纾解了舰材不足的问题，就在“万年清”的建造工作日益加快进行的同时，利用舰材充足的大好机会，船政的第二号军舰——1艘80马力的炮艇也开始了施工准备，于1869年2月8日在船政二号船台上铺设龙骨，开工建造，监造工作仍然由洋员总监工达士博负责，“木料既不止供一船之需，因一面饬赶第一号未竟之工，一面饬将第二号龙骨铲销铺排”。②

作为船政所造第二号军舰的80马力炮艇，其本身的体量并不大，因为舰材供应充足，加之船政在经历了第一号军舰的建造后，中法人员之间的合作变得默契，中国工人们对西式军舰的建造工作也已经具有了一定的经验，该舰的施工进度极快，“第二号之船自开工以来，匠作等驾轻就熟，工程较速”③，当年12月6日，由沈葆桢命名为“湄云”的第二号军舰便顺利趁中午大潮由二号船台下水，其舰名带有水云之间的意思，极为雅致。④ 由于“湄云”上很多舾装件和“万年清”通用，在“万年清”建造时已经完成了这些舾装件的绘图、开模工作，再制造时省时省力，加上“湄云”的舰体本来就小，很多舾装工作在船台上就都已经完成。“湄云”在下水后的第二天就进行了轮机试机，随后在1870

---

① 《暹木陆续到工，第一号船身告成折》，《船政文化研究——船政奏议汇编点校辑》，海潮摄影艺术出版社2006年版，第45—46页。

② 《暹木陆续到工，第一号船身告成折》，《船政文化研究——船政奏议汇编点校辑》，海潮摄影艺术出版社2006年版，第46页。

③ 《第一号轮船下水并续办各情形折》，《船政文化研究——船政奏议汇编点校辑》，海潮摄影艺术出版社2006年版，第49页。

④ 《第二号轮船下水并续造各情形折》，《船政文化研究——船政奏议汇编点校辑》，海潮摄影艺术出版社2006年版，第51页。

年1月10日出海航试。船政大臣沈葆桢虽然有晕船之苦，但是仍然坚持乘舰监督，至2月3日航试结束，“湄云”的各项指标均达到设计要求，该舰的建造工程宣告圆满完成。①

船政船台上一艘船体已经完工的80马力炮舰（左侧军舰），其笔直的舰首是区分于150马力炮舰的最好特征。照片中还可以看到右侧船台上正有一艘军舰在施工，位于两座船台之间的工棚也清晰可见。照片提供：中国船政文化博物馆。

和“万年清”一样都是采用全木制舰体的“湄云”号，设计也来源自法国，与法国海军在19世纪五六十年代装备过的小型炮艇相仿，舰体采用的是平甲板船型，外观上是双桅杆、单烟囱的布局，舰上也装备有可以使用风帆的帆装设备，按照风帆舰船的分类，属于前桅横帆式双桅船（Brigantine），而按照清末中国对西式帆装的表述习惯，前桅有横桁，后桅采用斜桁的“湄云”则可称为一枝半桅军舰。

“湄云”舰的排水量为515吨，舰长51.8米，宽7.48米，舱深

① 《船政渐著成效，恳俟轮机创造就绪择优请奖折》，《船政文化研究——船政奏议汇编点校辑》，海潮摄影艺术出版社2006年版，第52页。

4.57 米，吃水 3.39 米，体量较“万年清”小了一半。该舰的动力系统采用日意格、德克碑从法国购回的轮机，主机是 1 座卧式双汽缸往复蒸汽机，功率 320 实马力（80 虚马力），配套使用 2 座方形低压燃煤火管锅炉，设计航速为 9 节。① 虽然主机功率不及“万年清”，但是“湄云”采用的是适用于军舰的卧式蒸汽机，即蒸汽机的汽缸和曲轴采取了平行布置，这种蒸汽机较立式蒸汽机低矮，虽然占用轮机舱的平面面积较大，不过其在舰上的位置能保证低于军舰的吃水线，作战时不易中弹，安全性更高，“平卧者，汽筒横列，其高不过水线，兵船须避炮击，故多用此法”。② 同样偏重作战性能的是，“湄云”舰因为没有货舱，甲板面上也无须为货舱口让出空间，可以按照真正的火炮军舰的设计规范来布置武备，其火炮配置的模式采用了当时世界流行的换门架式主炮与舷侧炮相结合的布局，火力较“万年清”更猛。相比“万年清”，“湄云”

西方模型，采用换门炮架的舰炮。可以看到甲板上密布的铁轨，火炮可以经由这些轨道被推动到左、右舷不同的战位上射击作战。模型收藏：英国海事博物馆。

① 《清末海军史料》，海洋出版社 1982 年版，第 176 页。《国风报》1910 年 14 期刊载的《船政成船表》，误将“湄云”的排水量印为 550 吨。

② 许景澄：《外国师船》，光绪十二年柏林使署石印版，卷 9，第 35 页。

称得上是船政建造的第一型纯粹的战斗性军舰，“其式本属战舰，利于巡洋”①。

所谓的换门架式主炮，是19世纪六七十年代流行开的一种舰炮布置方法，即考虑到火力的有效性配置原则，不在军舰的多处都配备沉重的大口径主炮，而只在舰上的中部放置一门或数门大口径火炮，在军舰两舷的舷墙上预先留出多处炮门，作战时，水兵们可以将配有轮式炮架的大口径主炮顺着铺设在甲板上的轨道，推到所需射击的方向上透过炮门向外开火射击，这样既减省了舰上的火炮配置数量，节约了军舰的有效载重，又可以使得大威力的主炮能够在舰上根据需要向多个不同的方向射击，保证了军舰在很多方向上都能获得主炮的威猛火力，是露炮台和炮塔式布置法盛行之前，近代军舰上主要的主炮布置模式。②

排水量只有515吨的“湄云”舰，装备了1门采用换门架的70磅（160毫米口径）前膛大炮作为主炮，安放在主甲板的中前部位置，可以根据需要顺着甲板上的轨道推到左、右舷侧舷墙炮门的附近，向舷外射击。虽然只有1门主炮，但因为可以变换射击阵位，实际的火力覆盖范围很大。“湄云”舰的副炮选择的是2门40磅（120毫米口径）前膛炮，分别安装在军舰后部的两舷边，除此外，舰上另外还有4门13磅小炮，充当辅助火力。③

就在“湄云”舰下水的同一天，船政的第三号军舰在船政厂区刚刚建成不久的第三号船台上铺设龙骨开工，同样也是一艘80马力炮艇，设计上与“湄云”基本相同，按照西方海军将采用同样设计的舰船并称为一级、以同级的首制舰作为级名的习惯，该舰可以算为“湄云”级军舰。在第三号军舰开工之先，船政发生了一场不大不小的人事风波，

---

① 《第三号轮船下水并续造第四号情形折》，《船政文化研究——船政奏议汇编点校辑》，海潮摄影艺术出版社2006年版，第53页。

② 许景澄：《外国师船》，光绪十二年柏林使署石印版，卷1，第5页。

③ 《湄云》的武备配置引自《国风报》1910年14期，《船政成船表》。其中所称的××磅炮，是指以火炮所使用的弹头的重量来对火炮进行区分的一种分类模式，盛行于19世纪80年代之前的欧洲，此后则被以火炮的口径为标准来区分的办法所取代。关于“湄云”舰所用火炮的型号，在该舰于甲午战争中被日军俘虏后，日方登记的武备情况为：160毫米口径、20倍径法制前膛炮1门，100毫米口径英制前膛炮4门。

19世纪美术作品："湄云"舰。图片出处：《明治廿七八年海战史》。

1869年末船政首任总监工达士博因为与日意格出现矛盾（"万年清"航试时，达士博为稳妥起见，要求领航使用欧洲人，在建议遭否决后拒绝参加航试工作，详见本书的专节介绍）而被开除，船政洋员总监工改由法国工程师安乐陶（M. Arneadeau）代理，此后整个五年计划时代建造的船政军舰大多为安乐陶监造，第三号军舰便是完全由安乐陶监造的第一艘船政军舰。

船政第三号军舰经沈葆桢亲自拟名为"福星"，舰名一语双关，既有吉祥之兆，还寓意该舰是福建海防的新星。"福星"舰于1870年5月30日下水，该舰从开工至下水仅花费了6个月，6个月便能完成1艘军舰的舰体，由此可以感受到船政建造这艘军舰时已是驾轻就熟。"福星"的各项设计、性能指标与"湄云"舰相同，唯有武备系统方面略有区别，"福星"的主炮配备的是1门外购的英国"威斯窝斯"（Whitworth）式70磅（160毫米口径）前装线膛炮，其炮膛的截面为六边形，炮弹与装药筒也制作成与之匹配的六边形，这样火炮发射时，炮弹可以犹如在轨道上运行一般沿着六边形的炮膛旋转出膛，能够获得较为可靠的弹道，是前膛炮发展中的高级型号，比"湄云"舰装备的法式前膛炮更为新式。"福星"的副炮则是4门英国"瓦瓦苏尔"（Vavasseur）式14磅前膛炮，威力较"湄云"的40磅副炮为弱。

三、150马力改进型军舰（“伏波”级）

几乎是在船政第三号军舰“福星”建造的同时，船政第四号军舰已经在其身旁腾出的船政一号船台上铺设龙骨开工建造，到了1870年5月“福星”舰下水时，第四号军舰“龙骨业已安置，船胁斗合已过半”，即龙骨已经铺设完成，将肋骨排列安装到龙骨上的工作也进行了过半。

船政的第四号军舰属于中法合作五年计划中的150马力型军舰，该舰原本应当是按照“万年清”的设计建造，令人意外和惊喜的是，刚刚积累了区区几艘军舰建造经验的船政，竟然从第四号军舰起就开始了自我的设计改良。该舰并没有亦步亦趋依照“万年清”的设计建造，在发现“万年清”所存在的“水土不服”问题后，船政的中外工程人员在能力所及的范围内做出了十分出色的设计调整，从第四号军舰最后的设计看，明显是结合了船政自身掌握的“万年清”和“湄云”二型军舰的设计特点，将“万年清”的船体设计和“湄云”的帆装设计、武备配置相结合，有效地修改了“万年清”型150马力军舰设计中与中国国情不符的部分，创造出了全新的设计。考虑到船政的150马力和80马力图纸早在建厂之初就已从法国购买，而第四号军舰显然没有使用购自法国的图纸，推测为船政绘事院创制，就此可以将第四号军舰视作是船政尝试自行设计军舰的开始。从1868年才开始仿制西式蒸汽动力军舰的船政，

服役后的船政水师“伏波”舰。照片收藏：美国海军历史资料中心。

到了1870年竟然已经开始中法合作独立修改舰船的整体设计方案，意味着船政仅用了短短时间就迈上了舰船研发的新技术高度。

船政第四号军舰由代理洋员总监工安乐陶监造，舰体建造也只使用了区区6个多月的时间便告完成，在1870年12月22日顺利下水，舰名定为“伏波”号，取控驭波涛之意。此时船政大臣沈葆桢因父亲去世而申请丁忧守制，船政的大小事务实际上由提调委员夏献纶在具体管理，夏献纶成为第四号军舰下水仪式的主持官员。

150马力军舰“伏波”号属于全木制的蒸汽动力炮舰，即Sloop，船型设计采用了和“万年清”一样的飞剪式，二舰的船体外形十分相似，只是“伏波”的舰体略短，且桅杆的数量为2根，和“湄云”一样属于前桅横帆式双桅船（Brigantine），总体布局上也和“湄云”级一样，都是双桅单烟囱的形式，由此两点可以十分直观地看出“伏波”对“万年清”和“湄云”设计的兼收并蓄。

“伏波”舰的排水量为1258吨，舰体全长69.6米（不连船首斜杆），水线长60.96米，舰宽11.2米，吃水3.51米，舱深5.28米。①“伏波”的长度比“万年清”短了将近7米，宽度则增加了2米多，俯瞰起来让人对其产生“短、胖”的印象，这种尺度的变化可以说是“伏波”较之“万年清”最根本的设计变化，也正因为此，作为和“万年清”一样同时具备着货舱的“伏波”，虽然舰体缩短，但是其货舱的载货量居然较“万年清”有了成倍增加，达到了560吨。因为“伏波”舰上保留了货舱的设计，日意格在所著*L'Arsenal De Fou-Tcheou Ses Résultats*一书中将其和“万年清”都归类为Transport（运输舰）。

“伏波”舰的动力系统和“万年清”完全一样，配备的是日意格、德克碑从法国采购的两套150马力蒸汽机和锅炉中的另一套，主机是二汽缸往复立式蒸汽机，功率150虚马力（600实马力），配套2台英国造方形低压燃煤锅炉，单轴推进，设计航速也和“万年清”一致，都是10节。

---

① 《第四号轮船下水，第五号先已开工并船槽告成各情形折》，《船政文化研究——船政奏议汇编点校辑》，海潮摄影艺术出版社2006年版，第57页。

在船政生产厂区旧址出土的“瓦瓦苏尔”后膛舰炮。实物收藏：马尾造船股份有限公司。

显得颇费心思的是，“伏波”舰在和“万年清”一样被货舱口占据了很大空间的主甲板上，其武备的配置方式却突破了“万年清”将火炮罗列在军舰两舷的船旁列炮式设计，而采用了“湄云”级的模式，即一门口径较大、可以通过炮架转向左、右舷使用的主炮，配合多门布置在主甲板两舷的副炮。“伏波”的主炮选用的是英国“阿姆斯特朗”（Armstrong）114 磅（160 毫米口径）前膛炮，副炮是 2 门“阿姆斯特朗”40 磅（120 毫米口径）前膛炮、“瓦瓦苏尔”120 毫米口径后膛炮 4 门，由口径、数量来看，其火力超过了“万年清”和“湄云”。

在“万年清”和“湄云”基础上改型设计出的 150 马力军舰“伏波”，同时满足便于在中国水域操纵航行（该舰事实上仍然无法顺畅地进入天津内河）以及军舰的战斗力和运输力平衡等目标，其设计方案立刻替代了“万年清”，成为之后船政五年计划中剩余的 150 马力军舰的标准设计，按照西方海军的传统，这批军舰以首舰“伏波”之名统称为“伏波”级军舰。

1871年4月1日，航试合格的“伏波”舰正式竣工。在此之前，1870年11月26日，船政第五号军舰，“伏波”级的第二艘军舰已经开工建造，被命名为“安澜”号，舰名寓意和“伏波”相仿，都是赋予了军舰驾驭波涛的吉祥意愿。“安澜”号的各项设计依循自“伏波”，初舰体规模做了进一步的缩小（舰长64米，宽9.6米，舰首吃水3.2米，舰尾吃水3.8米，舱深5.7米，载货400吨），其余大致相仿，该舰在技术上最重要的改变是其动力系统采用了船政自造的轮机。

船政中法合作五年计划中规定，船政造舰所需的150虚马力轮机只能进口两套，之后就需要由船政的铁工车间自行仿制生产。对于蒸汽时代的舰船而言，作为其心脏部件的蒸汽机是舰船上科技含量最高的关键性装备，其结构复杂，对铸造、机械加工和装配的精度要求高，能否自行建造出实用的轮机，直接决定着中国能否完全摆脱对西方的依靠，彻底独立自行建造蒸汽动力军舰。在设想自造军舰事业之初，左宗棠就曾因不具备轮机的制造能力，而拒绝了法国海军推销上门的宁波船厂计划，可见自造舰船轮机在左宗棠等船政创设者们眼中的重要性。在船政的第二号军舰“湄云”问世时，沈葆桢在向清政府中央汇报自行仿制蒸汽机进度的报告中，也曾运用形象的比喻强调过自造轮机的重要性和价值，沈葆桢认为如果引入法国技术合作的船政仅仅只是从欧洲人那里学会了建造军舰的舰体，而没有学会蒸汽机的建造，则无异于买椟还珠，“教者、学者均难逃其责”。①

船政自己的150马力蒸汽机和配套的锅炉从1869年冬天开始仿造，在1871年结出了硕果。当年，首先是船政锅炉车间仿造的2座方形低压燃煤锅炉在春季制造成功，先行安装到了“安澜”舰的轮机舱里，继而到了夏天，1座由船政铁工厂自行生产的150马力二汽缸往复式立式蒸汽机推出了总装车间，骄傲地出现在世人眼前，被装配进了“安澜”的舰体内。自制蒸汽机的诞生，意味着船政制造摘取了蒸汽时代工业生产皇冠上最耀眼的一颗明珠，这是近代中国在工业化道路上的里程碑式

① 《船政渐著成效，恳俟轮机创造就绪择优请奖折》，《船政文化研究——船政奏议汇编点校辑》，海潮摄影艺术出版社2006年版，第52页。

事件。关于这台国产大型蒸汽机，船政提调夏献纶在由福州将军等转禀的奏折中详细介绍了其制造过程，从中可以一睹船政铁工厂各车间的协作流程：“一、在先将全座轮机分件按量尺寸缩画图式；一、在模厂按画图之大小刻木，以肖其形；一、在打铁、铸铁各厂仿照模样打铸成器；一、在轮机厂将打铸器件刮磨合拢；一、在水缸厂打造大小各节铜管镶配联合。是并数厂之工作，方能共成一器。”① 即先由船政的绘事院等机构根据从法国购买的蒸汽机进行逆向设计，将其分件拆解测绘，绘制成零件图纸。木模车间根据绘事院绘出的零件图纸制作出各种木模，铸造、锻造车间按照木模生产出金属件，最后送往轮机车间车削修整后进行总装，同时锅炉车间也会将配套生产的铜管等管路部件送来轮机车间参加总装。

轮机系统装配完成后，“安澜”照例进行系泊试机以及在闽江和外海的系列航试，测得逆风逆潮时航速为 9.3 节，顺风顺潮时 12 节，平均航速达到 10 节，达到了设计指标，证明国产蒸汽机性能合格，“船极灵捷平稳，机器配搭亦均合宜，与购自外洋者无异”。从此，船政制造进入了舰体、轮机均为国产化的新阶段。多年后，英国炮舰“田凫”(*Lapwing*) 到泊马尾，舰上的英国海军军官在参观船政生产厂区时惊讶地在轮机车间看到了中国人自行制造的蒸汽机，留下了十分生动、宝贵的现场目击回忆：

> ……我到时，人们正在组装一台 150 马力蒸汽机，它们是船政自行制造的！上面体现出的技术水准和后期加工、装配的精良可以和我们英国造的任何机械媲美而毫无逊色，人们把制造的地点和日期铭记在蒸汽机的侧面，一面是中文，一面是法文……②

除了安装有船政自行建造的轮机系统外，更显得具有特别之处的是，“安澜”舰还是船政第一艘装备后膛炮的军舰，即装备从炮尾装填弹药的火炮。后膛炮的作战效率大大高于从炮口装填弹药的前膛炮，而

① 《第五号轮船下水并自制汽炉、轮机告成，第七、八号两船制造情形折》，《船政文化研究——船政奏议汇编点校辑》，海潮摄影艺术出版社 2006 年版，第 60 页。

② 中国近代史资料丛刊《洋务运动》第八册，上海人民出版社 1961 年版，第 370 页。

船政军舰采用后膛炮的19世纪70年代初，前膛炮实际上仍然是海军舰炮的主流，后膛炮只是小荷刚露尖尖角，进口、装备后膛火炮显现了船政对当时世界海军技术发展的一种敏锐的把握。具体配置上，“安澜”舰的主炮选用的是1门62磅（口径160毫米）后膛炮，推测为普鲁士的“格鲁森”式（Gruson），副炮是4门40磅（口径120毫米）炮，也均为后膛炮，型号推测为英国的“阿姆斯特朗”式。①

如果说“伏波”是船政150马力改进型军舰的试制型的话，采用国产主机的“安澜”则成为了这一型军舰的成熟标准型。紧密衔接在“安澜”之后，“伏波”级的三号舰、船政第八号军舰在1871年8月中旬开工，被命名为“飞云”，至1872年6月3日顺利下水。当年10月23日，“伏波”级的四号舰、船政第十一号军舰开工，命名为“济安”，至1873年1月2日下水。续造的这两艘军舰都是装配船政自造的150匹马力蒸汽机的炮舰，其主尺度除了舰宽比“安澜”略大，达到10米之外，其余的各项参数均和“安澜”舰相同，武备的配置模式、型号也都一致。②

四、150马力运输船（“永保”级）

1872年10月23日，“伏波”级的五号舰、船政第十二号军舰开工，定名为“永保”号。根据原计划，“永保”舰本来应该是和“伏波”同型的150马力改进型炮舰，但是在建造的过程中发生了重要的改型变化。

1873年1月13日，因父亲去世丁忧守制以及患病休养而离开船政大臣职务多年的沈葆桢，重新回到船政视事。为解决当时已经十分严重的“养船经费支绌异常”的经费短缺问题，沈葆桢决定尝试按照左宗棠当初设计的以兵船从事商运盈利的办法，不过沈葆桢并不想将当时已经建成的军舰抽调到商运任务上，而计划专门改造出从事商运的蒸汽军

① 《船政成船表》，《国风报》，1910年14期。

② 《第七、第八两号轮船下水情形折》《第七号、第八号轮船出洋，第十号、第十一号轮船下水并第十二号酌改船式各情形折》，《船政文化研究——船政奏议汇编点校辑》，海潮摄影艺术出版社2006年版，第63、65页。

舰，遂以正在建造的150马力改进型炮舰“永保”舰作为第一艘样板来进行改造，在船政的很多文献中称其为商船，按照当时西方海军的分类则属于运输船。

做出改型决策时，“永保”的舰体已经即将完成，无法进行根本性的变更，洋员监督日意格遂与安乐陶等工程技术人员进行协商，在不改变“永保”原有的舰体基础设计的情况下设法调整，其主要的目标是要在舰上增加客舱，拓大货舱。“永保”和“万年清”“湄云”等船政军舰在舱室布局上原本相仿，即露天主甲板上完全空置，作为火炮甲板和作业甲板，在主甲板之下的舰体内，中后部是轮机舱和煤舱，尾部是高级舰员住舱，中前部则是普通的水兵舱以及货舱。为了将“永保”改为适合装货、运客的船只，船政最终的改造做法是，将“永保”舰露天甲板上的武备配置全部取消，格外增建了首尾楼来充当船员住舱以及客舱，以此彻底腾出了露天甲板下原先的住舱空间，将之大量改为货舱，提高“永保”舰的载货能力，“将房间移建上层，俾中舱、底舱地位宽阔，多装货物，以便招商”。①

改造后的“永保”舰，其长、宽主尺度和“伏波”级的第四号舰“济安”舰相同，外观上虽然在军舰的首尾多出来首尾楼建筑，但是还保持着原先的双桅杆、单烟囱的布局。主要因为增加了首尾楼，全舰的空载排水量增加到了1353吨，② 吃水则超过4米。舰上的动力系统则沿用“安澜”的模式，配备船政自行制造的1座150虚马力二汽缸往复式立式蒸汽机和2台方形低压燃煤锅炉。

1873年8月10日，改造为运输舰的“永保”顺利下水，同年10月19日进行航试，测得航速为10节，与其原型“伏波”级炮舰相同，达到设计指标。紧随其后，船政将原本应当作为“伏波”级炮舰进行建造的剩余3艘军舰全部依照“永保”的模式改造，改建为运输舰，分别是1873年11月8日下水的船政第十三艘军舰“海镜”号，1874年初下水

---

① 《第七号、第八号轮船出洋，第十号、第十一号轮船下水并第十二号酌改船式各情形折》，《船政文化研究——船政奏议汇编点校辑》，海潮摄影艺术出版社2006年版，第65页。

② 日意格 *L'Arsenal De Fou-Tcheou Ses Résultats* 称“永保”的排水量为1391吨。

的船政第十四号军舰“琛航”号以及 1874 年 5 月 16 日下水的船政第十五号军舰“大雅”号，其设计、参数与“永保”相同。

作为 150 马力运输舰的后话，事与愿违的是，当“永保”级运输船陆续诞生后，船政大臣沈葆桢发现船政独立运营商船业务根本不具备可操作性。当时中国近海和内河的轮船航运业竞争激烈，与真正的航运公司相比，要将船政的几艘运输舰投入商业航行，不仅需要增添大量专门的运营人员，还需要处理与原有各航运公司的竞争，加之当时商船运营的利润并不十分丰厚，以区区几艘运输舰很难做到牟利补贴船政战斗性军舰的养护经费，甚至连能否赚出维护自身的运营经费都令人怀疑。为此，沈葆桢在 1873 年与直隶总督李鸿章协商，计划模仿船政军舰的协防模式，将 150 马力运输舰“海镜”“琛航”“大雅”调拨给李鸿章创立的轮船招商局使用，由轮船招商局负担 3 舰的人员薪饷和船只养护费用，后因为发生日本侵台事件而变更计划。

五、80 马力改进型军舰（“镇海”级）

与 150 马力炮舰经历了改型的情况相同，船政的 80 马力炮艇在建造完成“湄云”“福星”2 艘之后，剩余的 3 艘在建造时也对原设计做了改进和调整，形成了 80 马力改进型炮艇，日意格在其所著的 *L'Arsenal De Fou-Tcheou Ses Résultats* 一书中称这种改进型军舰属于 Canonnière-aviso（通报炮艇），即以执行通信联络为主要功能的炮艇。

1871 年 3 月 29 日，船政的第六号军舰、第三艘 80 马力军舰在船政生产厂区铺设龙骨开工，命名为“镇海”号，舰名寓意与 150 马力军舰“安澜”和“伏波”相仿，由船政代总监工洋员安乐陶监造。该舰沿用了此前船政所造的 80 马力炮艇“湄云”“福星”的总体设计，外观上也是双桅、单烟囱的布局，但是在军舰的排水量、主尺度等方面都略有增大，这也是其主要的设计改变所在。

“镇海”舰的排水量为 572 吨，舰长 53.12 米，宽 8.32 米，吃水 3.77 米，舱深 4.48 米，军舰的长、宽等数据都比“湄云”增大，此举推测是为了改善军舰在外海或恶劣海况时的航海性能。19 世纪 70 年代，中国尚未建立有效、密集的电报通讯网络，当时远距离最高效的通信联络方式就是以蒸汽轮船充当信使，船政最初建造的“万年清”“湄云”等军舰都曾一度担当过通报舰。通过船政增大80马力军舰的尺度以及日意格称这种改型军舰为通报炮艇，可以设想，船政当时可能是准备将放大的80马力军舰专门当作巡逻、通报军舰使用。提高其适航性，显然是为了更好地适应前往台湾海峡等外海区域执行通报航行任务的需要。

“镇海”的轮机系统和“湄云”一致，装备1座进口的80虚马力双汽缸卧式蒸汽机，配套2台方形低压燃煤锅炉，单轴推进，主机功率350实马力，设计航速也是9节。“镇海”的武备配置与“湄云”级的模式一样，具体的型号则与150马力炮舰“安澜”完全相同，即1门62磅后膛炮和4门40磅后膛炮，是船政在五年计划时代所造的唯一一艘完全装备后膛炮的80马力军舰。

经历了约8个月的建造，“镇海”舰在1871年11月28日下水。此后，船政五年计划中编列的剩余2艘80马力军舰也都改成按照“镇海”的设计样式进行建造，分别是1871年12月1日开工的船政第九号军舰“靖远”号以及1872年6月24日开工的船政第十号军舰“振威”号。与“镇海”一样，这两艘80马力炮艇的舰名都很威武，其主尺度、动力等也都和“镇海”完全一致，足以和150马力炮舰相抗衡。但是二舰的武备型号和“镇海”存在有一定的区别，其中“靖远”舰装备的是1门60磅前膛炮和4门40磅前膛炮，均为“瓦瓦苏尔”式，“振威”装备的则是1门70磅法制前膛炮和4门“瓦瓦苏尔”40磅后膛炮，从中不难看到船政五年计划时代，在舰船武备的选用上受获得渠道的影响而造成的型号复杂的问题。①

六、250马力军舰（“扬武”）

在整个船政五年计划期间所造的军舰中，最光彩夺目的莫过于其中的第七号军舰。

根据左宗棠与日意格、德克碑商定的船政建设五年计划，船政在此

① 《船政成船表》，《国风报》，1910年14期。

时段里应当建造的军舰分别是 150 马力和 80 马力两类，对比当时英国海军的军舰分类系统来看，船政计划建造的这两类军舰属于 Sloop（炮舰）和 Gunboat（炮艇），以军舰的作战等级为标准来衡量，这两类军舰实际上是在近代海军舰船家族中战斗力处于末尾的辅助性军舰。之所以日意格、德克碑在制定计划时向中方推荐建造这样的辅助军舰，一方面固然是考虑到船政要在毫无技术经验的情形下边学边造，炮舰和炮艇的工程相对简单，建造的技术难度较小，以之作为入门的作业比较合适，另一方面可能也考虑到了当时中国对蒸汽动力军舰的实际战力要求较低以及中国缺乏驾驭蒸汽动力舰船的人员等现实问题。

沈葆桢出任船政大臣后，包括造舰在内的船政各项建设活动基本上完全依照此前订立的五年计划的路线图按部就班地向前推进，时至 1870 年 11 月，沈葆桢因父亲去世而返回福州家中丁忧守制，船政的管理事务暂时交由提调委员夏献纶代理，令人意想不到的是，夏献纶代理船政大臣期间对五年计划的造舰方案作出了一次重要的调整。

夏献纶接任伊始，即设想要提升船政所造军舰的战斗力，与日意格商讨能否建造战斗力更强的军舰，“查轮船之设，外洋所长全在炮位多而马力大，故能于重洋巨浪之中纵横颠簸，履险如夷，制胜确有把握。今闽省不惜巨帑创造轮船，自应设法讲求，得其奥妙。”① 日意格经过寻访，列出了装备 21 门舰炮和装备 13 门舰炮的两种可资参考的母型舰供选择，船政最后预备仿造二者之中规模较小的一型，即装备 13 门舰炮的型号，推测为法国海军的“坚定”（Résolue）号巡洋舰，② 设想中的新军舰不再继续使用船政原用的 150 马力或者 80 马力蒸汽机，而计划进口 1 座 250 虚马力的大功率蒸汽机与之配套。

船政的 150 马力炮舰因舰上带有货舱，在当时涉及船政的很多文献中经常被习惯称为商船，而拟造的 250 马力军舰则是纯粹的战斗性军

① 《第六号轮船开工，第七号改造兵船情形折》，《船政文化研究——船政奏议汇编点校辑》，海潮摄影艺术出版社 2006 年版，第 58—59 页。

② Résolue 舰排水量 1795 吨，长 50.98 米，宽 13.34 米，吃水 6.48 米，装备火炮 13 门。参见 *Conway's All the World's Fighting Ships 1860—1905*, Conway Maritime Press 1979, P. 315.

舰，为示区别，250马力军舰则被称为兵船、改造兵船等。方案拟定之后，福州将军、闽浙总督文煜上奏清廷请示，旋即获得了批准，清廷颁上谕允准了这一计划："文煜等拟将第七号改造兵船，不为无见，著即督饬在事人员与日意格悉心讲求，功归实济，不得旷日持久，虚糜帑金。"①

1884年中法马江之战前夕停泊在马江上的"扬武"（左侧）和"伏波"舰。照片收藏：美国海军历史资料中心。

1871年7月12日，采用全新设计的第七号舰在船政铺设龙骨开工，代理船政大臣夏献纶主持了开工仪式，工程由代理洋员总监工安乐陶监造，该舰后被命名为"扬武"号，其舰名寓意与船政建造这种大威力军舰的初衷极为贴切。

"扬武"舰采用舰首直立的平甲板船型，舰体的外观和船政的80马力炮艇有几分相似，仿佛是80马力炮艇的放大版。"扬武"舰排水量为1560吨，舰长60.8米（不含舰首斜杆），宽11.52米，舱深5.28米，舰首吃水4.48米，舰尾吃水5.12米。考虑到"扬武"是纯战斗性的军舰，该舰的轮机系统全部采用了标准的军舰用样式，主机装备的是1座

① 《第六号轮船开工，第七号改造兵船情形折》，《船政文化研究——船政奏议汇编点校辑》，海潮摄影艺术出版社2006年版，第59页。

进口的英国格拉斯哥产双缸往复式卧式蒸汽机，配套进口的2座方形低压燃煤锅炉也是锅炉高度较低矮的型号，采用卧式蒸汽机和较矮的锅炉，可以使轮机的安装高度控制在舰体水线以下的部分，在战斗时不易中弹，能提高战时的生存力，“其汽炉、机器安置舱内，与水面相平，以取其能避炮子也”。在具体的动力性能方面，“扬武”舰250虚马力蒸汽机的马力实数为1130匹，设计航速为12节，与“伏波”级炮舰相仿。

除了锅炉、蒸汽机采用适应作战需求的样式外，“扬武”舰的烟囱也采取了适用于作战的设计。蒸汽时代的海战中，轮机舱是军舰上的要害部位，容易遭到敌方火力的集中攻击，而位于轮机舱上方、矗立在露天甲板上的烟囱，不仅直接向敌方指示了轮机舱所在的部位，更为致命的是高高的烟囱容易被敌方炮弹击中，由此或导致锅炉排烟不畅，或出现炮弹顺着烟道坠入轮机舱，引发灾难性的后果。在防范炮弹从烟囱中坠落进轮机舱的舱口铁甲设计还没有得到普遍运用之前，欧洲军舰常采取的预防措施就是使用升降式的烟囱，“扬武”的锅炉烟囱就采取了这种现代看来很特别的升降式设计。“扬武”舰露出在主甲板之上的烟囱由从上至下的三节套管组成，通过内部的铰链装置控制升降，平时三节烟囱全部竖直，高高立起，以利于烟囱排烟，战斗时则将烟囱缩下，降低高度，以防中弹，“烟筒分作三截，随意升降，亦取其能避炮子之意”。①

“扬武”舰露天主甲板上没有布置首尾楼等舱室，是和“伏波”“湄云”等军舰相仿的开阔平甲板设计，便于大量安装和操作火炮等军械。“扬武”的火炮布置模式也和“伏波”“湄云”级相同，采取了换门架式主炮和船旁列炮式副炮相结合的模式，均安设在露天主甲板上。虽然“扬武”的舰体长度和“伏波”级军舰相近，但“舱面以上不另起盖房间，取其宽阔，便于演习枪炮”，所装备的火炮的数量大大超过了“伏波”级，共计为13门，其型号都是英国生产的“威斯窝斯”式，包括有150磅（口径190毫米）前装六角膛主炮1门，70磅（口径160毫米）前装六角膛副炮10门，24磅（口径约100毫米）副炮2门。作为

① 《第七、第八两号轮船下水情形折》，《船政文化研究——船政奏议汇编点校辑》，海潮摄影艺术出版社2006年版，第62页。

纯战斗性军舰的“扬武”是船政五年计划期间所造军舰中装备火炮最多、火力最猛的一艘，其主炮也是五年计划期间船政军舰装备过的口径最大的型号。尽管“扬武”配备的火炮全部是前膛炮，不如后膛炮便于操作，但是在当时人来看，前膛炮、后膛炮的性能互有短长，前膛炮虽然不够灵巧，但设计成熟、射程较远，与后膛炮在性能上并没有明显的差距，“有熟知其性者，舍所短而用所长，庶几收其利不受其害”[①]。

根据军舰的体量以及所装舰炮的配置情况，“扬武”舰按照当时欧洲军舰分类系统来区划，属于等级在Sloop（炮舰）之上的Corvette（护航舰），19世纪80年代的中国驻德公使许景澄在其所著《外国师船》中译为次等巡海快船。[②] 因为Sloop、Corvette均是发源自风帆时代的舰船分类，在进入19世纪80年代后，这些分类名称渐渐不用，在新的舰船分类标准中，Corvette大量被重新归入重生的古老舰种Cruiser（巡洋舰），因而“扬武”在后来也常被直接算作是巡洋舰。在舰体设计上，“扬武”采取的是3桅单烟囱的布局，3根桅杆均带有横桁帆装，都可以张挂横帆，属于风帆船中外观上最为雄壮威武的Ship式（全帆装船），由此“扬武”的完整分类名称应属于三桅全帆装护航舰或巡洋舰。

日意格根据“扬武”舰的工程规模，预估该舰的工期可能会是150马力军舰的2倍，但是实际上从开工后仅仅用了10个多月时间便完成了舰体的建造，1872年4月23日，由代理船政大臣夏献纶主持仪式，“扬武”舰顺利下水。经过安装轮机系统和后续的舾装工程，全舰在1872年竣工，并顺利通过了航试测试。经福州将军、闽浙总督文煜等奏请，因“扬武”的工程规模、耗费资金都超过了原计划中应造的150马力军舰，清廷批准以“扬武”1舰折抵船政五年计划造舰指标中的2艘150马力军舰，也由此船政五年计划的造舰目标从16艘军舰调整成了15艘军舰。

---

① 《第七号、第八号轮船出洋，第十号、第十一号轮船下水并第十二号酌改船式各情形折》，《船政文化研究——船政奏议汇编点校辑》，海潮摄影艺术出版社2006年版，第65页。

② 许景澄：《外国师船》，光绪十二年柏林使署石印版，卷十二，第20页。

第六章　五年计划时代的船政教育

一、船政教育的创生

在中法合作的船政建设五年计划中，除了建厂、造船之外，另一项十分重要的建设目标就是兴办近代化的船舶工程教育和海军军官教育，也正是因为船政设立了独立于生产部门之外的专门教育机构，使得船政的性质真正超越了普通的舰船制造机构，成为中国第一个专门的涉及近代化海防事务的综合性机构。

船政筹设的最初期，闽浙总督左宗棠关注的重心主要是“设局、开厂、购料、兴工”等涉及近代化舰船建造的基础性工作，对事关中国人能否自行掌握舰船建造、驾驶的另一重要因素——近代化的舰船工程和海军教育则还没有太系统和具体的思考。以左宗棠 1866 年夏季向清廷申请设厂造船的首份奏折来看，当时左宗棠对教育的设想还十分的简单，即计划由西方技术专家“教习造船，即兼教习驾驶；船成即令随同出洋，周历各海口。无论兵、弁各色人等，有讲习精通、能为船主者，即给予武职千、把、都、守，由虚衔洊补实职，俾领水师，则材技之士争起赴之，将来讲习益精，水师人材固不可胜用矣。”① 其主要的思路是寓教学于实际工作中，即由生产厂区的洋员、洋匠指导、教育出中国的造船工程人员，由随同船政造舰船周历沿海的洋员在舰上教导中国兵、弁，培育出中国的近代化海军人员，尚没有要建设一座西式专门学校的构想。

船政教育计划层次的提升和内容的具体化，显然是得益于日意格等和左宗棠的不断交流，在左宗棠上奏申请设厂造船后数月，当 1866 年秋季日意格、德克碑前往上海法国总领事馆签署约定船政五年计划建设

① 《试造轮船，先陈大概情形折》，《船政文化研究——船政奏议汇编点校辑》，海潮摄影艺术出版社 2006 年版，第 4 页。

各主要目标的保约时，已经赫然出现了一个设立专门学校开展舰船工程和航海教育的全新计划，较之左宗棠之前的思路有了质的提升。

保约之中明确了船政五年计划中的教育计划及其目标："开设学堂，教习法国语言文字，俾通算法，均能按图自造；教习英国语言文字，俾通一切船主之学，能自监造、驾驶，方为教有成效。"即开设两所学校，分别是以法文教学的造船学校以及以英文教学的驾驶学校，在五年时间里培养出第一批舰船监造、舰船驾驶专业的中国学生。同时保约也对中方应该做的配合工作做了规范："请选择能通官话少年精明者数十人，俾入学堂随时学习，轮授各工匠，俾易周知熟习，速期完竣。"①

由寓教于工作的稚朴设想，一跃提升为设立专门学校的计划，船政教育计划的递进背后是左宗棠思想的更新和递进，在其与总理衙门的通信中可以寻找到明显的痕迹。就在 1866 年夏季上奏申请"试造轮船"后不久，左宗棠渐渐开始与总理衙门提起要设立学堂的想法，甚至于还向总理衙门大臣阐述了为什么要用学堂教育来取代自己先前设想的寓教于工的思路。

> 惟能造船，必期能自驾驶，方不至授人以柄，现买香港轮船，改名华福宝，即用宁波军功贝锦泉管带。船中所用管车、看盘、炮手皆中国人。现令贝锦泉多募宁波熟练舵工，优给薪工，随同学习，意在熟悉闽、粤、江、浙、山东、直隶洋面，能多造就数人……又虑舵工多属粗人，难期精敏，故仍归重于学堂，教习英、法语言文字，俾通船主之学。②
>
> ……
>
> 今之入局学造者，内地正匠耳。执柯伐柯，所得者不过彼柯长短之则。至欲穷其制作之原，通其法意，则固非习其图书、算学不可。③

---

① 《海防档·乙》福州船厂（上），（台湾）"中央研究院"近代史研究所 1957 年版，第 31—32 页。

② 《上总理各国事务衙门》，《左宗棠全集》第十册，岳麓书社 1996 年版，第 712—713 页。

③ 《上总理各国事务衙门》，《左宗棠全集》第十册，岳麓书社 1996 年版，第 721 页。

毋庸讳言的是，洋务运动初期的中国人对近代化事务大多处于完全隔膜的状态，缺乏了解、缺乏经验、缺乏全局认识，很多先行者们在制定近代化目标时多受眼界和知识的局限，给后人留下计划不周密、不完善乃至幼稚的观感，然而这是任何探索、变革之路上都必经的过程，难能可贵的是，在很多时候，这种探索会伴随着对自我的革新，即以所获得的新知和经验来不断修正其目标和行事方法，以不断臻于完善。

建立一座专门学习西学的学校，由西方人教习航海、造船技艺，是此前中国从未有过的教育模式和教育内容，与在当时中国社会占主流地位的科举取仕存在着本质的区别，可谓是中国教育模式的一大破天荒式的突破。在当时思想封闭的社会环境中，要让年轻人及其家庭不去选择被社会认为是正道的科举正途，而投入社会对之充满不解或狐疑的西式教育的怀抱，首要必须解决的就是采取西法教学的造船、海军等教育的未来职业出路和社会地位的问题，也即这种脱离主流传统科举教育之外的西化教育资历是否能够得到国家的认可。

1866 年末即将赴任陕甘的左宗棠在向清廷汇报船政的各重要建设事项安排时，特别提出了此事。左宗棠报告船政的教育机构已经定名为“求是堂艺局”，显然是取的“实事求是”“求是求实”等寓意，同时左宗棠还上报了由其拟定的求是堂艺局的基本规则——《艺局章程》。在左宗棠的奏请内容以及《艺局章程》的条文里都体现出了对参加西式航海、海军教育的年轻人给予优待的内容，奏折中左宗棠强调“艺局为造就人才之地，非厚给月廪不能严定课程；非优予登进，则秀良者无由进用”①，鉴于船政教育的内容主要与近代化海军有关，“为将来水师将才所自出”，左宗棠在《艺局章程》中设定“各子弟学成后，准以水师员弁擢用”，即赋予毕业生水师军官职务和身份，也意味着求是堂艺局总体上属于海军学校性质。左宗棠另考虑到在当时重文轻武的社会氛围中，有不少年轻人或是早早便参加过科举应试，或是受家庭荫袭，甚至

① 《详议创设〈船政章程〉折》，《船政文化研究——船政奏议汇编点校辑》，海潮摄影艺术出版社 2006 年版，第 14 页。

已经具有了诸如童生等科举功名或文职官衔出身，这些人和他们的家庭显然不会情愿其从事毕业后将被迫放弃原有的文职功名背景的教育，针对此左宗棠还特别建议清廷，如果报考学习的学生在入学之前已经有科举功名的，毕业后“仍准保举文职官阶，用之本营”。[①]

除解决了对职业前途的设计外，在《艺局章程》的很多条款中还可以看到用心良苦的设计。可能是考虑到当时富裕家庭不大可能让子弟脱离科举之途，船政明显将招生的对象范围重点圈定向普通人家的子弟，《艺局章程》中多有涉及金钱奖励或保障的内容，诸如“各子弟到局后，饭食及患病医药之费均由局中发给”“每月给银四两，俾赡其家以昭体恤”“学有进境，考列一等者，赏银十元”等，[②] 这些条款对贫寒子弟及其家庭的吸引力是不言而喻的。

对左宗棠提出的奏请以及附录的《艺局章程》，清廷予以允准采纳，《艺局章程》成为了船政教育的首部基本规章。在左宗棠赴任西北后，代理船政大臣周开锡又与丁忧守制未满的沈葆桢对《艺局章程》做了进一步的讨论，结合船政教育开展后面临的实际情况，进行了多处重要的修订，使其更为完善。[③]

综合修订前后的《艺局章程》可知，求是堂艺局招募的学生必须是未满二十岁的未婚者，学生入校后首先进行两个月的预科学习，主要是分别学习英语或法语，如果预科学习不合格则会被剔出退校。

1866 年末，求是堂艺局的招生等工作全面展开，由船政提调胡光墉具体负责此事。从一些入选学生的个人实际情况看，艺局的招生很可能并没有采取完全对社会公开的方式，而是选择了更具可行性的定向招生，主要在福州的一些书院、官学对在学少年及其家庭进行动员。诸如艺局首期招募的学生方伯谦，其入学前已经经历过童子试，可能已经是

① 《详议创设〈船政章程〉折》，《船政文化研究——船政奏议汇编点校辑》，海潮摄影艺术出版社 2006 年版，第 16 页。

② 《详议创设〈船政章程〉折》，《船政文化研究——船政奏议汇编点校辑》，海潮摄影艺术出版社 2006 年版，第 14—16 页。

③ 《沈葆桢致周开锡函》，《沈葆桢手迹》，福建省音像出版社 2008 年版。

学童，是从官学转入求是堂艺局。[①] 同为首期入学的刘步蟾、林永升等人，入学时的身份也多为在学的文童，[②] 推测和方伯谦类似，也都是从官学、书院等传统教育机构动员招考的现成文童。

艺局在对学员的考选尺度方面，因为对近代化舰船、海军教育略知一二的洋员日意格、德克碑当时已身在欧洲募匠雇人，而船政中方官员根本不懂得按照西法，究竟应以怎样的标准来选拔、挑拣学员，又或纵使日意格等洋员还在中国，船政中方官员也懂得此中选拔之道，但是以当时中国社会普遍的知识结构，要获得完全符合西法要求的学员不啻登天之难。在具体的操作中，求是堂艺局对入学学员的测试，与中国传统科举考试的内容并无什么区别，仍然是以文选材的套路，主要是简单测试学员是否粗通文墨，其他便就是检查学员的年龄是否符合要求，家世是否清白等，从之中尚看不出和西法的航海、造船有关联的内容。首批报名入读求是堂艺局的严宗光（严复）后来曾回忆，他在参加测试时，测验的内容是要求围绕“大孝终身慕父母”一题作一篇论文，从题目看极有可能是以孝顺著名的船政大臣沈葆桢亲拟。严宗光当时正值父亲亡故未久，“大孝”的命题在他心灵中刚好有强烈的感触，他的文章显然令人动容，受到沈葆桢推奖。[③]

应验了左宗棠设计《艺局章程》时的某些预料，求是堂艺局招生开始后，因为社会风气未开，应者寥寥，报名者大多是贫寒家庭或者出身凄苦的子弟，“当时风气未开，科举犹盛，中人之家，皆希望子弟报巍

---

① 方伯谦自撰的《益堂年谱》记载，方氏从1858年开始启蒙读书，1866年参加小试，即童子试，次年在福州正谊书院被考选入求是堂艺局。按《闽县乡土志》所载，福州正谊书院是左宗棠督闽时所建的官学，“建正谊书院以课举贡”。又综合福州地方史资料考订，左宗棠所建称为正谊书局，在此基础上于1870年建为正谊书院，如此方伯谦在年谱中所记的书院名称或为误记，又或为其他书院的别名，但基本可以看出方氏是在参加了童子试后在官学被选入求是堂艺局这一情况。

② 有关刘步蟾、林永升等入学时为学童身份的记载，参见台北“故宫博物院”图书文献处清国史馆传包，702001591号，“刘步蟾传包”；702000226，“林永升传包”。

③ 严复《送沈涛园备兵淮扬》中称“同治丙寅，侯官文肃公开船厂招子弟肄业，试题大孝终身慕父母，不肖适丁外艰，成论数百言以进，公见之置冠其曹”，《马尾船政局史资料汇编》（丁），福建师范大学历史系中国近代史教研组自印本，第35页。

科，步青云，故招生极难”[①]，“应试者少，且多属闽省附近地区家境清寒者”。诸如首批入选艺局的艺童中，福州籍的少年刘步蟾、林泰曾都是自幼父母双亡的苦孩子。值得体会主事者苦心的是，可能是为了在招生中发挥带头示范作用，沈葆桢在和当时具体主持船政管理的周开锡通信时还透露过一个信息，即首批招生时“已有通晓文理之世家子弟赴局”[②]，推测这名世家子弟极可能就是林泰曾。林泰曾的身世虽然凄苦，但家世渊源却颇不俗，他的祖父是林则徐的胞弟，林泰曾也就是船政大臣沈葆桢的侄儿。倘若当时真是船政大臣动员自家子弟考入艺局，其宣传和号召作用是不言而喻的。

中国海军史学者包遵彭先生在其所著《清季海军教育史》一书中，援引民国海军部档案中留存的一份题名为《马江海军学校》的未刊稿件，称求是堂艺局原计划是不分地域和民族，面向全国各行省招募学生，但结果是因为福建开风气较早，所以福建子弟报名的居多，“原议招生不论汉、回、蒙一律考选，而应者终渺。闽人本习航海事，开化较早，所以应选者本省之人为多。”[③] 然而从求是堂艺局初期的招生情况来看，并没有证据显示船政曾与福建以外的其他各省协商过招生事宜，事实上求是堂艺局的招生工作初期主要就是以福州本地为中心开展的，在后来迁至马尾之后才出现了从香港等地招收具有英文基础的外省学生的例子。倘若考虑到彼时中国国内交通、通讯落后，求是堂艺局创办时以本地为中心进行招生无疑是最简便和务实的举措。

求是堂艺局招生时，位于马尾的船政建设刚刚起步，各种配套建筑尚不健全，艺局便暂设于福州，其中在福州城内有两处教学点，分别位于白塔寺和仙塔街（按《闽县志》所载，白塔寺一词在清末还是所在街区的地名，据此求是堂艺局的白塔寺教学点并不一定就设在白塔寺的寺庙内，很可能是假借在白塔寺街区的某处建筑中），后在福州城外的亚伯尔顺洋房另设了第三处教学点。

---

① 林梵萱：《曲石龛琐记——船政兴衰考》，《马尾船政局史资料汇编》（戊），福建师范大学历史系中国近代史教研组自印本，第 51 页。

② 《沈葆桢手迹》，福建省音像出版社 2008 年版，第 62 页。

③ 包遵彭：《清季海军教育史》，（台湾）“国防研究院”1969 年版，第 10 页。

求是堂艺局于1867年1月6日正式开学，[①] 此时的招生工作仍在进行中，新的学员随到随学，虽然后来统称为船政第一批学员，但实际各人入学的时间并不完全相同，例如首批学生方伯谦是1867年的五六月间才应招报名，而他入学的时间则已经是在当年的秋季，[②] 总计三处教学点首批学生的人数约在数百人的规模。

由于在欧洲雇佣的外籍教习尚未来华，求是堂艺局开班伊始的教学内容是西学启蒙式的基础课程，先是在福建本地聘用了两名粗通西学的人才黄绍本、林宪曾担任教学，主要教授简单的算术和英语，此后又聘用了南洋华人曾兰生、曾锦文为英语教习。其中曾兰生（别名曾恒忠）祖籍广东潮州，1826年左右生于新加坡，曾留学美国汉密尔顿学院(Hamilton College)，是最早留学西方高等学府的华人，西学功底深厚，在上海被聘用为求是堂艺局教师，后曾担任过留美幼童出洋时的翻译。曾锦文祖籍为福建侯官县，1851年出生于马来亚的著名华埠槟榔屿，从东南亚历史最久的英语学校槟榔屿大英义学（Penang Free School）毕业后即辗转来到求是堂艺局。当时曾锦文年仅15岁，原是赴艺局报名入读的学生，因其英语水平突出而提拔为助教。[③] 初期三处教学点的学习内容一致，类似于预科学习，当时身为艺局艺童在白塔寺教学点学习的严宗光后来对当年的学习情景曾有生动的回忆："晨夜伊毗之声与梵呗相答。"[④] 从福州城内外几处不起眼的院落里传出的"A、B、C、D"诵读声中，中国为建设近代海军而进行的育才努力已经悄然开始。

---

① 日意格在*L'Arsenal De Fou-Tcheou Ses Résultats*一书中称是1867年2月，但据沈葆桢报销船政经费折记载，船政艺童的赡养、饭食银是从同治五年十二月初一日开始计算支付，即1867年1月6日，这一天可以视作各子弟正式进入艺局学习的起始日期。

② 方伯谦：《益堂年谱》，手稿本。

③ 包遵彭：《清季海军教育史》，（台湾）"国防研究院"1969年版，第12页。有关曾兰生、曾锦文的生平历史，参见马幼垣：《福建船政教习曾锦文传奇——兼述另一船政教习曾兰生》，收录于《北洋海军新探——北洋海军成军120周年国际学术研讨会论文集》，中华书局2012年版。

④ 《海军大事记》，（台湾）文海出版社1975年版，第1页。"伊毗之声"即艺童们诵读"A、B"等英文字母的声音。

1867年冬季，洋员监督日意格从欧洲为艺局雇佣的专业教师到达马尾，位于船政主生产区附近的两处学堂校舍也已经告成，求是堂艺局的各教学点于是陆续告别福州，迁往马尾的新校区。位于马尾的学校建筑共有两座，以空间上距离船政衙署的远近作为区分，较近的称为前学堂，略远的为后学堂，并称为船政学堂。学校迁至马尾后，求是堂艺局一名便不再使用。由求是堂艺局转变为船政学堂，同时也标志着船政的造船工程和海军教育步入正轨。按照设定，前学堂学习舰船制造，后学堂学习舰船驾驶，但艺局的学员们迁至马尾时并没有根据各人的兴趣或特长进行挑拣分班，而是直接按照教学点的不同集体进行了分派，原在福州城外亚伯尔顺洋房教学点的艺童归入前学堂，位于白塔寺和仙塔街两处教学点的艺童则归入后学堂。前后学堂的专业课教学由聘请的欧洲教习负责，原在求是堂艺局担任教习的曾兰生、曾锦文则充当英语教习、翻译以及助教等工作（曾兰生教导至1872年离职赴上海担任留美幼童出洋肄业局的英文教师，曾锦文也于同年返回马来亚槟榔屿），黄绍本、林宪曾二人的去留情况不明。

鉴于船政的专业课教育是从马尾的船政学堂时期才正式开始的，此前在福州的求是堂艺局也可以视作是预备学校。

二、前学堂

1867年10月6日，日意格带领从法国雇佣的首批洋员和洋匠万里迢迢到达马尾，其中洋员监督秘书、法国人博赖（A. Borel）被派兼任船政前学堂的首任洋教习，负责教学工作，讲授各门专业课程，中方则派出委员担任学堂监督，负责学生和学堂的日常管理工作。后来随着教学内容的不断深入，前学堂的教学工作在1868年4月移交给数学教习L. Medard和物理、化学教习M. L. Rousset两人负责。

船政的前学堂属于舰船、机械工程学校，日意格在*L'Arsenal De Fou-Tcheou Ses Résultats*一书中称其为École De Construction Navale（海军工程学校），其专业设置为主修船舶和轮机制造，尤以轮机制造为重点。因为船政生产厂区在造船技术方面引入的是法国的系统和标准，前学堂的教学语言也以法文为主，传授法式的舰船、轮机制造理论，以便于将来毕业的学员能够适应船政的技术工作，该学堂又称为法国学堂、法文学堂等。

由福州迁至马尾后，前学堂初期的课程包括了法语、算术、初等代数、初等几何等，学堂的学制订为五年，在第一年的教学后，根据当年三次测验的结果，各项成绩优等的学生继续留校学习进一步的课程，而算术成绩等相对较差的学生则转入位于船政生产厂区轮机车间二楼的绘事院，学习新设的工程制图和舰船设计专业。日意格在 *L'Arsenal De Fou-Tcheou Ses Résultats* 一书中称这一教学机构为 École Et Bureau De Dessin（设计学校和工作室），由担任船政绘事院设计科科长的法国洋员 A. Louis 兼任教习，制图员 Keidiaon 兼任助教。这部分学生的学习场所虽然在生产厂区内部，但其学籍依然算在前学堂，因而船政绘事院的教学工作实际是由前学堂负责统一管理的。

在教学的内容上，前学堂除了课堂教学的算术、代数、几何、物理、三角、解析几何、微积分等科目外，洋教习还在每个教学日都安排车间的见习课，让学员们深入到船政生产厂区的车间一线进行工作见习，旨在锻炼体魄，增进对书本上理论知识的理解以及培养将来在生产一线的现场管理能力。“每门实习课每天都进行数小时的体力劳动，以便学生熟悉车间的工作，并逐渐培养指挥工人的能力”。根据实习内容的不同，前学堂还安排有兼职的见习课主管，在船政五年计划到期时，蒸汽机制造见习课主管是洋员总监工舒斐（E. Jouvet），舰体建造见习课的主管是总木匠师乐平（M. Robin），助教是木工工头 F. Marzin。[①] 另外，根据船政大臣沈葆桢在 1868 年 8 月 7 日亲赴前学堂视察学生考试时的指示，学堂每天除了各项专业课程之外，还增加学习圣谕广训、孝经和策论写作等中国传统文化课程，“以明义理”[②]，由中国教师讲授，形成了颇具特色的中西融合、文理兼修式的教学模式，旨在使年轻人学习西方科学的同时，不忘中国的传统文化，并加强忠君爱国思想的

① 〔法〕Prosper Giquel：*L'Arsenal De Fou-Tcheou Ses Résultats*，Shang Haï Imprimerie A. H. De Carvalho1874，P. 16—18.

② 《察看福州海口及船坞大概情形折》，《船政文化研究——船政奏议汇编点校辑》，海潮摄影艺术出版社 2006 年版，第 24 页。

教育。

至中法合作五年计划到期前夕，船政前学堂的制造专业一共招收了两届学生，总计共105人。因为学堂实行十分严格的考试制度，在各次考试中陆续被淘汰退学了60余人，又因在校期间病死6人，五年计划到期时制造专业实际还有学员38人，按照学习的进度和资质不同分别列在4个班级。

在现存有关船政学堂的档案史料中，尚未发现对学堂所采取的分班制度进行详细说明的内容，不过在后来模仿船政学堂制度建立的天津水师学堂里，实际也使用了分班教学制度，《天津水师学堂章程》中对分班制的规定基本可以视作参考自船政学堂。《天津水师学堂章程》规定，学生入堂试习后根据学习成绩和资质分为多个班级，由正教习一名负责成绩最好的一班的教学，其他的二、三等班级则分别由一名助教负责教学。据此便不难解释船政学堂一名洋教习怎样来教授全部学生的问题，实际上除了一班由洋员正教习授课外，二、三等学习成绩等而下之的班级应当是由助教教学。另据《天津水师学堂章程》规定，学生的分班并不完全固定，此后根据学习的情况，一班的学生如若多次考试名次不佳，将会被降班，即调到二、三班学习，而二、三班中多次考试名列前三名的学生经教习推荐，将会被升班，调到一班学习，[①] 这种制度推测也是船政学堂的旧制。

船政前学堂的四个班级中，制造专业的一班、二班就是学习进度快的班级，五年计划到期时，这两个班的14名学员都已经毕业走上工作岗位，其中郑诚、郑清濂、陈兆翱、汪乔年、梁炳年、林日章6人被分配到了船政轮机车间工作，魏瀚、陈平国、罗臻禄、游学诗等6人被分配到了木工车间工作，林钟玑被分配到仪表车间实习，第二届入校的魏暹在学完基础课之后因为体质差不能适应车间工作，鉴于学习成绩优异，被提拔为助教，担任前学堂制造专业三、四班的教学工作。

制造专业的三班和四班是学习进度慢或入校时间晚的学生，五年计划到期时分别有学生4名和20名。其中三班的学习进度快于四班，五

---

① 《续定天津水师学堂章程》，《北洋纪事》第十册，未刊本。

年计划到期时4名学生已经全部派至车间实习，有3人分配到模型车间，1人分配到轮机车间。四班中有10名是原绘事院设计专业的一班，该班级后整体转读制造专业，此举的目的可能是要带动该班原有学员的学习进度。在四班的学员中，五年计划到期时张金生、陈功魁也已分配到模型车间实习，林鸣埙、曾宗瀛、杨廉臣等3人已分配至木工车间实习。①

此外，五年计划到期时，在绘事院上课的制图专业有在读学员22人，分属2个班级。（每班各11人。绘事院最初原有3个班级，但只有正教习和助教各1名，其中的一班在中途被整体调整至前学堂制造专业，并入了制造专业的四班）

对于入校时还是一点西学功底都没有的少年来说，要在短短五年时间里完成欧洲人从小学至大学专业的全部课程，简直犹如不可思议的挑战。在法国教学团队的努力下，凭着严格的教学制度、近乎残酷的淘汰制度以及充沛的学习精神，几十名中国少年以突飞猛进的学习进度，快速成长为近代中国第一批合格的舰船工程技术人员。船政五年计划即将到期时，前学堂毕业生被派逐渐替换西方工程师，开始全面接管船政的技术性管理工作。

三、后学堂

船政后学堂是以培养能够驾驭近代化舰船的舰员为使命的学校，性质和教学内容上与西方国家的海军军官学校相同，日意格在*L'Arsenal De Fou-Tcheou Ses Résultats*一书中称之为École Navale（海军学校），是东亚国家设立的第一座规范化的近代海军军官学校。② 在19世纪60年代的欧洲海军界，较为流行的观念是法国在舰船建造工程领域占优

---

① 〔法〕Prosper Giquel：*L'Arsenal De Fou-Tcheou Ses Résultats*，Shang Haï Imprimerie A. H. De Carvalho 1874，P. 16—22.

② 近代东亚继中国船政后学堂之后设立海军军官学校的是日本，日本1869年9月18日在东京筑地创建海军操练所，是其第一所类似海军军官学校的教育机构，后更名海军兵学寮、海军兵学校，并于1888年起陆续迁移至江田岛。见《海军》第14卷，（日本）诚文图书1981年版，第70—75页。

势，而英国则在海军的建设、指挥领域占优，也由此，日意格在欧洲雇佣西方人员时，特别为船政后学堂聘用了一位具有英国海军教学资历的教习，即英国 25 岁的嘉乐尔（J. Carroll），① 由其负责后学堂的教学工作。

表十　船政后学堂与日本海军操练所初建时情况对比表②

	船政后学堂	日本海军操练所
创立时间	1867 年	1869 年
总教习	（英）J. Carroll	（日）川村纯义
学　制	五年	五年
学员入校年龄规定	二十岁以下	十八岁至二十岁
学员来源（初期）	招募	明治政府命令各藩进贡，按照大藩5人，中藩 4 人，小藩 3 人进行挑选。
主要课程（航海专业）	圣谕广训、英语、算术、代数、几何、三角、航海学、兵操	英语、汉文、算术、代数、几何、三角、几何制图、兵操、航海学
教学舰	“建威”（风帆训练舰） 普鲁士造，排水量 475 吨	“千代田形”（稽古舰） 日本造，排水量 158 吨

船政后学堂原设立一个专业，即航海专业，时称驾驶专业，学制和前学堂的制造专业一样，也是五年制。除了同样有船政大臣沈葆桢强调加入的圣谕广训等中文传统课程外，后学堂的专业理论课程包括有算术、几何、代数、直线和球面三角、航海天文、航海计算、地理等，初期这些专业课均由教习或助教一人包办教学。由于后学堂是采用英语教学，又被称为英国学堂、英文学堂。

和前学堂一样，后学堂也采取了按照学习资质进行分班的制度，至船政五年计划即将到期时，后学堂的航海专业共有一、二两个班级，其

① 〔美〕庞百腾：《沈葆桢评传》，上海古籍出版社 2000 年版，第 298 页，注 106。

② 本表主要参考资料：〔法〕Prosper Giquel：*L'Arsenal De Fou-Tcheou Ses Résultats*，Shang Haï Imprimerie A. H. De Carvalho 1874.《近世帝国海军史要》，（日本）原书房 1974 年增补版。日本海军操练所的航海专业课程内容主要参考了 1870 年版《海军兵学寮规则》。

中一班历经考试淘汰，还剩 23 名学员，二班则只有 9 名学员。其中嘉乐尔可能担任航海专业一班的教学工作，华人教习曾恒忠协助进行翻译，航海专业的二班极有可能是由助教曾锦文在负责教学，当一班毕业后嘉乐尔才又参加对二班的授课教学。1872 年曾锦文从船政离职后，改由洋员仕记（M. B. Skey）和因身体问题不适合海上生活的原一班学员罗丰禄担任助教，承担二班的教学。

根据英国海军的教育模式，海军初级军官的培育必须经历学堂教育和训练舰教育两个部分，二者完全合格后才能毕业任职。按此，学员在完成了课堂理论学习后，应分配到专门的训练舰上进行航海实习，锻炼体魄，培育海军军官应具备的胆量、毅力和团体协作精神，“成材必亲试之风涛，乃足以觇其胆智。否即实心讲究，譬之谈兵纸上，临阵不免张惶”。[①] 同时，海军军官教育中至关重要的船艺、枪炮等课程也都将在训练舰上开展实际操作教学。“外国学船主之法，均先由夹板船内亲试风涛，征验沙礁险夷、蓬桅升降、炮弹远近，阅历久而胆识定，然后移置轮船，可期驾轻就熟”。[②]

随着 1867 年入校的第一届航海专业学生堂课即将毕业，洋员监督日意格与船政大臣开始着手筹划为后学堂安排训练舰。按照西方海军教育的传统，初级训练舰必须是纯风帆动力的欧式大帆船，当时称为夹板船。1869 年日意格派洋员赴香港以及南洋地区寻购现成的大帆船，准备购回后改造成风帆训练舰。为了满足训练舰出海实习教学的需要，日意格还雇佣了曾任英国海军炮舰舰长的海军上校德勒塞（Richard Edward Tracey）担任训练舰的舰长兼教习，负责实习教学，[③] 与其共同承担实习教学任务的还有担任练习舰枪炮长的阿务汪（J. Harwood）

---

① 《第三号轮船下水并续造第四号情形折》，《船政文化研究——船政奏议汇编点校辑》，海潮摄影艺术出版社 2006 年版，第 53 页。

② 《海防档·乙》福州船厂（上），（台湾）“中央研究院”近代史研究所 1957 年版，第 267 页。

③ 在雇佣德勒塞之前，船政后学堂航海班的实习教授为英国海军上尉斯怀恩逊。见〔美〕庞百腾：《沈葆桢评传》，上海古籍出版社 2000 年版，第 278 页。德勒塞后在英国海军官至海军上将。

和担任水手长的 C. Wattom [后为逊顺 (F. Johnson)]。

在香港寻购大帆船期间，日意格所派的教习还特别于当地招收了一批广东和南洋籍的学生，计有张成、吕翰、叶富、李和、李田、邓世昌、黎家本、梁梓芳、林国祥、卓关略等 10 人，是船政学堂的首批外省籍学生。这批学生多曾就读香港英华书院（Ying Wa College）等学校，具有较好的英语能力和基础的数学知识，被船政大臣沈葆桢称为上等艺童。招收这批学员，是因为考虑到航海实习教学的难度，为确保五年计划到期时能培育出合格的航海人才，于是不等后学堂航海专业学员毕业，而以香港所招募的学员提前开始舰上培训教学。为吸引人才起见，这批从香港招募的外省籍学员每月的赡银远远高于船政学堂原有学员的每月 4 两，而达到数十两之巨。① 10 名在香港招募的学员到达马尾后不参加后学堂航海专业的课堂学习，跳过基础理论课程，直接驻练习舰学习驾驶、船艺、枪炮等实际操作课程，因其学习和居住生活都在舰上，又称外堂学生，也称船生，而原在后学堂学习的学生则称为内堂学生。②

虽然在香港的招生极为顺利，但寻购大帆船的活动却“一时难得其便”，为不致耽误新招收的外堂学生的训练，粤籍外堂生抵达马尾后先在后学堂进行基础学习，不久船政大臣沈葆桢指定刚刚建成的蒸汽动力炮艇“福星”号暂时充当练习舰，10 名外堂学员于 1870 年的 7 月 3 日派上“福星”，由德勒塞组织教学，③ 同时后学堂航海专业的学生也开

---

① 据日意格 *L'Arsenal De Fou-Tcheou Ses Résultats* 中称这批外省学生来自香港，而据池仲佑《海军实记》中记载，吕翰等部分学生来自上海英华书院，但上海英华书院实际建于 1891 年，故本书从前者。关于这批外省学生的赡银数目，见《复陈船政经费支绌情形折》，《船政文化研究——船政奏议汇编点校辑》，海潮摄影艺术出版社 2006 年版，第 67 页。

② 《海军大事记》，（台湾）文海出版社 1975 年版，第 3 页。外堂学生的准确招募时间尚需考证，《海军大事记》称是 1867 年，而据首批外堂学生之一的邓世昌的出身履历片看，其被招募的时间则是在 1868 年间，见：台北“故宫博物院”图书文献处清国史馆传包，702000812-1 号，“邓世昌传包”。

③ 据沈葆桢报销船政经费折所载，“福星”舰的练童赡银、饭食费是从同治九年六月初五日起支，即 1870 年 7 月 3 日，大致可以判定这一天是 10 名外堂练童驻舰学习的起始日期。

船政后学堂学员合影，照片在船政前学堂隔壁的一座中式二层楼前拍摄。根据照片中一些能被辨认出身份的学员看，合影中的学员全是船政五年计划到期前在校的老班学生。其中前排左起第九人为外堂生叶富，叶富身后右侧为黄建勋。

始在舰上接受枪炮课的教育。① 然而“福星”舰内居住舱室有限，训练舰的教习以及外堂学生住舰后已显十分拥挤，“若英国（学堂）学生、艺童等异日悉数就船练习，则该船容住为难”，以该舰充当训练舰并不合宜。经过寻访，恰有1艘舱内可住百人的普鲁士籍的三桅全帆装大帆船“马得多”正在马尾，且船长表示愿意出售。经过协商和讲价，船政以14191元银元的价格将这艘帆船购得（船主原要价为16000元银元），自行改装为风帆训练舰，“将船面舱房拆去，易置炮位，仍如兵船之式”，改名为“建威”，原在“福星”的教习以及外堂学生于5月19日全部移至该舰，是为中国海军历史上拥有的第一艘现代意义的风帆训练舰。②

---

① 《船政文化研究——船政奏议汇编点校辑》，海潮摄影艺术出版社2006年版，第53页。

② 《海防档·乙》福州船厂（上），（台湾）“中央研究院”近代史研究所1957年版，第266—267页。据沈葆桢报销船政经费折所载，“建威”舰的练童赡银、饭食费是从同治十年四月初一日起计算支付的，即1871年5月19日，因而大致可以判定这一天就是10名外堂练童移驻“建威”舰的日期。

1871年5月间，船政后学堂航海专业第一届学生举行堂课教育的毕业大考，[①] 18名“上等艺童”登上“建威”舰出海实习，包括严宗光、刘步蟾、林泰曾、何心川、叶祖珪、蒋超英、方伯谦、林承谟、沈有恒、林永升、邱宝仁、郑溥泉、叶伯鋆、黄建勋、许寿山、陈毓淞、柴卓群、陈锦荣。[②] 另外，原已在“建威”舰上生活、学习的张成、吕翰等10名外堂学生随舰同行训练、考核。

按照设计，“建威”舰的训练航行区域是中国沿海乃至南洋地区，又根据不同季节的季风情况，区分为南北两条航路，以便风帆训练舰在航行驶风时能借助顺风之力，计划每年的年初从马尾出发，取冬季的南线航路，即“驾船南行，先厦门，次香港，次新加坡，次槟榔屿”，至四五月份而返回马尾。每年的初夏则从马尾出发，取北线航路航行，“乘风北驶，历浙江、上海、烟台、天津，至牛庄始折而南”。船政训练舰的这种航行范围设定以及按季节北上南下的做法，对后来北洋海军的训练航行活动也有十分明显的影响。

1871年的训练航行出发时正值初夏，取北上航路，“建威”舰扬帆出航，途中内外堂学生们见习驾驶、航海，学习枪炮、船艺，在从马尾出航北上过程中“教习躬督驾驶各练童逐段誊注日记，量习日度、星度，按图体认，期于精熟”。当由北方港口牛庄归航时则要求见习生按照出航时所学直接投入实际运用，“归时则各童自行轮班驾驶，教习将其日记仔细勘对”，途中遇有风起浪涌的恶劣海况时，教习更是“默察其手足之便利如何，神色之镇定如何，以分其优劣”。[③] 当回到马尾时，教习则将见习生们在训练航行途中所撰写的观测记录、航行日记交由船政大臣检查，船政大臣还会亲自登舰阅看学生们的汇报操练。

1872年初，“建威”再度从马尾出发，首次沿着冬季南下航路航行，载着内外堂学生前往新加坡等南洋地区实习，历时数月返回马尾后，又在当年夏季继续执行北上训练航行，如此交替北上南下出航。到

---

① 方伯谦：《益堂年谱》，手稿本。

② 《海军大事记》，（台湾）文海出版社1975年版，第3—4页。

③ 《续陈轮船工程并练船经历南北洋各情形折》，《船政文化研究——船政奏议汇编点校辑》，海潮摄影艺术出版社2006年版，第75页。

了1873年夏季，当“建威”完成了当年的南下航行返回马尾后，根据训练舰总教习德勒塞的鉴定，外堂学员张成、吕翰、李田、黎家本首先合格，其中张成和吕翰的表现尤佳，被推荐担任船政水师军舰的舰长，李田和黎家本则被推荐分别作为二人的副手任职，① 经任命，张成、吕翰分别就任船政水师的“海东云”与“长胜”号军舰的舰长，李田和黎家本分别担任“海东云”和“长胜”的大副。② 由于船政水师是没有国家经制编制的部队，张成、吕翰等4名船政后学堂航海专业首批毕业生就职时并没有能像左宗棠在求是堂艺局章程中所说的“以水师员弁擢用”，未能获得实际的官职，船政对此的变通办法是授予张成、吕翰等以不同品级的军功荣誉，以此作为他们未来获得进一步升迁的出身基础。根据实例看，通常毕业时学习成绩好、担任舰长职务者会被授予五品军功，而其他则多为六品或八品军功。

张成等4人毕业后，1873年夏季“建威”继续开始北上航行训练，历时75天返回，经过德勒塞评判，又有4名学生成绩合格，也都属于在香港招募的外堂生，分别是林国祥、叶富、邓世昌、李和，其中邓世昌、李和二人被推荐担任船政水师的舰长，林国祥、叶富则获派分别担任张成、吕翰任舰长的“海东云”“长胜”舰教习官。③

至1874年中法合作五年计划到期前，当年1月“建威”舰进行了五年计划时代的最后一次训练航行，为南下路线，归航后共有刘步蟾、林泰曾、蒋超英、严宗光、何心川、方伯谦等6名学生合格，于6月获得船政大臣颁发的军功证书，被派任职，是为船政后学堂航海专业内堂生中的首批毕业生。④

---

① 〔法〕Prosper Giquel：*L'Arsenal De Fou-Tcheou Ses Résultats*，Shang Haï Imprimerie A. H. De Carvalho1874，P. 40.

② 《续陈轮船工程并练船经历南北洋各情形折》，《船政文化研究——船政奏议汇编点校辑》，海潮摄影艺术出版社2006年版，第75页。

③ 《申报》，同治十二年七月十二日，第三张。

④ 刘步蟾等内堂学生从练习舰毕业较晚，或与和训练舰水手长逊顺发生矛盾的“哄堂”事件有一定牵连。据时任船政委员王元樨在《夜雨灯前录》中载：“后学堂学生以洋教习逊顺非礼虐待，为之哄堂。夏观察（夏献纶）怒甚，罚学生刘步蟾、邱彪臣（邱宝仁）等为小工，在船政担土以辱之。”见《马尾船政局史资料汇编》（戊），福建师范大学历史系中国近代史教研组自印本，第35页。

除逐批通过训练舰实习而进入船政水师任职的学员外，后学堂航海专业内堂的学生中，有3人因身体原因不适合登舰而提前改派岸上工作，其中罗丰禄担任后学堂助教，李达璋担任翻译，黄煊担任后学堂轮机专业助教。①

有感于船政后学堂所进行的远洋训练航行卓有成效，当时上海的《申报》曾发表了名为《论福州设航海学院事》的社论，认为两江所辖的蒸汽军舰的舰员航行能力远不及船政，应当学习船政学堂的模式加以培训。“(‘建威’)学生每日习用西国航海，又加于船行时以测望日月星辰之远近方向，即知其之所在，且习用海中图志，皆以备将来之实用。云闻该船已遍行中国洋面，今已至新加坡矣。按此事之行也，吾以为甚善举也，或以上海所有各船而论，虽常泛海中，然当有急事欲远越重洋往某国某地，恐尚不能也。即司船者或有能知西人所著海中图志等书，然而测验之理终恐少有知者，吾愿此间亦效福州设立学习航海之局，令人学习焉。”②

后学堂除了航海专业以外，在1868年还新开设了轮机专业，即管轮专业，专门培育蒸汽动力舰船上的轮机部门工程人员，由法籍洋员阿兰（W. Allan）负责该专业的组建以及授课工作，推测该专业首届只有一班学生。

和前学堂以及后学堂航海专业内堂的学员招收模式不同的是，后学堂轮机专业的学生是由负责该专业的教习阿兰前往上海和香港的西式机械工厂中招募、挑选的，模式有些类似后学堂航海专业的外堂学生，甚至可能是在后学堂招募外堂生的同时招收了轮机专业学生。其录取的多是在西式机械工厂有过工作经历的年轻人，每月所给的赡银也高于船政前后学堂原有的学生，“来自南洋通外国语言文字、略知机器之学者，赡银月数十金”③，入学后除了学习基础的英语之外，其理论课程主要

① 〔法〕Prosper Giquel：*L'Arsenal De Fou-Tcheou Ses Résultats*，Shang Haï Imprimerie A. H. De Carvalho1874，P. 37—38.

② 《申报》，同治十二年五月初十日，第一张。

③ 《复陈船政经费支绌情形折》，《船政文化研究——船政奏议汇编点校辑》，海潮摄影艺术出版社2006年版，第67页。

包括算术、几何、设计、蒸汽机构造、船用蒸汽机的操作与维修，蒸汽机仪表的使用等。作为实习课的一部分，该专业的学生还参加了船政“万年清”“湄云”“福星”“琛航”“靖远”等军舰的蒸汽机安装调试工作以及船政外购的“海东云”“华福宝”轮船的锅炉更换工作。

至船政五年计划到期前夕，后学堂轮机专业首届共有黎阿本、黎晋骆、林鹤龄、陈景康、李阿富、李亚文、张永清等 14 名学生经过了理论考试以及在船政水师蒸汽动力军舰上的实习，已经分配至船政水师的各舰担任轮机部门的职务。另有 6 名第一届的学生已经合格，等待分派。只剩下一人因为年龄太小的缘故，还不适合独立操作机器，但可充当其他人的助手。

总体而论，在船政五年计划到期时，后学堂已经成功培育出了中国第一批经历科班训练的海军航海和轮机专业的军官，并通过不断磨合，奠定了近代中国海军军官教育培训的基础模式，船政水师军舰的操作和管理因为这些毕业生的加入而走上了正轨。

早在订立五年计划时，日意格和德克碑等考虑到海军军官教育之教学难度，在计划里特别说明欧式的航海学有天文航海和地文航海两类，其中根据地上物标作为参照的近海航行比较容易掌握，在远海上的天文航海则较难，“洋面能望见远山者，驾驶较易，其数月数日不见山地之大洋，驾驶较难”①。因担心五年时间不足以培训出能够掌握天文航海的军官，所以约定五年计划时期主要培训地文航海，即近海航行的能力，“教学方保证五年内培训航海专业学生能够在近海航行”。② 至于应用天文航海进行远洋航行的学习，日意格等在五年计划中提出过建议，即“将来五年限满，或留外国人一二员再教习二三年，必能周知熟习”。最终的培训结果超出了日意格等当初的估计，船政后学堂航海专业毕业的部分学生对天文航海学已经有了一定的掌握，甚至于为了解决当时船政水师军舰人员缺乏天文航海能力的问题，还在一些船政水师军舰上设

---

① 《海防档·乙》福州船厂（上），（台湾）“中央研究院”近代史研究所 1957 年版，第 36 页。

② 〔法〕Prosper Giquel：*L'Arsenal De Fou-Tcheou Ses Résultats*，Shang Haï Imprimerie A. H. De Carvalho1874，P. 36.

置了名为天文生的导航员岗位，由后学堂的毕业生充任。

当五年计划到期时，船政后学堂教育成功完成了培训航海和轮机人员的目标，但需要注意的是，五年计划时代船政后学堂培训出的航海专业军官，主要偏重于对舰船航行知识本身的掌握，尚缺乏海军作战、战术等方面知识的学习，距离真正的海军作战军官还有一定距离。对此，日意格又提出了新的建议，即希望挑选一批后学堂航海专业的学生前往欧洲留学，尤其是登上英国等主流国家海军的军舰实习，以补上后学堂军官教育中欠缺的海军战术教育等内容。

如果中国当局并不马上需要这批青年服役，那么应该派遣其中一部分去欧洲深造，这不但对他们个人，而且对他们的国家是大有益处的。在那里学习两年后，有些人也许就会被派到欧洲军舰上见习，这不仅会有助于他们学习指挥单舰，还有助于他们学习指挥多舰编队和阵法，另外还能实践和熟悉各种火炮、武器的操作，这是我们目前还无法开展的。①

四、艺圃

船政的教育体系中，在居于核心地位的前、后学堂之外，另有一座类似现代技工学校的教育机构，名为艺圃，日意格在 *L'Arsenal De Fou-Tcheou Ses Résultats* 一书中称之为 Écoles D'Apprentis（学徒学校）。

船政的主生产厂区在 1867 年逐渐投入营建，主要包含了承担舰体施工的船厂部分以及承担蒸汽机、锅炉等金属、机器制品制造的铁工厂部分。二者之中，当时船厂所需要的工匠主要是木工、捻缝工等传统工种，掌握木匠等手艺的能工巧匠在当时的中国社会上征集起来并不困难，虽然所要建造的是中国木匠们前所未见的近代化军舰的船体，但工作中所用到的基本技艺和中国传统木工手艺并无太多本质的区别，无非是斧、锯、刨、凿等类，招募来的木匠等工人只要经过诸如识图、了解

---

① 〔法〕Prosper Giquel：*L'Arsenal De Fou-Tcheou Ses Résultats*，Shang Haï Imprimerie A. H. De Carvalho1874，P. 41.

工艺要求和施工流程等基础知识的培训后，在洋员洋匠的指导下就能很快投入工作。但船政的铁工厂主要涉及的是金属铸造、翻砂、锻造、车钳刨削等机械加工，无论是生产工具还是生产方法，与中国传统的铁匠区别极大，在当时的中国社会具有这些技术知识的工人极难寻募，而对文化水平较低的传统领域的工匠加以培训也很难快速见到成效，以至于船政的铁工厂出现中国工人短缺的问题。沈葆桢后来向清政府汇报时，曾对传统工匠为何没办法被快速培训成为掌握机械加工技术的新工人做出过分析，认为船政雇佣的中国工匠因为语言障碍以及年龄较大等问题，在短时间内难以很好地吸收西式工业技能，“华匠与洋匠器用不同，言语不通，事事隔阂。况素谙绳墨者，类皆中年，以往心气耗散，往往不能探赜通微”。

如果无法培训出合格的铁工车间技术工人，便会直接影响到船政五年计划约定的教导中国工程人员自行掌握蒸汽舰船和轮机制造的考核目标。船政为解决这一问题，在 1868 年开始实施招募年轻人培训为技工的计划，即招募学徒工。日意格在 *L'Arsenal De Fou-Tcheou Ses Résultats* 一书中对招募学徒工的培养目的说得十分明确，即是培训成适合铁工厂所需的技术工人，“使青年工人能够识图、作图，计算蒸汽机各种形状部件的体积、重量，并使他们达到在各自所在车间应具有的技术水平”。①

根据船政的布置，学徒工的招募工作由相关的车间各自开展，主要是轮机车间、锅炉车间以及铸造车间等铁工车间，船厂部门中的木工厂因为涉及机械锯床的操作，也招募了部分学徒工。船政招募学徒工的标准是年龄在 15 岁至 18 岁的少年，“有膂力、悟性者”，招考合格后称为艺徒。② 与船政学堂的招生情况相似，艺圃的招生也是以福州及周边地区为中心，由于艺圃教育的未来职业前途是在当时中国社会地位低下的工匠，其招生的难度更大，所入考者也多是贫苦人家的子弟，如首届入

---

① 〔法〕Prosper Giquel：*L'Arsenal De Fou-Tcheou Ses Résultats*，Shang Haï Imprimerie A. H. De Carvalho1874，P. 24.

② 《机器到工已齐并船厂现在情形折》，《船政文化研究——船政奏议汇编点校辑》，海潮摄影艺术出版社 2006 年版，第 41 页。

考的福州少年刘敦禧、刘敦本兄弟，就是典型的贫寒家庭出身。[①]

艺圃于 1868 年 2 月 17 日正式开学，[②] 船政对艺徒开展的教育属于是半工半读的形式，所有艺徒由艺圃统一进行管理，集中在艺圃内居住，每天的白天分派到各相关车间学徒做工，利用夜晚下班后的时间（晚上的 7 点 30 分到 9 点之间）由法国工程人员将艺徒按照所在车间不同分作多个教学点，假借车间场地进行理论知识的授课教育。和涉及舰船工程的前学堂一样，船政艺圃也是采取法语教学，首批考选的百余名艺徒入校后，在学徒做工之余首先进行了约两年的法语学习，1870 年 11 月后，逐渐增加诸如算术、几何、几何制图、代数、设计、蒸汽机构造等课程。根据学习进度的不同，艺徒们分作三批在 1871 年 3 月、5 月、9 月进行了测试，经历残酷的淘汰后，剩下的首届艺徒按照船政学堂的分班模式，以基础课的学习成绩为标准，陆续分为一至四共四个班级分别授课。

据日意格介绍，艺圃的一班共有学生 21 名，教习为制模工头克林（Guérin）、帛黎（Piry）、腊都实（Latouche），二班学生 19 名，由克林、Margim、帛黎、Rivasseau 任教习，三班学生有 19 名，教习是腊都实和嘉卫勒（Cabouret），四班有 17 名学生，教习是嘉卫勒（Cabouret）、Roberdeau、C. Serreau。[③] 从教习的身份看，大多属于船政车间的洋匠，即外国技术工人，层次低于洋员，在船政多担任生产厂区各车间的工头、领班等职务。由这些法国技术工人担任艺圃艺徒们的老师，正显现了艺圃教育是一种与车间工作实际紧密结合的师、徒模式。

船政中法合作五年计划到期时，艺圃一、二班的学生已经达到很高的技术能力水平，“他们能详细解释一台蒸汽机的设计图，计算每个零件的体积、重量，并详尽说明各零件的功用”，已经大致具备了担任车间工头的能力，三、四班的学生则因为入学晚或学习成绩差，仍在努力

---

① 参见《永远的蔚蓝色——福州“宫巷海军刘”》，天津大学出版社 2014 年版。

② 据沈葆桢《报销船政经费折》记载，艺徒的工食银是从同治七年正月二十四日起计算支付，即 1868 年 2 月 17 日，这一天当是艺徒进入艺圃学习的起始时间。

③ 〔法〕Prosper Giquel：*L'Arsenal De Fou-Tcheou Ses Résultats*，Shang Haï Imprimerie A. H. De Carvalho1874，P. 24—25.

学习之中。

1873年6月，船政生产厂区的家具、锻造、帆缆、仪表等部门的工作已完全由中国艺徒和工人接手。当年夏季，经过向船政大臣沈葆桢申请并获得批准，日意格开始对船政生产厂区的主车间实施考核，将这些车间的生产工作也逐步放手交由艺圃的艺徒与中国工人完成，以评估教学成果以及在五年计划到期时中国技术人员能否全面接手生产工作。“该监督请六月自模厂始，挑选匠徒之聪颖者逐加验试。洋匠头授之以图，令其放手自造。是后洋匠均不入厂，俟其自造模成，察看吻合与否，稍有丝毫未协，再为详说窾窍，令期改造。试之又试，至再至三，务期尽其技能而止。模厂既毕，他厂继之。”① 经过对木模、木工、锅炉、轮机、铸造、锻造等车间的考核，艺徒和经过训练的工人也已完全可以接手。五年计划时期船政的艺徒培训工作可谓大获成功，日意格在向沈葆桢汇报考核成绩时还特别提出建议，与对前、后学堂的建议相同，也希望派出毕业生前往欧洲深造。

> 如果把这些人送到欧洲去工作三至四年，他们中的一些人不仅能锻炼成为按图施工的工头，还能成为车间的一级负责人，能根据动力学设计各种蒸汽机的零部件。尽管不能设计整套蒸汽机或生产用机械，但完全可以参加对此类设计进行补充，并可以组织、管理各部门的基层生产。②

---

① 《续陈各船工程并挑验匠徒，试令放手自造情形折》，《船政文化研究——船政奏议汇编点校辑》，海潮摄影艺术出版社2006年版，第73—74页。

② 〔法〕Prosper Giquel：*L'Arsenal De Fou-Tcheou Ses Résultats*，Shang Haï Imprimerie A. H. De Carvalho1874，P. 26.

第七章　五年计划时代的船政水师

一、船政水师的设立

清政府批准创设船政的最根本目标，是为了解决困扰近代中国的海防危机问题，希望用与西方海军一样的蒸汽动力军舰来武装中国的海防力量，亦即左宗棠所说的“欲防海之害而收其利，非整理水师不可；欲整理水师，非设局监造轮船不可”①。船政五年计划起步后，在中法人员的合作努力下，中国自造的蒸汽动力军舰得以接连问世，“设局监造轮船”渐有成果，紧接着需要处理的工作便是配用舰员以及编组装备蒸汽动力军舰的部队，也就是“整理水师”。在中法合作的船政五年计划中，并没有将“整理水师”列为合作的内容，因而这属于完全由中方独立进行的重要工作，可以认为中法合作的设厂、造船、教育等工作，实际归根结底都是在为中国自行“整理水师”创造条件。

水师，是中国传统军事制度中对水上武装所用的称谓，清代中国旧有的水师主要隶属在绿营和八旗两大国家经制军队系统内，其中又分别有内河和外洋的区别，所使用的舰船装备则主要是传统的木制帆、桨战船。太平天国战争爆发后，清政府中央和地方面临内外交困的局面，因镇压太平天国起义等军事行动的需要，首度开始了尝试购买外国蒸汽动力舰船的努力，由此也便出现了组建蒸汽舰船部队的先例。其中，上海地方所采取的办法是将购买的蒸汽军舰隶属于名为船捐捕盗局的新设机构统一加以管理；而清政府总理衙门推动的外购舰行动则原计划采取编组一支新设的中英混合舰队的办法；至1867年、1868年，两广总督瑞麟和广东巡抚蒋益沣成功从英法购买到了蒸汽军舰，所采取的措施则是将这些舰船装备直接编入绿营广东水师之内。综合而言，在对待如何组

① 《试造轮船，先陈大概情形折》，《船政文化研究——船政奏议汇编点校辑》，海潮摄影艺术出版社2006年版，第4页。

建蒸汽军舰部队的问题上，不外乎有将新式军舰编入旧式武装以及单独设立装备新式军舰的新武装等两种思路。

船政整理水师的历史开端于1867年，当年船政大臣沈葆桢上奏申请设立了名为船政水师营的武装单位，从一开始就显现了要新创一支部队的迹象。船政所在的福建省，原驻扎有绿营和八旗的水师部队，但船政水师营并没有借助驻闽的绿营或八旗水师旧有部队进行改建，而是完全采取新设。当时调用"闽中旧撤炮船"10艘，新募水勇二三百名加以操练，[①] 委任尽先游击、署督标水师营参将杨廷辉管带这支船政水师营，[②] 初期的主要使命是驻防于马尾，在船政的周边操练、巡防，等待船政蒸汽动力军舰造成后，从船政水师营中挑选精锐"擐甲登舟"，充当新式军舰的兵员，[③] 其性质与后来北洋海军的练勇营颇为相似。

1869年船政第一艘蒸汽动力军舰"万年清"问世，整理水师的装备条件开始出现。恰值当时，直隶总督曾国藩和江苏巡抚丁日昌也正在筹谋中国的海疆防御布局以及探讨建立近代化的海洋水师等问题，有迹象显示，围绕海防这一共同关心的话题，早年关系龃龉的船政大臣沈葆桢与曾国藩此时又有所交流，沈葆桢也一定程度加入了与曾国藩、丁日昌等私下商议海防大计的圈子。[④]

可能是出自与丁日昌、沈葆桢等人反复讨论后形成的观点，1870年7月，曾国藩在汇报湘淮军将领彭玉麟、刘铭传等近况的奏片中，突然就如何编练海上水师的命题向清廷道出自己的观点。曾国藩建议以江南制造局和船政所造的蒸汽军舰为基础，在两处分别组建舰艇部队，"兹当闽、沪两厂船成之时，即当于两处选立统将，慎择船主出洋操练，

---

① 《察看福州海口及船坞大概情形折》，《船政文化研究——船政奏议汇编点校辑》，海潮摄影艺术出版社2006年版，第25页。

② 《游击杨廷辉暂缓进京，留带船政水师营片》，《船政文化研究——船政奏议汇编点校辑》，海潮摄影艺术出版社2006年版，第35页。

③ 《察看福州海口及船坞大概情形折》，《船政文化研究——船政奏议汇编点校辑》，海潮摄影艺术出版社2006年版，第25页。

④ 《复沈葆桢》，《曾国藩全集》第三十册，岳麓书社2012年版，第441页。该信显示，当时沈葆桢正与曾国藩在商议"船政经久之策"，内容包括船政的经费、船政水师的统驭人才等方面。

无论有警无警，穷年累岁练习不懈，或者求艾三年，终有可以即成之时。”[①] 对这份上奏，清廷表示同意，于 8 月 18 日密谕曾国藩以及两江总督马新贻、闽浙总督兼福建巡抚英桂、两广总督瑞麟、江苏巡抚丁日昌、广东巡抚李福泰、船政大臣沈葆桢，要求在闽、沪两地对已建成的蒸汽军舰“各择统将出洋采练”，“广东亦应筹备轮船巡防海口”。尤显特别的是，清政府还在上谕中强调了蒸汽军舰的用人问题，“以上各轮船务须均用中国人驾驶，以期缓急足恃。至各省将备中如有材具出众，熟习风涛沙线者，着各该督抚随时保奏，以备擢用。即山林草野之中，有长于海战者，亦当随处留心物色，量才超擢”。[②]

按照清政府以船政和江南制造局所造军舰在闽、沪分别编练部队，并各由统将率领操练的命令，船政大臣沈葆桢在 8 月间复奏，举荐时任绿营福建水师提督的湘军名将李成谋担任船政的轮船统领。此前，沈葆桢曾和曾国藩私下商议，拟推荐湘军老将彭玉麟出任轮船总统，曾国藩则认为彭玉麟身体不佳而暗示应改换他人，而李成谋实际是曾国藩与丁日昌以往讨论认为的轮船统领合适人选，沈葆桢之所以决定推荐李成谋，可能是得到了曾国藩的某种暗示。[③]

沈葆桢奏上之后，清廷于 1870 年 9 月 2 日以上谕正式批准，任命李成谋兼任船政的轮船统领，要求李成谋“(督率轮船) 随时驾驶出洋，周历海岛，勤加操演，俾该员弁等熟悉风涛，悉成劲旅”[④]。10 月间，曾国藩也上奏推荐了江南制造局轮船的统领人选，建议调用船政提调委员、原福建台湾兵备道吴大廷前往担任，[⑤] 旋也获得批准。推荐一位船

---

① 《复奏彭玉麟等近况及江海水师有别等情片》，《曾国藩全集》第十二册，岳麓书社 2012 年版，第 24 页。

② 《附录密谕：答准曾国藩奏彭玉麟等能否再出俟接复函即行奏闻等事》，《曾国藩全集》第十二册，岳麓书社 2012 年版，第 25—26 页。

③ 曾、沈就彭玉麟能否胜任统领的讨论见：《复沈葆桢》，《曾国藩全集》第三十册，岳麓书社 2012 年版，第 442 页。另据船政提调吴大廷称，沈葆桢此前也有推荐其为轮船统领之意，见《清吴桐云先生大廷自订年谱》，台湾商务印书馆 1980 年版，第 52 页。

④ 《请派轮船统领，以资训练折》，《船政文化研究——船政奏议汇编点校辑》，海潮摄影艺术出版社 2006 年版，第 55 页。

⑤ 《海防档·乙》福州船厂（上），（台湾）“中央研究院”近代史研究所 1957 年版，第 253 页。吴大廷被任命为船政提调的经历见同书第 126、158 页。

政的高级官员统率江南制造局的轮船部队，既显示了船政是当时中国首屈一指的近代化海防人才荟萃之地，同时这一任命还显现了使江南轮船部队和船政轮船部队互相配合、联合一气的大局考虑。

蒸汽军舰部队对当时的中国而言是个全新事物，以至于沈葆桢乃至清廷一时间都没有能找到合适的名称来为这支部队命名，这种情形与左宗棠在筹议设厂造船时一度没能用一个准确的名称来命名该机构的情况如出一辙。根据沈葆桢的上奏以及清政府的上谕回复看，由船政创立的这支蒸汽军舰部队，最初的名称非常不正式，直接被称为“轮船”，将一个舰船名词直接拿来套用成了一支部队的名称。关于此举，可以引以为例证的文献很多，其中 1872 年末船政大臣沈葆桢向清廷申请批准轮船部队的弁兵专习枪炮的奏片就是非常明显的例子，沈葆桢在这份奏片中将轮船一词与长江水师并列，称“查轮船与长江水师事同一律”，显现了轮船一词在这里并不是指蒸汽轮船，而是特制船政的蒸汽军舰部队。① 无独有偶，江南制造局所造的蒸汽动力军舰编组成队时，其部队名称中也用了“轮船”二字，称为上海轮船、江南轮船等，原船政提调吴大廷前往江南后所担任的职务名称为综理江南轮船操练。

1870 年 10 月 21 日，清政府又颁发了一道对船政轮船部队的建设意义重大的上谕，强调“国家不惜数百万帑金创制轮船，原以筹备海防期于缓急足恃”，命令李成谋对新成立的轮船部队勤加训练，“技艺愈精，胆气愈壮，方足备御侮折冲之用”，并要求订立轮船部队的章程。②

设立章程，明确制度，是建立一支新设部队的重要标志和法规凭据，意义极为重大。谕下时，沈葆桢因父亲去世而申请丁忧守制，船政事务暂由提调夏献纶代管。制定轮船部队章程一事遂由夏献纶为主进行，由海事经验丰富的“万年清”军舰管带贝锦泉和船政委员黄维煊二人参与具体拟定。在参考欧洲海军舰队制度的基础上，结合当时中国军队制度的实际情况，三人分别讨论拟就了《轮船出洋训练章程》和《轮

① 《轮船弁兵专习枪炮片》，《船政文化研究——船政奏议汇编点校辑》，海潮摄影艺术出版社 2006 年版，第 71 页。

② 《海防档·乙》福州船厂（上），（台湾）“中央研究院”近代史研究所 1957 年版，第 258 页。

船营规》两部规章制度，在 1871 年年初上呈清廷，于同年 4 月 10 日获得上谕认可施行。就此，标志着船政管辖下一支名为“轮船”的蒸汽军舰部队正式诞生。在轮船部队成立后，原于 1867 年在马尾编成的船政水师营便销声匿迹，推测该部队归并进了轮船部队。

相比较而言，原船政提调吴大廷在被调统率江南轮船后，虽然也拟定了《操练章程》《轮船制造操练问答》等章程性的条例文件，① 但就其内容的广度和深度而言，都不及船政轮船的章程和营规。

船政的轮船部队和江南轮船部队一样，不具备清政府的国家经制编制，属于地方组建的部队。清廷原本的战略是以船政和江南的两支轮船部队齐头并进，分担海防重任，但在后来的发展实践中，一度演变成了船政轮船一枝独秀的局面，船政的轮船部队此后担负的防区范围几乎遍及全国沿海，实质上相当于当时中国唯一一支成规模的、全国布防的近代化舰队。因这支名为轮船的新部队隶属于船政（本书行文时为区别绿营福建水师及船政水师营，对轮船部队多采用船政水师的名称），且是水上武装，后人又习惯称之为船政轮船水师或船政水师，而江南的轮船水师后来则演变成了南洋水师。需要注意的是，船政水师和经制的绿营福建水师有着本质上的区别，二者的性质截然不同，绝对不能将船政水师和福建水师混为一谈。

二、舰船和人员

五年计划时期的船政水师，其所辖的蒸汽动力军舰经历了从早期以外购轮船为主，逐渐向以船政自造军舰为主力的转变过程。

在船政成立之前的 1865 年，因有西方人海运军火、粮食输送给福建漳州一带的太平天国残余势力，时任闽浙总督的左宗棠通过福建通商委员委托闽海关税务司美理登，于当年的 3 月 5 日购买了 1 艘英国籍的蒸汽小轮船，用于在洋面抓捕向太平军控制区运输物资的船只，命名为“长胜”号，是为福建地方拥有的第一艘准军舰性质的蒸汽船。②

---

① 《清吴桐云先生大廷自订年谱》，（台湾）商务印书馆 1980 年版，第 66 页。

② 《上总理各国事务衙门》，《左宗棠全集》第十册，岳麓书社 1996 年版，第 703 页。《海防档·甲》购买船炮（上），（台湾）“中央研究院”近代史研究所 1957 年版，第 708 页。

福建省早期拥有的武装轮船“靖海”号。

旋后，当年的4月7日，清军在福建厦门捕获了1艘涉嫌为太平军运送物资的小轮船，将其罚没入官，更名为“靖海”号，由闽海关的厦门关使用，在洋面缉私捕盗，后还曾一度出借给广州粤海关使用。① 此外，福建省早期还购买过1艘名为“福胜”的轮船，可能用于台澎巡防，1866年12月25日在澎湖遭遇大风恶劣天气，舰内可能出现了严重进水，最后不幸锅炉爆炸沉没。②

继“长胜”和“靖海”轮船之后，1866年6月19日和9月15日，福建省又分别从香港和上海各购买了1艘小轮船，分别命名为“福源”和“华福宝”，均属于样式较老的明轮船，其中“福源”号被作为交通船使用，③“华福宝”则归绿营福建水师提督李成谋直接统辖，当作捕盗轮船。

① 《上总理各国事务衙门》，《左宗棠全集》第十册，岳麓书社1996年版，第703页。《海防档·甲》购买船炮，（台湾）“中央研究院”近代史研究所1957年版，第707—708页。

② 《海防档·甲》购买船炮（上），（台湾）“中央研究院”近代史研究所1957年版，第707页。

③ 《海防档·甲》购买船炮（上），（台湾）“中央研究院”近代史研究所1957年版，第708页。

1870年福建台湾兵备道黎兆棠为便利海峡两岸的通信、联络起见，从台湾府的厘金收入中拨款购买了1艘蒸汽动力明轮船，作为台湾与澎湖、福建间的交通报信船，经由船政船厂进行修理后，更名为“海东云”号，以台湾为主要驻地使用。①

至1870年船政水师成立时，这批外购小轮船的总数共为5艘，其中除了“靖海”号和“海东云”号分别驻在厦门和台湾使用外，其余3艘均归船政衙门和闽浙总督衙门共有。因为船政衙门所属蒸汽轮船都归入船政水师一并管辖，绿营福建水师提督李成谋又获派兼任船政水师统领，驻防厦门、台湾的“靖海”“海东云”的舰员配置和管理也隶属船政，事实上这5艘小轮船在船政水师成立后都编在其中一并管理。除“靖海”“海东云”分驻厦门和台湾外，“长胜”和明轮船“华福宝”“福源”则以闽江为主要活动区域。总体上，这批小轮船的体量有限，难出大洋，而且建造之初都不是纯粹的军舰，武装薄弱，且有些还是十分老式的明轮船，其战力只适用捕捉盗匪，而无法胜任海防作战，其在船政水师处于辅助船地位，主要承担交通、报信和缉捕盗匪等工作。

船政水师真正的主力舰，则是从1869年开始陆续问世的船政自造军舰，即“万年清”“湄云”“伏波”乃至“扬武”等军舰，舰种一跃为炮艇、炮舰乃至巡洋舰。在五年计划时代船政所造的军舰，建成后无一例外都配备给船政水师使用，这批军舰的加入使得船政水师力量顿增，成为中国海防近代化的重要力量。

与舰船装备经历了从五花八门的外购蒸汽小艇向正规军舰的升级递进一样，船政水师舰船的人员也有这种明显的递进印迹。

福建省最初购买西式小轮船时，其船员队伍的构成情况和之前上海船捐捕盗局的船员队伍十分类似，即航海驾驶、轮机操作乃至舱面的水手因需要具备专业知识和操作经验者才能胜任，大都直接雇佣西方人或南洋地区的马来人等从事，而中国官方则派出管驾官以及兵弁登船，负责对轮船的管理指挥以及作战，形成奇特的华洋组合和管、驾分离模

---

① 《海防档·甲》购买船炮（上），（台湾）“中央研究院”近代史研究所1957年版，第742页。

式。如福建省最早购买的“长胜”号轮船，其管驾官为福建同安籍的安平协副将吴鸿源，[1] 虽然名为管驾官，其实并不懂得蒸汽轮船的驾驶，船上充当业务船长的实际是西方人，称为船主。在中国缺乏蒸汽动力舰船驾驭人才的时代，这样的措施可以在短时间内快速为轮船配备船员，但却无法从根本上彻底解决中国有船无人的问题，而且整艘船的技术部门完全操控在外人之手，难保不会出现中国官员对外国船员调度不灵的状况，这显然不是长久之计。

令人称叹的是，在获得了几艘小轮船之后，通过努力访求本地掌握轮船驾驭技艺的华人，不拘一格录用人才，福建的小轮船竟然成功实现了技术船员本国化的历史性转变，以这些在当时可谓身怀绝技的华人为基础，通过在小轮船上工作中的经验、技术散播，以少化多，逐渐锻炼出了一支中国的蒸汽轮船船员队伍，这些人成为船政后学堂专业毕业生大量走上舰船岗位之前的船政水师主干船员力量。

甲午战争之后清末海军时代的吕文经。

细数福建早期轮船驾驭人才的育成，追根溯源，与三位有着传奇身世、经历的舰长关系密不可分。即“靖海”轮船的管驾官吕文经，“长胜”轮船的管驾官吴世忠以及“华福宝”轮船的管驾官贝锦泉，船政水师早期的骨干舰员队伍实则是以这三人为基础而日益扩大形成的。

其中“靖海”轮船的管驾官吕文经（Lew Buah），字纬堂，1838 年出生于福建厦门同安的一户贫苦人家，幼年时被英国驻厦门领事李太郭(George Tradescant Lay) 的夫人收养，送往英国读书学习。李太郭的

① 《上总理各国事务衙门》，《左宗棠全集》第十册，岳麓书社 1996 年版，第 703 页。《海防档·甲》购买船炮，（台湾）“中央研究院”近代史研究所 1957 年版，第 708 页。

夫人是英国海军英雄霍雷肖·纳尔逊（Horatio Nelson）的侄女，其亲生儿子李泰国在1860年成为中国海关首任总税务司。在这一家庭背景中成长起来的吕文经，可能在英国期间学习了航海驾驶，回到中国后即进入其异国兄长李泰国管理下的海关任职，服务于海关缉私船。当厦门关从福建省借得“靖海”号轮船作为缉私船时，吕文经即获派担任船长，就此迈入了走向船政水师之路。1870年船政水师成立时，吕文经的官职为把总，是福建早期屈指可数的华人轮船管驾官。①

“长胜”轮船管驾官吴世忠也是一位有着传奇身世的舰长，吴世忠祖籍福建漳州，出生于东南亚。其父亲吴忽早年因生计所迫，前往南洋谋生，据说期间因缘巧合成为东南亚一个土邦的驸马。② 在这一特别的家庭背景下，吴世忠很早即获得了学习英文等西学的条件，其成年后返国，后作为西学人才被福建当局延揽，担任“长胜”号轮船管带，“迭次在洋获盗出力”。据吴世忠的早年经历看，并没有学习过蒸汽轮船操作的记载，推测是其被任命为管驾官后借助通英语的有利条件，与当时船上的西方船员不断交流、请教而逐渐掌握了驾船技术。吴世忠除担任轮船管带外，还曾在处理美国商船“罗妹”(Rover) 船员在台遇害一事的交涉中，担任过时任台湾兵备道吴大廷的英语翻译和联络官，船政建造第一号军舰“万年清”时还被派前往东南亚采办木料。在船政水师成立时，其官职是三位骨干舰长中最高的，任水师湄洲营游击。

“华福宝”管驾官贝锦泉，字敏修，1831年出生于浙江宁波的镇海县，家境贫苦，早年随同乡前往上海在西方轮船上做工，于耳濡目染间默默自学，从普通的水手逐渐成长为能够熟练操舵的舵工。③ 太平天国

---

① 吕文经的身世情况见〔美〕Stephen S Roberts：*Captain Lew Buah*，刊于 *Warship International*，1974年1月刊。

② 林盛发：《亚洲近代史上第一艘巡洋舰“扬武”号舰长吴世忠》（一）、（二），载《闽南日报》2014年10月17、26日。该文中根据采访漳州吴氏族人获得的口述资料称，吴世忠的父亲吴忽下南洋后成为“善罗”国的驸马，从读音看“善罗”有可能是暹罗或石叻（新加坡旧称），究竟为何尚需进一步考证。而据福建漳州的吴世忠母亲墓的墓碑文字看，墓主的名字非常特别，没有按照中国传统加夫家姓氏，而是将其母亲的姓名全刻上，另外在姓名前还带有谥号，显现了其出身可能很不一般。

③ 孙峰：《水手出身的定海镇总兵贝锦泉》，载《今日定海》，2015年11月23日。

战争期间，中国沿海治安不靖、盗匪横行，“海盗充斥，肆掠无忌惮，狙截商船，勒赎至千百金不止”，宁波当地船商募资购买了蒸汽轮船“宝顺”号作为商船的武装护卫，贝锦泉遂被雇“掌炮舵”，由此著名。[①] 闽浙总督左宗棠在筹划设厂造船时知晓贝锦泉其人，并认为人才可用，在向清廷汇报试造轮船的设想时曾未点名地提到过贝锦泉：“臣访闻浙江宁波一带，现亦有粗知管、驾轮船之人，如选调入局，船成即令其管驾，似得力更速也。”[②] 当福建购买“华福宝”小轮船时，贝锦泉被调任为该船管驾官，授予五品军功，从此进入船政。[③]

当左宗棠从浙江调用贝锦泉时，鉴于其族人和乡亲中多有早年随同、投奔贝锦泉在外国轮船以及“宝顺”轮船上工作者，遂要求贝锦泉“多募宁波少年在船习练驾驶，庶一轮船即有驾驶一轮船之人，无须外雇”，计划以贝锦泉及其招募的宁波船员充作船政学堂学生成才之前的船政船员主力，“迨五年轮船成，局中船主之学亦成，人才固不可胜用也”[④]。由此，当贝锦泉从上海帮助将福建购买的“华福宝”驾驶赴闽时，船上的各岗位多是其雇佣来的宁波乡亲，“船中所用管车、看盘、炮手皆中国人”[⑤]，贝锦泉的弟弟贝锦雷也一并来闽，后担任“福源”轮船管带。

从之后的情形看，“华福宝”几乎成了船政早期轮船舰长和高级军官的培训班，在1873年船政后学堂外堂学生张成、吕翰被任命为军舰管带之前，在船政水师中担任舰长的贝珊泉、沈顺发、屠宗年、陆伦华等全是出自贝锦泉管驾的“华福宝”轮船，或曾担任过该船的大副，或曾担任过该船的二副、队长等职务，随着这些人员的调升，又不断有新

---

① 董沛：《宝顺轮船始末》碑记，浙东海事民俗博物馆藏。

② 《试造轮船，先陈大概情形折》，《船政文化研究——船政奏议汇编点校辑》，海潮摄影艺术出版社2006年版，第4页。

③ 《道员叶文澜等交船政差遣片》，《船政文化研究——船政奏议汇编点校辑》，海潮摄影艺术出版社2006年版，第17页。

④ 《道员叶文澜等交船政差遣片》，《船政文化研究——船政奏议汇编点校辑》，海潮摄影艺术出版社2006年版，第17页。

⑤ 《上总理各国事务衙门》，《左宗棠全集》第十册，岳麓书社1996年版，第712—713页。

人从宁波等地被招揽，开始在各舰上任职、学习，舰员的队伍随之日益壮大。与贝锦泉相比，吴世忠和吕文经虽然没有率领出如此众多的乡亲队伍，但是二人管驾的轮船上，同样也培养出了一批后来担任船政水师军舰舰长、高级军官的舰员。

由贝锦泉、吴世忠、吕文经三人带领、培育出的军官队伍，和三人一样都属于是通过实际操作而摸索掌握了蒸汽轮船驾驭之道。这批军官虽然缺乏航海、管轮等领域的系统理论知识，但是长于实际操作，为船政舰船解决了学堂学生毕业之前青黄不接阶段的用人问题。对海防事务颇为留心的大臣丁日昌后来曾对船政这一特殊的舰船军官形成机制给予过高度的评价，认为远远胜过当时江南的轮船部队："闽局管船员弁多由本船水手、三副、二副、大副、船主递升，故能深知其中窍要，沪局管船员弁尚不免有官场习气，而且软弱不能吃苦。"① 当1873年后船政后学堂的毕业生陆续登舰任职时，这些自学成才的舰长、军官又成为年轻的学堂毕业生们汲取实践经验的重要基础平台。

除舰长、军官队伍之外，船政水师军舰的士兵分为两类来源。一类是舰上涉及船艺等操作的水手、舵工、升火等技术士兵，多是早先由贝锦泉从宁波一带招募，也有来自上海、香港等地，应募之前多曾有过在西方蒸汽轮船上的工作经验，分派上船政军舰后再不断学习训练，形成了船政水师军舰士兵多江、浙、广东人的特殊现象。舰上的另一类士兵则属于炮手、陆战队等军事部门，这些人员多从福建本省招募派舰。与军官们后来多由船政学堂毕业的科班出身者担任不同，船政水师在士兵教育上始终采取的是募集后在各舰实际作业中训练的办法，而没有专门设立类似新兵营的士兵训练机构，一些船政后学堂毕业的军官分派上军舰任职时所担任的教习职务，即是专门负责在舰指导士兵训练。

三、分防全国沿海模式的形成

左宗棠在筹设船政时，对未来船政军舰造成后的使用方法曾有大致

---

① 《上总署论各局轮船情形》，《丁日昌集》下，上海古籍出版社2010年版，第932页。

的设想，计划将船政的蒸汽军舰分布到全国沿海各省驻防使用，“布置沿海各省，遥卫津、沽”[①]，其想要以先进的蒸汽动力军舰来更新中国海防装备的用意不难窥见。

不过左宗棠并未就船政军舰“布置沿海各省”的具体操作办法做出详细的计划，此后在紧锣密鼓的设厂造船建设工程中，船政的主事者们也未有精力顾及于此。而清政府中央原本就并不认同左宗棠将船政定义为国家机构的做法，船政轮船“布置沿海各省”的设想倘若实现，无疑会大幅抬升船政的政治地位，故清廷根本无意讨论这一话题。

然而船政水师日后的发展却渐渐超出了清廷的计划。

事情首先起端于浙江。19 世纪六七十年代，浙江沿海盗匪猖獗，船政曾先后派出“华福宝”“万年清”等军舰前往协助剿匪，颇为得力。为此，浙江巡抚杨昌濬和浙江温州镇总兵吴鸿源（曾担任“长胜”轮船的首任管驾官）与闽浙总督协商，希望能够将船政的“湄云”号炮艇借调往温州一带长期驻防巡缉，并提出了船政“湄云”号驻防浙江期间的军饷、维护费用等可以由浙江省支给供应的条件。议论方定，闽浙总督英桂于 1870 年的 10 月向清廷汇报了此事。[②]

以常理看，浙江属于闽浙总督节制下的省份，该省向总督申请调拨船政军舰属于闽浙的内部事务，顺理成章，此事并未引起清廷的特别注意，获得默认。“湄云”号在 1871 年春天由吴世忠管带开抵浙江，首开船政水师军舰驻防福建以外省份的先例。

到了当年秋季，闽浙总督文煜上奏，转报了当时代管船政事务的船政提调夏献纶的一份特殊禀帖（沈葆桢丁忧守制期间，船政遇有需要上奏的事项，采取由船政提调夏献纶禀请闽浙总督转奏的模式）。左宗棠原先筹办船政、申请各项经费时，并未过多考虑船政所造军舰日后的运行维护经费，1869 年“万年清”问世后，才经由沈葆桢上奏获准提取闽海关所辖福州、厦门两关的洋药票税（即鸦片进口关税）作为船政军

① 《试造轮船，先陈大概情形折》，《船政文化研究——船政奏议汇编点校辑》，海潮摄影艺术出版社 2006 年版，第 4 页。

② 《海防档·乙》福州船厂（上），（台湾）“中央研究院”近代史研究所 1957 年版，第 257 页。

舰的人员薪饷、经费来源。[①] 然而福州、厦门海关的洋药票税每年仅有7万至8万两，船政在1871年时已经建成“万年清”“伏波”“安澜”“湄云”“福星”等军舰，外加船政后学堂新购的风帆训练舰“建威”，仅此6舰每个月的舰员薪饷已经超过1万两，以闽海关洋药票税根本无力供应，文煜代奏的夏献纶禀帖正是想要设法挣脱这一资金困局。

以今天的历史研究视角看来，夏献纶的禀帖除了涉及资金问题外，还仿佛是在和清廷的船政地方化思想作斗争。禀帖中直接称船政事务属于中国的国家事业，“伏查创造轮船原为中国自强之计”，据此认为船政军舰的薪饷经费供给不应该只是福建一省的责任，不能仅从福建一省筹划，而需要全国“通盘筹及”。夏献纶以当年浙江省获准调拨船政军舰的事情为例，认为有例可循，申请各省照此办理，“沿海各省必须协力通筹，分拨应用”，用这一办法来解决船政军舰薪饷经费无从筹措的问题。在陈述完异常可行的军舰分拨各省模式后，禀帖最后的结尾非常巧妙，将“续造轮船究竟如何分派各省，抑或另行添筹经费”的选择题留给了清廷。[②]

允许各省调拨船政军舰，表面看来是个事关经费的问题，实则是关乎如何界定船政政治地位的大问题。对此，清廷责成主管对外交涉及海防事务的总理各国事务衙门为主筹商办法，历经一个多月的商议讨论，总理衙门在12月17日复奏，建议采取简易可行的将船政军舰分拨各省的办法来解决经费问题，不过又特别强调江苏省已经有江南制造局的军舰，不用再调用船政军舰，显现了有所平衡制约。“除江苏一省原有沪局制造之船足敷应用，并浙省已咨准拨用一只，均毋用添拨外，其余沿海省份如广东之香澳、山东之登州、奉省之牛庄、直隶之天津等处，均属海道可通，且各该省每有雇佣外国火轮、夹板等船以资办公之处，与其借资外洋徒增耗费，曷如拨用闽厂船只”。至于各省调拨船政军舰后，所需支出的人员薪饷和舰船维护经费，总理衙门则建议从各省每年解交

---

① 《海防档·乙》福州船厂（上），（台湾）“中央研究院”近代史研究所1957年版，第166页。

② 《海防档·乙》福州船厂（上），（台湾）“中央研究院”近代史研究所1957年版，第306页。

中央的洋药厘金中提取。奏上后，清廷于第二天上谕准奏，并由总理衙门行文南、北洋通商大臣以及盛京将军、两广总督、广东巡抚、山东巡抚等相关地方大员，要求按此办理。①

1872 年 3 月 22 日，两广总督瑞麟和广东水师提督崔国彦最先上奏，申领船政刚刚建成的新炮舰“伏波”号，要求“即用该厂原派管驾此号轮船之弁兵、舵工、水手人等驾驶来粤”，承诺承担“伏波”舰驻粤期间的官兵薪饷费用。②

除了已经申请调拨船政水师军舰的浙江、广东两省以及清廷不准调拨船政军舰的江苏省等南洋沿海省份外，中国沿海防务的另一重点就是直隶、山东、奉天三处沿海，即北洋沿海省份，然而调拨船政军舰在北洋遭遇了未能预料的阻力，其中主要是北洋通商大臣、直隶总督李鸿章对调拨船政军舰表现出了明显的不情愿态度。

李鸿章是当时中国另一造船机构江南制造局的创始人之一，在他被调任北洋大臣、直隶总督后，仍然对江南制造局发挥着重要的影响力，并对这一制造机构多有关照。李鸿章任直隶总督后，即将江南制造局建造的蒸汽动力军舰“操江”号调至天津使用，由天津负责筹措支付该舰的人员薪饷，因而总理衙门要求各省调拨船政轮船时，事实上天津已经有了江南造的轮船在驻防。③ 而且按照李鸿章的本意，北洋海防可以由上海的江南轮船派来军舰巡弋，因而其对调拨船政军舰心有抵触也就不难理解。

先是在 1872 年 4 月 7 日，李鸿章行文总理衙门，就直隶省调拨船政军舰一事进行磋商。直隶的通商口岸是天津，根据此前船政军舰“万年清”“安澜”运送赈米赴津时的具体情况，李鸿章认为此类军舰吃水深、体量大，不适合直隶大沽口使用。而经天津机器局道员沈保靖等和“万年清”管驾官贝锦泉讨论，辨析船政的各舰情况，认为只有建造中

① 《海防档·乙》福州船厂（上），（台湾）“中央研究院”近代史研究所 1957 年版，第 312—313 页。

② 《海防档·乙》福州船厂（上），（台湾）“中央研究院”近代史研究所 1957 年版，第 338 页。

③ 《“操江”轮船档案》，《江苏省立国学图书馆第四年刊》。

的80马力炮艇“镇海”可能合用于天津，李鸿章遂在函中请总理衙门等“镇海”舰造成之后，命令船政将该舰派来天津接受检查，待其查验实船情况后再决定是否留用。①

李鸿章的态度明显有意托宕，北洋的山东、奉天也迟迟未就调拨船政军舰一事有所动作，急切想要处理完调拨船政军舰事务的总理衙门开始软硬兼施，一面于4月13日分别致函山东巡抚丁宝桢和盛京将军都兴阿，竭力劝说游说，希望丁宝桢“通顾全局”，② 希望都兴阿“体察情形，赶紧筹拨闽厂轮船”，③ 继而在4月14日抄发上谕，催促李鸿章等尽快办理，称对调拨轮船的拖延举动是不顾海防大局的表现，“殊非所以重海防而顾大局”，严词要求“迅即体察情形，钦遵筹办……勿得再延可也”。④

就在4月14日当天，李鸿章又致函总理衙门，称山东省不需要使用船政军舰。山东省并不属于直隶总督管辖，不过山东省通商口岸烟台的对外交涉和海关事务却归北洋通商大臣管理，根据清廷的布置，各省调拨轮船的经费由通商口岸的海关洋药厘金中提取，因而事实上李鸿章也能参与决定山东省调用船政军舰的事务。李鸿章的来函中转引了东海关道的禀帖，大意是说山东沿海从无海盗，所以根本不需要蒸汽动力军舰驻防，纵或需要蒸汽动力军舰，也大可由上海的江南轮船前来巡弋。最后还强调，“东洋海口各项厘金向解司库协拨饷需，海关别无经费可筹”，即不仅山东不需要船政的军舰，而且东海关也根本没有经费来支应调拨船政军舰。⑤

---

① 《海防档·乙》福州船厂（上），（台湾）“中央研究院”近代史研究所1957年版，第329页。

② 《海防档·乙》福州船厂（上），（台湾）“中央研究院”近代史研究所1957年版，第333页。

③ 《海防档·乙》福州船厂（上），（台湾）“中央研究院”近代史研究所1957年版，第334页。

④ 《海防档·乙》福州船厂（上），（台湾）“中央研究院”近代史研究所1957年版，第335页。

⑤ 《海防档·乙》福州船厂（上），（台湾）“中央研究院”近代史研究所1957年版，第336页。

就李鸿章关于山东不需要船政军舰的来函，4 月 21 日总理衙门做出了明确回应，于当天向李鸿章抄发了专门的上谕，根本没有就山东需不需要轮船一事和李鸿章讨论，而是强硬地指令李鸿章，既然山东的东海关没有钱供应船政轮船，就从奉天的山海关（牛庄关）拨款供应驻防山东的船政轮船。[①] 经此一击，李鸿章陷入沉默。数天之后，山东巡抚丁宝桢致函总理衙门，表态山东省一定会调用船政军舰，“东省洋面寥阔，轮船出洋巡捕深有裨益，即拟遵照拨船一只应用”，同时称所需的经费将由山东省自行解决。[②] 又过几天，丁宝桢正式上奏，申请调用船政 1871 年新造的“安澜”号炮舰，就此开启了北洋省份调用船政军舰的先河。[③] 不过之后船政并未将崭新的“安澜”舰调拨给山东，而是安排舰龄已久的第一号军舰“万年清”派往山东，对此丁宝桢感到不满，几经交涉之后，船政改派“伏波”级的新军舰“飞云”进驻山东烟台。

北洋省份调拨船政军舰一事从山东打开缺口后，5 月 21 日总理衙门接到奉天府府尹瑞联的公函，通报奉天也准备申请调拨 1 艘船政军舰。几天后，24 日奉天府尹的正式上奏递到，称“奉省南滨大海，口岸甚多，凤凰、岫岩二城密迩东边，尤为匪薮，近年夏秋之间动辄结伙滋扰，一经拨兵追剿，即抢船入海”，如果调拨船政军舰到奉天，必定会对剿匪大有助益，但是奉天的洋药厘捐数量极为有限，难以支应所拨船政军舰的薪饷等费用，为此申请清廷批准从牛庄山海关的四成洋税中提款充作轮船经费，如允准则奉天就可以正式申请调拨船政军舰。[④]

奉天府尹奏上，清廷谕令户部和总理衙门等机构就其所提出的动用山海关四成洋税的问题进行讨论。通商口岸牛庄也隶属北洋大臣管辖，李鸿章也就此参加了讨论，于 6 月 16 日行文总理衙门，转报牛庄山海

① 《海防档·乙》福州船厂（上），（台湾）“中央研究院”近代史研究所 1957 年版，第 340 页。

② 《海防档·乙》福州船厂（上），（台湾）“中央研究院”近代史研究所 1957 年版，第 341 页。

③ 《请拨闽省轮船，酌筹经费折》，《丁文诚公遗集》，（台湾）文海出版社 1967 年版，第 1041 页。

④ 《海防档·乙》福州船厂（上），（台湾）“中央研究院”近代史研究所 1957 年版，第 345 页。

关的直接监管官员——护理山海关道、营口海防同知奎瑞的调查呈文，表示不同意从山海关的四成洋税下拨款支应轮船经费，“此项轮船经费似未便动用此款”，而且称“营口厘金税项俱已支绌，无从筹画”。[①] 不过李鸿章的这一消极态度并未产生什么影响，7 月 12 日户部上奏报告讨论结果，同意从山海关四成洋税中挪款供应调拨的船政军舰，“请俯如所请，暂准由海关四成洋税下动支银二万两作为轮船薪水经费，由海关道员按月支发，年终核实报销”。[②] 随即，船政表态将安排“湄云”号炮艇开往奉天的牛庄驻防。在讨论中一直隐藏于幕后的盛京将军都兴阿也终于亮相，顺势奏请调用“湄云”舰驻防牛庄，至此北洋沿海省份中只剩下李鸿章总督的直隶省尚未调拨船政军舰。

1872 年夏，船政的“镇海”号炮艇竣工，按照当初李鸿章的要求北上接受其检视，于 10 月 7 日抵达天津。李鸿章率津海关道陈钦、天津机器局道员沈保靖和吴赞诚等前往视察。在船政军舰北调各省已成定局的局面中，李鸿章在又过了近一个月后的 11 月 3 日上奏，申请将“镇海”号留用在天津，“遵照总理衙门奏案拨归直省留用，随时与沪局轮船轮替出洋驻泊，且可与东海、山海各关现拨轮船联络会哨”，[③] 旋获清廷批准。

在 1872 年冬季来临时，全中国沿海的重要通商口岸除上海之外，已经全部有了船政水师的军舰在港驻泊，中国的海防线进入了蒸汽军舰时代。出于解决船政自身养船经费困难而实施的军舰分拨外省政策，事实上形成了船政军舰分驻全国海防线的模式。尤为重要的是，分拨外省的船政军舰虽然由调拨该舰的省份支付舰员薪水和供应舰上日常用度，负责各该省海域的巡缉工作，听从该省相关指挥机构的调度，但这些军舰在编制上仍然保持统辖在船政水师的大旗下，由船政水师的统帅指挥管理，舰上人员也都属船政水师官兵（部分军舰在驻防期间，所在省份

---

① 《海防档·乙》福州船厂（上），（台湾）“中央研究院”近代史研究所 1957 年版，第 356—357 页。

② 《海防档·乙》福州船厂（上），（台湾）“中央研究院”近代史研究所 1957 年版，第 378 页。

③ 《“镇海”轮船留津折》，《李鸿章全集》第五册，安徽教育出版社 2008 年版，第 198—199 页。

曾添拨本省官兵上舰听用)，执行船政水师的规章制度，定期还需要和驻防马尾的船政水师主力进行联合训练，且一旦船政水师召集就要合为一队。这样的模式与当时欧洲国家海军的舰船驻防制度极为相似，此时的船政水师已经一跃成为担负中国全国海疆防务的近代化海军力量，其地位大幅超越了与其几乎同时成立的江南轮船水师。

表十一 船政水师军舰驻防情况一览（1872年状态）

港口名	所驻军舰	进驻时间	管驾官
福建马尾	"长胜" "华福宝" "福源" "万年清" "福星" "扬武" "建威"	1865年 1866年 1866年 1869年 1870年 1872年 1870年	不详 不详 不详 沈顺发 杨永年 贝锦泉 〔英〕德勒塞
福建厦门	"靖海"	1865年	不详
福建台湾	"海东云"	1870年	不详
浙江宁波	"伏波"	1871年12月4日	贝珊泉
广东广州	"安澜"	1872年6月16日	吕文经
山东烟台	"飞云"	1872年末	吴世忠
直隶天津	"镇海"	1872年10月7日	陆伦华
奉天牛庄	"湄云"	1872年9月4日	屠宗年

四、船政水师的制度

作为清政府最早批准设立的蒸汽动力军舰部队，船政水师因为有着洋员和船政学堂师生作为重要的专业智识支撑，加之所辖的军舰数量多、分布地域广、训练频繁，其规章制度也较同期设立的江南轮船水师更为健全、系统。

1. 内部组织结构

考察船政水师的制度情况，最主要的资料是夏献纶、贝锦泉、黄维煊等拟定的《轮船章程》和《轮船营规》，从这两部制度规范中可以大致了解到船政水师的内部组织结构情况。船政水师受船政衙门直接领导，其首长初期官职名称为轮船统领（后改为督操，又改由营务处兼任首长），具体负责统率全军，首任统领由绿营福建水师提督李成谋兼管，1873 年李成谋调补长江水师提督后，由新任福建水师提督罗大春继续兼任轮船统领。因为船政军舰分拨于各处，为了便于管理起见，在统领之下设有分统，管理两三艘或四五艘驻外地的军舰。此外，船政水师和当时的清军陆军一样，设有营务处，类似全军的参谋和后勤部门，其主管官员称为营务处委员，或简称营务处，首任营务处由管驾官吴世忠兼任。在统领、分统、营务处之下，则是各舰，各有管驾官管理指挥。在船政五年计划到期之后，船政还聘用了洋员德勒塞担任船政水师的总教习兼旗舰舰长，负责管理和指导全军的技术训练。

2. 军官的身份

船政水师不属于清政府的经制国家武装，因而自身并没有实缺的军官编制名额。船政水师所用的军官，其编制主要采取的是借补绿营部队编制的办法，很难获得实缺，一些低阶的军官以及刚刚加入水师部队的船政学堂毕业生，则多只能给予更等而下之的军功身份。

3. 舰上岗位设定

船政水师的《轮船营规》中对舰上各岗位人员及名称有明确的设定，舰长称为管驾官，其下的主要军官包括大副（总执行官），二副、三副（分管航海、枪炮部门），队长（管理舰上操练和杂务），正管轮、副管轮、三管轮（管理轮机部门）。舰上的士官包括有正水手头目、副水手头目（管理水手作业），正炮手、副炮手（指挥火炮操作和负责枪炮训练），舵工（负责操舵驾驶、根据罗经校正航路、测量水深），管油（负责舰上机器加油、保养），管水气表（看管蒸汽压力），号令手（信号士官）。兵员则包括有上等水手、二等水手、三等水手（负责各种船艺、帆缆作业，兼习枪炮），洋枪队（在舰随同水手、炮手工作，上岸作为登陆队），升火（负责填煤烧锅炉）。此外舰上还有木匠、医生等。这些职务因军舰的大小不等而设置有所区别（参见表十二）。因船政水师早期的舰长多没有学堂理论学习的基础，不掌握天文航海技术，这些舰长指挥的军舰上还会配有从船政后学堂航海专业毕业生中挑选出来的天文生，以便随舰协助操作。

全舰的上述人员总体上可以归纳为航海、轮机、枪炮三大部门，为便于舰上管理，水手、洋枪队、升火等基层兵勇按照每 10 人编为 1 棚的基本组织进行编列，类似于现代部队中的班一级单位。

4. 舰内作息

船政水师的军舰上实行严格的定时作息制度，所有人员必须遵守每日的作息时间，严格按照管驾官等高级军官的命令进行操演，与当时的西方海军十分相似。每天寅时（凌晨 4—5 时起床，水手开始擦洗甲板。7 时，舰上升旗，水手返回住舱洗漱，将吊床叠好存放到主甲板两侧的舷墙内，然而开始早饭。8 时，水手按照号令爬上桅杆整理帆索。9 时，水手、洋枪队等士兵穿好军服点名，而后开始各项操练、教学。12 时午饭，饭后仍然进行各项操练作业。18 时，水手们上桅将帆桁降下，同时开始取出吊床安设到甲板下的指定位置。19 时，舰上大副、二副点名。22 时全舰熄灯，由大副负责在各处检查。

5. 舰上军规

在《轮船营规》中，对于船政水师的舰上纪律也有一定的规范，可以视作是在清末中国军队通行的军规之外的补充规定，具体包括两项，一是不准在舰内吸鸦片、赌博、酗酒，另一则是不准用军舰夹带私物。为维持各舰的纪律，保证军规的执行，各舰上设有类似西方宪兵的制度，由管驾官挑选指定若干士兵持轻武器，昼夜轮班在舰上巡查。

6. 上坞制度

为养护军舰，军舰需要定期进干船坞刮洗、油漆船底以及进行其他维修工程。船政水师的规章中对军舰在上坞期间的舰上人员活动也有专门规定，上坞期间舰员不能擅自离开，必须协同参加坞修工作，“不得闲散，仍宜帮同整理。水手应责令磨刮舱面以及船上应行洗磨之处，并帮同木匠兼做杂工。管轮人等应将全副轮机逐件拆磨刮洗，帮同铁匠工作。迨修竣下水，并须令水手兼司油漆船身内外及整理篷桅绳索。”

7. 薪粮、公费

船政水师的官兵薪粮公费标准由船政衙门制定，军官不按照清代官制的品秩标准领取官俸，而是支领薪水，士兵则领取粮饷，官兵薪粮的标准按照军舰的规模大小而有所区别。

船政水师军舰的公费是引自西方海军的新鲜制度，是指军舰上由舰长掌握的办公费用，“所有船中应用各色洋漆、油觔、棉纱、砂布同幕友、书识、各口引港经费，更换旗帜、号衣以及购备应用零星物件，均于此款动支”，在西方海军对公费的处理办法主要有实报实销和包干两种模式，船政轮船出洋训练章程中原规定的是实报实销制，每月报销，“用过若干，月终亦应据实开报核销”“成船伊始，需用浩繁，管驾官力难赔垫，不得不准其实用实销，每月自三四百两至八九百两不等”。后船政大臣沈葆桢为樽节经费，于 1873 年奏准改为包干制，即按照军舰规模不等，每月发给定额标准的公费，在此标准内舰长盈亏自负，其中 250 虚马力轮船的公费为每月 400 两，150 虚马力轮船为 300 两，80 马力为 240 两。①

表十二　船政水师月支薪粮标准②

岗位＼军舰级别	250 马力军舰	150 马力军舰	80 马力军舰
管驾官	260 两×1 名	200 两×1 名	160 两×1 名
大副	60 两×1 名	50 两×1 名	50 两×1 名
二副	40 两×1 名	40 两×1 名	30 两×1 名
三副	30 两×1 名	30 两×1 名	25 两×1 名
正管队	40 两×1 名	40 两×1 名	——
副管队	30 两×1 名	——	——
水手正头目	30 两×1 名	25 两×1 名	25 两×1 名
水手副头目	20 两×1 名	20 两×1 名	14 两×1 名
头等水手	12 两 5 钱×60 名	12 两 5 钱×29 名	12 两×16 名
二等水手	10 两×30 名	10 两×10 名	10 两×10 名

① 《轮船薪粮、公费并管驾员弁衔名折》，《船政文化研究——船政奏议汇编点校辑》，海潮摄影艺术出版社 2006 年版，第 68 页。

② 据上引《轮船薪粮、公费并管驾员弁衔名折》编制。

续表

岗位＼军舰级别	250马力军舰	150马力军舰	80马力军舰
管帆桅头目	20两×6名	——	——
舵工头目	24两×1名	——	——
舵工	15两×8名	15两×8名	15两×6名
舢板头目	16两×1名	——	——
正管轮	120两×1名	100两×1名	100两×1名
副管轮	60两×1名	50两×1名	50两×1名
三管轮	40两×1名	40两×1名	30两×1名
管小水缸	24两×1名	——	——
管油	20两×3名	20两×3名	20两×1名
管水气表	16两×3名	16两×3名	14两×1名
头等升火	14两×12名	14两×12名	14两×8名
二等升火	11两×6名	11两×6名	11两×4名
正管炮	26两×1名	25两×1名	24两×1名
副管炮	16两×2名	13两×1名	12两×1名
炮勇	10两×26名	8两×10名	8两×6名
正号手	10两×1名	10两×1名	10两×1名
副号手	9两×1名	9两×1名	8两×1名
正鼓手	9两×1名	9两×1名	8两×1名
副鼓手	8两×1名	——	——
铜匠	15两×1名	——	——
铁匠	15两×1名	——	——
木匠	15两×2名	15两×1名	12两×1名
医生	10两×1名	10两×1名	——
练兵管带	——	16两×1名	16两×1名
练兵	——	3两×40名	3两×20名

8. 舰船纹章、涂装、旗帜

舰船纹章是西式海军舰船上的徽标性装饰物，多以舰首像、舰尾浮雕等形式出现，用以作为国家标志或海军标志、军舰标志。船政自建造第一艘军舰“万年清”开始，舰上即引入了纹章制度，各舰均采用近似统一的纹章，其模式是在军舰的舰首两侧各装饰一座高浮雕形式的金色飞龙纹章，舰尾另装饰一座。

军舰的涂装也是区别舰船国别、种类的重要标志。船政第一艘军舰“万年清”初建成时选用了十分华丽的法式天蓝色涂装，水线下的船体外部则按照西方造船标准，在木船壳外包裹铜皮，以防海水直接侵蚀木船体。自船政第二艘军舰开始，其外观涂装发生了彻底变化，改成了干舷黑色、上层建筑白色、桅杆和烟囱黄色的“维多利亚”式涂装，在舷墙顶部以下约10厘米处的舷外还环绕舰体涂刷有一圈白色识别线。“维多利亚”涂装是19世纪英国等欧洲国家海军盛行的舰船涂装式样，自船政水师采用后，也成为了清末中国海军长期使用的涂装形式。

旗帜是近代化的军舰上必不可少之物，船政水师的制度中同时规定了军舰旗以及密码信号旗两类系统。19世纪70年代的中国，尚没有现代意义的国旗，船政水师的军舰旗事实上同时充当了军舰旗和国旗两种功能，对外具有表示舰船所属国家的作用。第一艘军舰“万年清”问世时，该舰所采用的军舰旗是一种三角形带有锯齿状牙边的红色牙旗，旗面为金色的飞龙戏珠图案。1871年船政水师《轮船出洋训练章程》拟定后，对军舰旗做了新的规范，改用总理衙门设计的式样，为三角形的黄底青龙旗。

海军密码信号旗不同于国际通语信号旗，是一国海军专门制定的特殊旗语系统，或是赋予一些信号旗以不同的军事命令寓意；或是专门制定密码本，以不同的数字旗号代表不同的军事、阵法命令。船政水师的密码信号旗制度在《轮船出洋训练章程》中即有提及，但未作具体设定，仅是说明将仿照西方海军的做法，“预作旗式，颁给各船，届时得以辨别”。后在第二任船政水师提督罗大春的《台湾海防并开山日记》中有一段十分具体和生动的描述，使得能够从其中一窥大概。

表十三 船政水师密码旗语一览[①]

信 号 旗	所示命令
后桅升三角镶蓝旗	坚明约束，备战斗或操演
后桅升三角黄龙旗	命令起锚
后桅升三角小黄龙旗	升帆
后桅升三角小黄龙旗与长方白旗	收帆
后桅升红色小四方旗和红色长方旗	操枪、炮
后桅升三角镶红、蓝信号旗和五色提督旗	收队或停操，休息半小时
前桅升五色提督旗	开始战斗或操演
前桅升长方红旗	操作大炮
前桅升长方黑旗	操回合
前桅升长方白旗	操救火
后桅升红色小四方旗	操洋枪
后桅升长方三色旗	操舢板
后桅升三角小黄龙旗和三角镶红、蓝信号旗	登陆
升“令”字旗	登陆队返回

9. 军服

船政水师的军服称为号衣，分军官服和水兵服两类。

其军官制服外观设计与八旗、绿营军官的号衣样式基本相同，采用中式裁剪，上衣是对襟短褂，在肩颈至衣襟、下摆以及袖口有红色如意纹镶边装饰，在镶边的外侧，沿着镶边的轮廓另有一道红色装饰线围绕。与上衣相配套，穿着深色裤子，脚穿薄底高腰战靴。夏季带欧式草帽，春秋冬季以暖帽作为军帽，与当时通行的、帽墙犹如倒“八”字的船型暖帽造型不同的是，船政水师军官的暖帽帽墙比较直立，在舰上活动时不易磕磕撞撞。

① 罗大春：《台湾海防并开山日记》，台湾银行 1972 年版，第 1—2 页。

船政水师的水兵军服是一种类似勇营号衣的服装，其上衣为对襟短褂（在袖口、领口有红色镶边），着军裤，脚穿布鞋，头缠头巾，其装扮与湘、楚军等勇营军队的服装非常相似。有所不同的是，船政水师水兵裹头的头巾正面绣有文字，推测为所属舰船的舰名，在号衣的胸口和后背各钉缀有圆形白色的补子，其内容为靠上方从右向左横书军舰名称，中部竖写着字体很大的部队番号名称，即“轮船”。

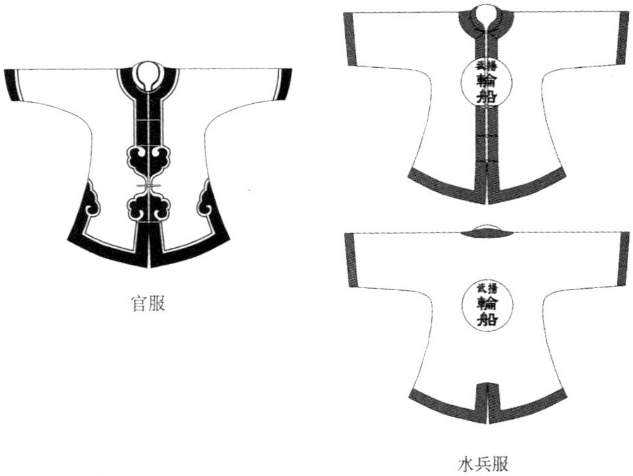

船政水师军官服、水兵服图式。制图：顾伟欣。

船政水师“扬武”舰上的水兵操演场景，照片中可以看到水兵们的着装和湘、淮军士兵相似，所不同的是号衣补子上的文字内容。

船政后学堂学员合影，照片拍摄于船政五年计划时代。其中一些学员身着的号衣，就是船政水师的军官服。

总揽船政水师的军官服和水兵服，其尚不具备当时欧洲国家海军服那样的军种识别功能，也没有当时欧洲军服上必备的军衔、阶级、岗位职务标志等重要的识别符号元素，本质上属于是清末中国传统军服样式的新的运用，设计上基本没有受到西方海军军服的影响。随着船政水师军舰频繁往来于沿海各地，这套着装形成了当时中国社会对新式轮船官兵的重要外貌辨识印象。

10. 训练制度

从轮船营规和轮船出洋训练章程看，船政水师的训练制度极为严格。

为防调拨外地的船政军舰日久各不相习，船政水师定有会哨制度，即不定期地调集各地的船政水师军舰一起进行编队合操。按照轮船营规规定，每年春季择期调齐军舰大阅会操，每年的冬季则由船政大臣、福州将军、闽浙总督等对各舰分批阅操，“以校技艺而定赏罚”。

在单舰的训练方面，船政水师规定在正常情况下，军舰每次出海回港后首先休整三天，“将舱面洗刷、轮机擦净、一切修整完备”，从回港后的第四天开始进行在港的各种操练三天，“或操篷桅、或操枪炮、或操救火、或操舢板、或操登岸”，三天训练结束后继续出海操演，如此循环往复，期间如遇有临时派遣任务等情况，则不受此限制。

军舰的单舰训练中有炮术训练一项，平时在港不做实弹训练，而是每月一次前往外海，以荒岛为标的进行实弹射击训练，“炮手之优劣即于此考校”。

在单舰训练中另有队列和上岸作战训练，由管驾官决定训练之期。队列训练时，以每 12 人或每 24 人为一个队列组合进行操练。

船政水师军舰平时每天由水手、升火、枪炮等各部门分头组织训练，每旬一次由管驾官组织全舰合练。轮船营规中还对管驾官有定期进行紧急集合训练的要求，“每月或遇夤夜、或遇风雨，管驾官突发号令，各色人等俱应站齐，听候指示”。

11. 海图绘制

清末中国自身本没有绘制西式海图的制度，沿海船只所用的海图多为西方国家海军或中国海关绘制，船政最早由黄维煊和贝锦泉等组织绘制了中国江海全图，是近代中国制作的第一套西式海图。船政将这套海图绘制分发各舰，并在制度中要求各舰在航行中必须对海图进行考订、修正，以期更加完善，“遇有出洋之时，各令将山水、沙礁逐一签、注、对，以资考据，庶后来舆图可以愈出愈精，而驾驶亦更有把握。”

据福州马江海战纪念馆收藏的一套船政水师海图的实物来看，其海图的绘制形式颇具特点。船政水师的海图完全按照西方现代海图的制作标准绘制，采用英制长度单位，但是图上所标示的文字、数字则完全使用中式文字，其中海图四周外框的经纬度全用汉字的数字，图上的地名全用汉字，图上所标的水深等数据也是使用汉字数字标记。在作图的细节上，船政水师的海图不仅具备了现代海图常见的标识，还包括了诸如海底地质、锚地位置、大潮潮位等实用的详细信息。现存的这套海图，其地域涉及中国大陆沿海的各主要地区，其中舟山群岛、闽江口、珠江口、澎湖、山东半岛、辽东半岛等地区的海图标记异常详细，某些甚至超过了现代海图，而这些区域正是船政水师军舰驻防和经常往来的地区，这些海图显然是经过船政水师军舰在实际的航行、勘测中不断修订而完善。

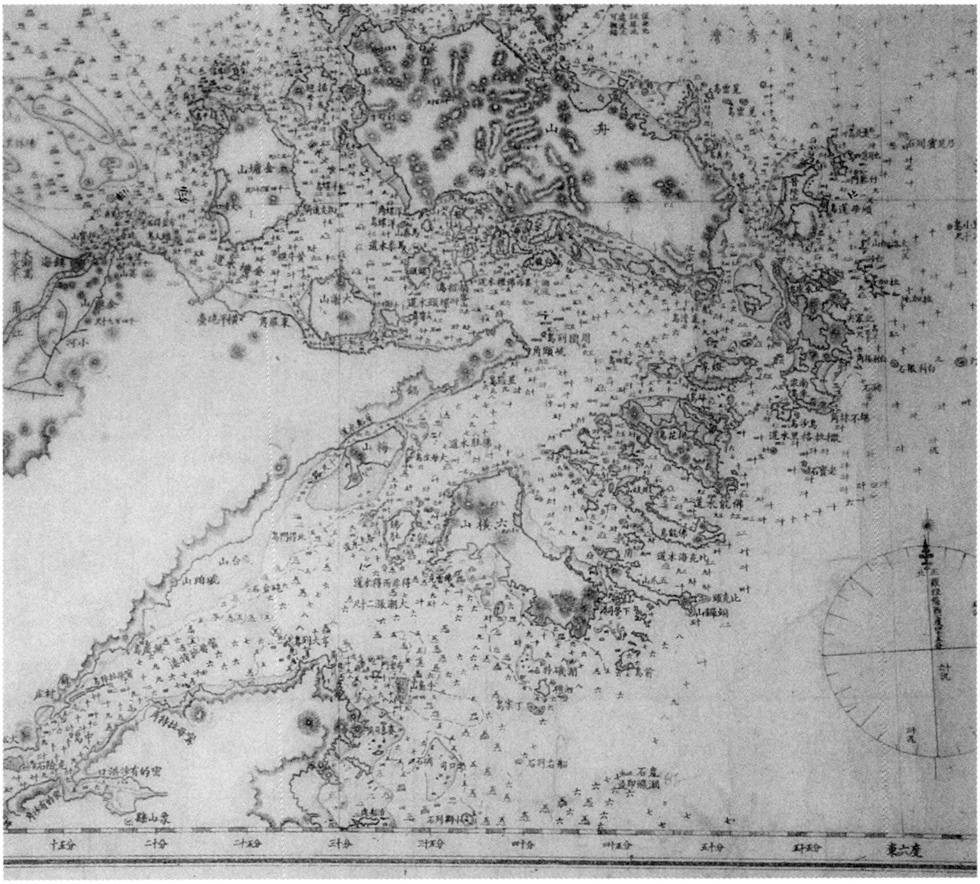

船政水师海图的局部特写。原件收藏：福州马江海战纪念馆。

12. 舰船日记

舰船日记是舰船上重要的记事档案，分为航海日记和轮机日记两种。现代意义的舰船日记起源自欧洲，而中国海军引入这种现代化的航海制度，有史可考最早的便是船政水师。

著者收藏有一本清代北洋水师的航海日记，而据其中的明文记载显示，北洋水师的航海日记实际完全是仿照了船政水师航海日记的格式与内容，由此通过北洋水师的航海日记能够对中国海军史上最早的航海日记——船政水师军舰航海日记有直观的了解。

按著者所藏北洋水师航海日记中记载可知，船政水师的舰船日记和西方一样，也分为航海和轮机两种，分别称为轮船驾驶日记和轮船管轮日记，由船政衙门统一颁发，每种日记“每日一页，每月一本，刊刷分颁各船，随日登记，逐月呈缴”，著者所藏的北洋水师航海日记属于其中的驾驶日记。

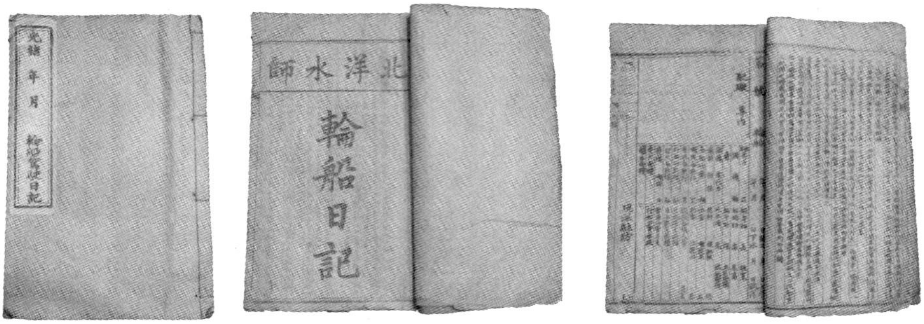

深受船政水师制度影响的北洋水师航海日志。收藏：陈悦。

驾驶日记主要记录舰船每天的活动，由管驾官负责监督填写，管轮日记则是记录舰船轮机部门每天的工作和维护情况。以目前所掌握的驾驶日记实物看，其形式为中式线装本，木刻印刷，封面贴带有年月及军舰名称的签条。日记的首页是填写舰船的基本情况，需填的项目有本舰属于船政建造的第几号轮船，开工、铺龙骨、下水和航试的年月日，现派驻防何处，军舰火炮型号和数量，军舰的长、宽、高及舱深、吃水、主匡面积、风帆面积、桅杆数量等舰体基本参数，军舰的实马力和虚马力功率、锅炉和蒸汽机的数量、排水量、航速、每小时耗煤量等动力性能参数，此外还有编制人数、薪粮标准、公费标准等需要填写。尤为特别的是，印证了船政早期军舰采取兵商两用的设想，日记首页的填写内容上还包括有能载货多少吨、载米多少石、载客多少位等十分特别的参数。

日记的第二页为全舰编制清单，其中军官等要登记姓名，其余人等则按照岗位填写人数。从第三页开始便是日记的记事部分，为表格形式，每本日记共可登记一月的内容，在记事部分每页的书口，从上至下印有“驾驶日记”、年月日、船在何处等文字。日记将每天分为上下午两个部分，上午按照 4 个小时一轮分作 3 个更，各有一名军官值更，表格上须填写姓名；下午分作 4 个更（13 时至 16 时；17 时至 18 时，19 时至 20 时，21 时至 24 时），也各由值更军官填入姓名。所要记录的项目分为：气压、气温、天色、风力、下风差、罗经铁差、船程方向、船程里程、经由处所9项，按每小时由当时的值更官填写。除上述每小时由值更官填写的项目外，另有当天船位所在的经纬度、直路方向、直路程、潮流方向、潮流程、用帆数量、用水数量、存水数量等项目以及当天的记事、操作、领料情况需要由管驾官填写。

第八章 五年计划时代的内、外风波

一、正、副监督之争

1869年2月11日，船政正式进入五年计划时代。此后的数年间，中外人员齐心协力，在造舰、教育等诸多方面都创造了令世人瞩目的成就，不过这一过程中并非全是一帆风顺，除了在毫无工业基础的土壤上建设近代化事业所必然会遇到的种种难题外，在船政五年计划的进行中还伴随出现了与吴棠事件类似的诸多人为制造的事端、风波，其中有些几乎就要将船政扼杀在摇篮中。犹如一艘在海上与风雨搏斗的航船，船政之所以能够从狂风恶浪中平安驶出，与沈葆桢等掌舵者坚定的建设信念和对国家的高度责任心不无关系，也与船政职员们的同心协力不无关系。

五年计划开始后的首场风波，源自船政西方技术团队的负责人日意格和德克碑之间的关系不睦。

左宗棠筹划设厂造船时，委托了他所熟悉和信任的法国人日意格与德克碑共同协助办理。起初，德克碑因为对海军和舰船事务相对更为熟悉，且在太平天国战争中协助清军作战立有军功而获有清政府颁赐的提督衔，其个人的优势总体上要超过日意格一筹，可是日意格具有会汉语的特长，能够不假借翻译而和中方人员直接顺畅交流沟通，加之日意格为人性格平和，与中国官绅相处融洽，很得人缘，随着时间的推移，日意格的优势日益明显，逐渐后来居上。到了左宗棠正式和日意格、德克碑订立中法合作五年计划的时候，为日意格、德克碑二人量身设定了洋员监督职位，为了专事权，两名洋员监督又分设为正、副，日意格获得洋员正监督的领导职务，德克碑则屈居副职。关于这一人事安排的产生，左宗棠在向清廷汇报的奏折里说是出自法国驻上海总领事白来尼的协调，“现经上海总领事白来尼以日意格通晓官话、汉字，办事安详。

令德克碑推日意格为正监督，德克碑为之副，咨商允洽，均无异词”。[①]日意格、德克碑签署的五年计划文件中则有更为详细的专条阐释，称这一决策出自于协商，而之所以选择日意格为正监督，其原因实际主要是日意格通晓中文，“会商法领事馆、苏松太道，公拟意格虽系外国人员，深知中国文字言语，且礼数、公牍亦所熟谙，不须言凭通事、字凭翻译，现在举办之始，自能议定。此后公事，公举日意格主政，德克碑随同办理。”[②] 而据庞百腾先生的研究发现，这一人事安排可能与日意格和左宗棠的亲信幕僚胡光墉之间关系密切有关，胡光墉推荐日意格担任正监督，对左宗棠产生了很大的影响。[③]

从日后的情形看，德克碑“无异词”的“让贤”举动很可能根本不是出自心甘情愿，这一正、副职的人事安排引生出了始料未及的负面影响。德克碑从担任副监督开始，即心怀不悦，对日意格存有不满的情绪。使得德克碑与日意格之间的关系雪上加霜乃至公开化的是，1868年初借着船政生产厂区告成、开始建造第一艘蒸汽军舰的机会，沈葆桢上奏为洋员请奖，根据沈葆桢的建议（据称这一建议是时任船政提调胡光墉与沈葆桢商议后的结果），日意格获得了提督衔，而德克碑只是获得赏戴花翎。[④] 此举显然是船政大臣为了解决洋员正监督日意格此前只有中国总兵衔身份，而副监督德克碑却是提督衔身份的地位不对称问题，以此对日意格的地位作进一步的巩固。而显然的是，这种安排，进一步加剧了德克碑的不满和抱怨。

德克碑在当时致法国海军与殖民地部的信函中，称自己在船政工作中提出的批评性意见经常会被人当作是在借机发泄不满情绪，德克碑认

---

① 《详议“船政章程”折》，《船政文化研究——船政奏议汇编点校辑》，海潮摄影艺术出版社 2006 年版，第 14 页。

② 《海防档·乙》福州船厂（上），（台湾）“中央研究院”近代史研究所 1957 年版，第 42 页。

③ 〔美〕庞百腾：《沈葆桢评传》，上海古籍出版社 2000 年版，第 213 页。

④ 《报明造船开工日期并船厂一切情形折》，《船政文化研究——船政奏议汇编点校辑》，海潮摄影艺术出版社 2006 年版，第 33 页。关于日意格和胡光墉私人关系密切的论述，见〔美〕庞百腾：《沈葆桢评传》，上海古籍出版社 2000 年版，第 213—214 页。

为之所以出现这种状况，是因为日意格在船政排挤自己，船政的中方官员则故意回护日意格，对自己充满了成见："我因地位不明确而处境恶劣，这是不难理解的：不可能抱怨，因为我的合理意见被看作表白我受了伤害的自尊心的痛苦。每个人在我的批评中所看到的，不是一个有责任心的人的真实感情，想把处理不当的事情加以改善。反之，他们认为我的抱怨是一个具有缺陷的、自负心重于其优点的人在表露其卑下的妒忌心。"①

此后似乎是为了进一步巩固日意格在船政事务上的权威性，防止日意格、德克碑二人在管理工作中发生摩擦，当船政自造的第一艘军舰"万年清"即将问世时，还是经由胡光墉建议，沈葆桢命令德克碑专门负责蒸汽舰船的人员培训，专管船政轮船的人员训练工作，事实上夺去了他在船厂、造船、学堂教育等事务中的权力。尽管在薪水待遇上没有变化，德克碑的副监督的头衔就此名存实亡。虽然船政的公文以及一些书信中还称德克碑为监督，但其真实的职务变成了"船政监督教练轮船"。"德监督向来洞澈船工机宜，勤能卓著……可将所派船主、管轮、舵工、水手、炮手各色人等认真阅练娴熟，以臻妥协"。② 对这样的职务安排，德克碑表面上并没有什么反对和抵触态度，但心怀不满，日益以消极的态度对待工作，后来在 1870 年 3 月干脆远赴西北拜见当初雇佣他和日意格的左宗棠，想从左宗棠处求得一个新职，从而彻底离开已经令他有无从立足之感的船政，③ "意欲求一差遣，自增体面""必求离开船局，以与日意格不协，不甘为其副也"。经过促膝交谈，左宗棠认为德克碑"与日意格嫌隙虽深，然其人究是爽直一路，容易譬晓"④，劝说其仍然回船政继续任职，并答应会委托德克碑代为购买欧洲军火，

① 转引自：〔美〕庞百腾：《沈葆桢评传》，上海古籍出版社 2000 年版，第 214—215 页。

② 《海防档·乙》福州船厂（上），（台湾）"中央研究院"近代史研究所 1957 年版，第 206、208—209 页。

③ 《海防档·乙》福州船厂（上），（台湾）"中央研究院"近代史研究所 1957 年版，第 226 页。

④ 《答闽浙总督英香岩制军》，《左宗棠全集》第十一册，岳麓书社 1996 年版，第 191—192 页。

"允其代购飞轮炮及开花药弹之请"。同时左宗棠还专门致函船政大臣沈葆桢告知此事，"此人倔强，而究是爽直一路。属其听台端指使，勿别生枝节自误，颇能领会。临辞恋恋，大有飞鸟依人之意。回闽之后，当无异说也"①，言外之意显然是希望沈葆桢以后对德克碑要加以细心开导。

归闽后，德克碑从船政彻底淡出，不久便返回了法国，临行前仿佛是为了回国后以夸耀自己的身份，还向沈葆桢申领了刻有船政副监督字样的关防印章。此后德克碑在法国仍然照常领取船政的薪水，处在闲适的休假中，偶尔也会协助左宗棠以及船政在欧洲采买军火、物资，日意格成为船政洋员队伍唯一的领导人，德克碑遗留的船政监督教练轮船工作，改由日意格亲信的助手、时年 26 岁的法国海军中尉斯恭塞格（Marie-Joseph-Louis-Philibert Dunoyer de Segonzac）担任，同时还为斯恭塞格量身定制了一个新职务，即洋员监督帮办。虽然不是副监督名义，薪水标准也不如副监督，但职权则与副监督相似，事实上便是以斯恭塞格彻底取代了德克碑。② 日意格、德克碑之间的正副监督之争就此得到了根本解决，不过日意格、德克碑二人矛盾直接导致了船政外国技术团队领导核心的解体，难免不会在他们雇佣来的洋员、洋匠中产生种种议论乃至异议和不满，对日意格本人在船政洋员、洋匠中的个人威信多少有所触损。

作为后话，德克碑在天津教案发生后的 1873 年 2 月重回中国，想要设法跻身参加办理将北京蚕池口法国天主教堂迁往西华门外重建一事（即建设西什库教堂）。③ 此时正值船政五年计划即将届满，德克碑在北京与总理衙门商议了想要参与迁建教堂事宜后，又远道奔赴兰州拜谒左宗棠，申请左宗棠帮助其向船政索要在法国期间未领的 25 个月船政副

---

① 《答沈幼丹中丞》，《左宗棠全集》第十一册，岳麓书社 1996 年版，第 193—194 页。

② 斯恭塞格 1843 年 5 月 12 日出生于巴黎，后就读法国海军军官学校，1863 年随军前来中国，曾想在日意格管理下的江汉关任职，1867 年到达船政跟随日意格工作。其个人情况参见〔法〕巴斯蒂：《福州船政局的技术引进》一文的注 13，林樱尧主编：《船政研究集萃》，福建省马尾造船股份有限公司 2006 年编印，第 113 页。

③ 《上总理各国事务衙门》，《左宗棠全集》第十一册，岳麓书社 1996 年版，第 391—392 页。

监督薪水（共25000两银），[①] 左宗棠遂发公牍请沈葆桢发给。又因德克碑称此前从船政所领的薪水都已经花光，而船政五年计划行将到期，日后无以为生，左宗棠见其"情状堪念"，爽快地向德克碑允诺将赠送其5000两银，"以壮其行"。[②]

让左宗棠始料未及的是，后据沈葆桢称，德克碑在法国期间的25个月薪水其实船政早已经发过，并不拖欠，但德克碑拿到左宗棠答应给他25个月薪水的许诺后并不愿白白放手，改向沈葆桢称这是左宗棠要补发其在船政尚未建成之前的薪水。对德克碑这一带有无赖嘴脸的欺骗做法，左宗棠听闻后表示"已悔不可追矣"，为防旁生枝节，决定将错就错，既然允诺给德克碑25000两银，那不管发生何样变故，干脆仍如数发给，遂与沈葆桢商量，准备从闽海关解甘肃的协饷中提出25000两银交给德克碑了事。[③] 后因船政五年计划期满，德克碑因他事急于返回法国未及等到领取，事后曾多次从法国来函索要，经沈葆桢建议，左宗棠对德克碑的来函"付之不理而已"，并将此前咨行给沈葆桢要求发给德克碑25个月薪水的公函撤回销毁，以不留证据。[④] 1875年德克碑在法国去世，此事于是不了了之。至于左宗棠答应赠送给德克碑壮行的5000两银，以及船政五年计划中约定的期满完成时应给予德克碑的奖金、路费等，中方则全都如数履约支付。

二、领事裁判风波

领事裁判权，是第一次鸦片战争后，英、法等西方列强从中国攫取的重要特权。此种特权制度可以最早上溯到15世纪，奥斯曼帝国在向欧洲扩张时曾从威尼斯、热那亚掠得了这种权力。第一次鸦片战争中，中、英在进行议和谈判时，英国以当时中国的法制不健全为由，要求掌握本国人在华的司法管辖权，其要点就是通过驻华领事馆或特设法庭对

① 《与沈幼丹中丞》，《左宗棠全集》第十一册，岳麓书社1996年版，第411页。

② 《与沈幼丹中丞》，《左宗棠全集》第十一册，岳麓书社1996年版，第411页。

③ 《与沈幼丹中丞》，《左宗棠全集》第十一册，岳麓书社1996年版，第433页。

④ 《与总理海防沈幼丹大臣》，《左宗棠全集》第十一册，岳麓书社1996年版，第451页。

在中国发生的涉及英国人的案件行使司法管辖，而中国政府不得干涉。英国人首开先例后，各列强竞相效仿，法国在 1844 年 10 月 24 日与中国签订《黄埔条约》时，在约文中也规定了法国在华拥有领事裁判权，成为继英、美之后第三个在中国获得此种特权的西方列强国家。

中法《黄埔条约》中涉及领事裁判权的条文，主要有如下的一些条款，其原则包括：法国人之间在中国通商口岸发生争讼，由法国领事依据法国法律裁判；法国人在中国通商口岸与第三国人发生争讼，中国无权管辖；法国人在中国通商口岸和中国人发生争讼，由法国领事馆管辖，必要的情况下可以请中国官员协助处理；法国人在中国通商口岸和中国人间发生凶杀案件，凶手是中国人的，由中国官方抓捕，根据中国法律处理，凶手系法国人的，由法国领事抓捕，按照法国法律处理。

福州是第一次鸦片战争后中国对外开放的五个通商口岸之一，但因为福州地区并不是法国对华贸易的重点，也没有多少法国侨民居住，法国原本未在福州专设领事馆。直至船政建设兴起，日意格、德克碑等大批法籍人员来到马尾居住、工作后，几乎与船政五年计划的开始同步，1869 年 3 月法国驻宁波领事席孟（G. Eug. Simon）迁馆至福州，[①] 在福州城外的仓山正式开设法国驻福州领事馆。

法国在福州设立领事馆，其目的不难理解，日意格、德克碑率领的以法国人为主的西方技术团队虽然深度参与到了当时中国规模最大的近代化军事工业项目的建设中，但是这个团队并非是由法国官方组织和派出的，其性质属于是日意格、德克碑发起组织的民间行为。为了掌握这一团队的具体工作情况，保证这一团队在中国的工作能够服务于法国的外交政策，施加法国在中国近代化事务中的影响力，以领事馆就近加以监视和引导无疑是最为顺理成章以及必要的举措。依据中、法《黄埔条约》的规定，在船政所在的福州地区设立领事馆同时也便成为了法国在福州地区行使领事裁判权的机构。

法国驻福州领事馆设立后，法国领事立即对船政事务表现出了咄咄逼人的干涉姿态。据沈葆桢称，就在领事馆设立未久，法国领事席孟即

① 《清季中外使领年表》，中华书局 1997 年版，第 117 页。

率副领事巴士栋（Ernest Blancheton）来到船政衙署会见沈葆桢，“详问船政一切章程，并极力搜求两监督短处”，干涉之意直接露骨。对法国外交官的来访，沈葆桢设席款待，正告以“领事为通商而设，与船政两不相涉”。然而法国领事于第二天便向沈葆桢提出了非分要求，想要在船政区域内张贴宣布领事管辖权的法文告示，沈葆桢对此坚决拒绝。但显然是领事馆想要打开对船政施加影响的缺口，很可能是受领事或副领事的暗中指使，洋员队伍中一向喜欢无事生非的医生尉达乐突然前往领事馆控告正监督日意格，当时虽经“调处息事”，但经首开此恶例后，围绕船政的领事裁判大风波便悄然兴起。①

1. 博士巴事件

1869年5月24日，船政轧铁车间（拉铁厂）的法籍工头博士忙向洋员总监工达士博投诉行为不当的属下博士巴。博士巴，在当时中国档案中又译作白尔思拔，是日意格、德克碑从法国雇佣的一名技术工人，其人工作勤快，但是性格“拗癖太甚”。可能是因为工作强度大，且收入上和工头等差距太大，自恃技术好的博士巴心态日益不平衡，对洋工头等管理层颇有不屑和违抗之意。当时正值船政赶工建造第一艘军舰“万年清”，洋员总监工达士博带头日夜加班，礼拜日也不休息，而此时船政铁工车间因中国技术工人尚未培训熟练，大量的工作任务都压在为数不多的洋匠肩上，工作量极大，博士巴胸中怨气横生，4月4日（礼拜日）和5月11日两度在工作中辱骂工头博士忙。5月23日，又值礼拜日，中午12时30分左右博士忙向博士巴布置有关共同轧制车间铁梁等工作时，博士巴再度脾气发作，拒不接受任务，并对博士忙口出不逊。而后博士巴扬长而去，博士忙只得自己一个人费力完成工作。

经历这几次冲突后，博士忙认为博士巴其人无法管理，遂向洋员总监工达士博呈写报告，希望将博士巴开除。5月26日，达士博将此事具文上报给了正监督日意格，并在报告中表示支持开除博士巴。作为与博士巴签订雇佣合同的雇主，日意格在第二天便签发了第136号公告，

① 《海防档·乙》福州船厂（上），（台湾）“中央研究院”近代史研究所1957年版，第172页。

以博士巴“累次辱骂匠头，不受节制”以及5月23日擅自离开厂区为由，宣布解除博士巴的雇佣合同。同时在这份公告上，日意格还连带附署了另一位雇主——当时其实在福安休假的德克碑的名字。①

按照船政五年计划时的约定，船政的外国技术团队人员全由日意格、德克碑二人雇佣，分别与其签订合同，直接向日意格、德克碑负责，并接受其管理和调度，中方并不过问具体的洋员、洋匠管理。在洋员、洋匠的合同样本中，第十条专门规定了如洋员、洋匠犯有不受节制、不守规矩等过错行为，洋员监督有权“随时撤令回国，所立合同作为废纸”等涉及纪律的条款，② 以合同的中文文本来看，日意格对博士巴的处理完全符合合同的规定。不过倘若从法学的视角看，日意格、德克碑与洋员、洋匠分别签署的雇佣合同却存在有严重的瑕疵，虽然合同中声明雇佣活动是“奉中国大宪饬”，但直接签署合同的主体却是日意格、德克碑和各洋员、洋匠，具体以博士巴的雇佣合同为例，完全属于是法国人雇佣法国人的合同。中法《黄埔条约》中涉及领事裁判原则的条文规定，倘若法国人之间在中国通商口岸发生纠纷，其司法管辖权由该口岸的法国驻华领事馆掌控，且在法律适用上将依据法国的国内法。如此，一旦船政的法籍洋员、洋匠与日意格、德克碑发生合同纠纷，乃至投诉到法国领事馆，便将事实上出现法国外交机构直接过问船政的外国雇员管理事务，而船政衙门反而可能会失去对洋员、洋匠队伍的有效控制的严重后果。

在开除博士巴时，日意格基于人道等考虑，没有勒令其立即离开船政，而是让其等待有从马尾前往香港的便船时再离开，以便从香港转乘赴法国回乡的轮船。然而就在日意格发布开除博士巴命令的第二天晚上，工头博士忙从船政后学堂隔壁的洋匠寓所围栏外道路上经过时遇到了博士巴，博士巴又对博士忙进行了辱骂。得知此事后，日意格极为生气，不再留情，勒令博士巴必须立刻离开船政，“谕博士巴已革，敢再辱骂，即刻著伊离地”。

① 《海防档·乙》福州船厂（上），（台湾）“中央研究院”近代史研究所1957年版，第177—178页。

② 《海防档·乙》福州船厂（上），（台湾）“中央研究院”近代史研究所1957年版，第41页。

博士巴之所以敢在被开除后仍然在船政生活区公开辱骂博士忙，实际上是有恃无恐，当天他其实已经向法国领事馆提起了诉讼，指责日意格等“辞工不照章程”，控告日意格开除他的理由与事实真相不符，他并没有擅自离开车间云云，要求日意格赔偿他和家属返回法国的路费共1000元，并赔偿因为合同被提前解约而导致他损失的未来4年8个月合同期的工资（5600元）。[①] 基于领事裁判权，对这一法国公民间的纠纷，由法国领事法庭行使司法管辖权，当年6月刚刚就任署理法国驻福州领事的原副领事巴士栋受理了此案。巴士栋首先采取调解措施，建议日意格“出银一千元，并补该匠辛工五年，便可消弭”，另外还与船政大臣沈葆桢、福州将军英桂交涉，希望收回开除命令，对此日意格以及中方官员力持“照章办理”的坚定立场。[②]

调解未成，博士巴案便正式进入了诉讼程序。按照法国关于领事裁判制度的规定，巴士栋作为领事法庭的主审，同时又邀请福州当地两位具有声望的法国人担任陪审，而其中一位竟然是之前谋求驱逐日意格而未遂，对日意格乃至船政有很深成见的闽海关税务司美理登。福州法国领事法庭于7月22日以居高临下的态度致函船政大臣沈葆桢，要求沈葆桢代为命令船政洋员正监督日意格、洋员总监工达士博、工头博士忙等当事人按期到法国领事馆接受讯问，录取口供。对巴士栋这种颐指气使的傲慢态度，沈葆桢大为恼火，一面通过福建省的对外交涉机构——福建通商局向巴士栋交涉辩论，强调“领事为通商而设，不应干预船政”，一面致信总理各国事务衙门寻求支援。沈葆桢在给总理衙门大臣的信中措辞严厉地指责巴士栋受理博士巴案件的行为属于“越分妄为，令人发指……狼子野心，意别有在”[③]。

---

① 《海防档·乙》福州船厂（上），（台湾）“中央研究院”近代史研究所1957年版，第179页。博士巴向领事馆起诉的是船政洋员监督，因事发时德克碑在福安休假，未参与处理，获得免责，最终的被告为日意格一人。

② 《海防档·乙》福州船厂（上），（台湾）“中央研究院”近代史研究所1957年版，第172页。

③ 《海防档·乙》福州船厂（上），（台湾）“中央研究院”近代史研究所1957年版，第172页。

尽管沈葆桢怒火中烧，日意格也拒不到法国领事馆接收讯问调查以示抗议，但船政在所属洋员、洋匠的司法管辖权问题上已经陷入意想不到的尴尬境地，当初拟定洋员、洋匠雇佣合同时考虑未周全的弊病彻底暴露。站在船政一方的角度上理解，洋员监督依据合同开除不遵章守纪的洋匠无疑属于船政的内部事务，合情合理，外人岂能干涉。可是以当时法律而言，尽管法国依靠不平等条约而获得的领事裁判权严重侵害了中国的主权，但却是那个时代无法改变且经中法两国政府正式认可的既存事实，是在中国处理涉及法国人诉讼时的司法管辖依据。巴士栋受理博士巴一案明显干涉了船政事务，不合情理，可这种由领事来处理本国人诉讼争议的举动，在当时却符合条约的规定，具有法理依据。

法国领事法庭经过对当事人进行证言调查，很快就掌握了日意格在处理此事中的一些纰漏之处。首先，博士巴与博士忙发生口角，并擅自离开厂区的5月23日是礼拜日，如果依照法国的通例，这一天本应就是休息日。而且事发的时间是在中午的12时30分，即使按照船政的作息制度，这一时段也本是休息时间。如此，博士巴在休息日的休息时间不肯做工，似乎情有可原。其次，使案情产生重大逆转的，是洋员总监工达士博供述的细节。在处理该事件时曾建议日意格开除博士巴的达士博，当向法国领事法庭作证供述时却出现令人难以预料的态度变化，达士博称5月23日中午自己在船政生产厂区遇到过和博士忙发生完口角的博士巴，是自己让博士巴离厂回家。而且达士博居然称，自己事后并没有就博士忙和博士巴的争吵事件进行过仔细调查，自己向日意格提出的开除博士巴的建议，也并没有经过思考斟酌。① 按此证言，博士巴离开厂区的行为就不属于是擅自离开，而且达士博的证言还显示了日意格在处理此事时似乎过于草率。

达士博的证言几乎就是法国领事馆判决此案的关键证据。1869年7月21日，法国领事法庭做出裁判，判定博士巴辱骂博士忙属于“人俗话粗”的不当举动，同时判定博士巴并没有“不受节制”的行为，日意

① 《海防档·乙》福州船厂（上），（台湾）“中央研究院”近代史研究所1957年版，第179—180页。

格将其开除也不符合同规定，即此案双方均负有责任。巴士栋判决，要么日意格收回对博士巴的开除命令，让其重新回到船政上班，要么则发给博士巴及其家眷的回国旅资，并向其支付合同违约金。鉴于博士巴也有辱骂人等情节，法庭没有支持其提出的5600元索赔主张，而是将合同违约赔偿金数额定为2400元。[①] 最终，采取了博士巴不再回船政，而日意格向其赔付违约金的办法解决。

判决作出后，沈葆桢对此非常不满，担心有此先例后，难免不会有法国员、匠效仿生事。沈葆桢先后致信总理衙门等部门商议如何解决和规避法国领事凭借领事裁判权干涉船政的问题，然而并无结果。日意格对巴士栋的裁判也万分不服，但据法国国内法规定，民事案件纵使是对判决结果不服而要提出上诉，在上诉未有结果之先，也必须先执行一审的判决决定，为此日意格首先缴付了违约金。因为法国在远东地区的领事裁判上诉法庭设在越南西贡，日意格随后又千里迢迢前往西贡向法国殖民当局提出上诉，然而最后的结局仍是维持原判。

2. 达士博事件

巴士栋对博士巴事件的处理很快出现了恶性连锁反应，就在船政"万年清"军舰问世后，又发生了对日意格在船政的威信产生更大挫伤的达士博事件。

达士博是日意格、德克碑从法国为船政雇佣的首位造舰总工程师，即洋员总监工，在船政工作一直兢兢业业，为船政厂区的建设走上正轨做出了突出贡献。其在工作中铁面无私，曾建议洋员监督开除过多名不合格的洋员、洋匠，"执法严明，绝不徇庇，其下如监工贝锦达办事迟缓，匠首布爱德负气凌人，皆立与驱逐"[②]。1869年，达士博亲自监造的船政第一艘蒸汽动力军舰"万年清"顺利下水，日意格感其工作认真，特别向沈葆桢申请，当"万年清"完工时先给予达士博重奖激励，

---

① 《海防档·乙》福州船厂（上），（台湾）"中央研究院"近代史研究所1957年版，第176—177页。

② 《海防档·乙》福州船厂（上），（台湾）"中央研究院"近代史研究所1957年版，第116页。

沈葆桢对此欣然应允。[①]

事发突然的是，当“万年清”舾装完工准备实施内河航试时，达士博出于稳妥等考虑起见，并根据西方船厂的工作经验和习惯，建议试航时应由欧洲人担任领航。船政大臣沈葆桢则从维护船政主权的角度思考，担心此举会成为“荐用洋人驾驶之渐”，而加以坚决拒绝。[②] 最后“万年清”的内河航试于当年 9 月 18 日进行，航行驾驶工作由船政官员贝锦泉、黄维煊等负责，没有使用一名洋员、洋匠。达士博对此脾气大作，拒绝参加监督“万年清”的内河航试。事情发生后，日意格设法加以好言劝解抚慰，达士博表态如要其恢复继续工作，必须要由沈葆桢亲自签署文件，保证以后不再出现此种拂逆自己决策的情况，并威胁如果不照此办理，“本总监工从此再不到‘万年清’上，并将公文抄递领事官”。其中“抄递领事官”的威胁表态，充分显现了当时法国驻福州领事馆已经在船政的法籍人员中具有了极大的影响。

尽管达士博的态度非常恶劣，日意格仍以大局为重与之尽力协商，“告以‘万年清’必须赶快驶到天津”，希望达士博尽快恢复工作，主持“万年清”舰的出海航试。[③] 未料，达士博以没有得到沈葆桢的保证书为由，坚持拒不执行工作。更为严重的是，达士博竟然还串联鼓动船政的其他法国工程人员一起抵制“万年清”舰的后续航试工作，“本总监工未到船上，不许擅往”。此外深深触及日意格和沈葆桢痛处的是，达士博竟然真的将此事抄报给了因博士巴案和船政关系恶劣的署理法国驻福州领事巴士栋。

出于“总监工不请撤回，将来遇有紧要大工，种种刁难，如何是可”的考虑，日意格一气之下向沈葆桢口头透露了想要开除达士博的念

---

① 〔美〕庞百腾：《沈葆桢评传》，上海古籍出版社 2000 年版，第 218 页。

② 《海防档·乙》福州船厂（上），（台湾）“中央研究院”近代史研究所 1957 年版，第 215 页。

③ 庞百腾不清楚舰船的航行试验分为停泊试机、内河航试、出海航试等多个阶段，对日意格希望达士博参加出海航试一事做了错误理解。庞认为邀请达士博主持航试，说明了船政将此前已经进行过的航试视作无效，让达士博重新来过，以此“向达士博表示歉意”。实际上此前已经进行过的属于内河航试，而邀请达士博参加的是出海航试。庞百腾的观点见《沈葆桢评传》，上海古籍出版社 2000 年版，第 218 页。

头，沈葆桢对日意格表示支持，表态“应撤即撤亦可”。可能是珍惜达士博人才难得，日意格在9月21日随同沈葆桢参加“万年清”的出海航试时又改变了主意，在“万年清”舰上口头告诉沈葆桢“如达总监工有悔过之心，便留在工”。然而之后达士博的态度没有丝毫的转变，已经严重威胁到了船政生产工作的正常开展，最终日意格在10月8日正式具文向沈葆桢作书面汇报，经沈葆桢批示决定开除达士博。

按照原订的洋员、洋匠合同，洋员监督原本对开除洋员、洋匠一事拥有全权，此次日意格之所以要上报沈葆桢，请求沈葆桢来裁可此事，其用心之良苦不难加以体会。日意格的这番举动显然是根据开除博士巴一事遭法国领事干涉的前车之鉴，为了避免在处理达士博时旧事重演，试图通过由船政大臣沈葆桢亲自批准开除的程序形式，来显示开除达士博的决策是出自中国官方的决定，而并不是日意格的个人行为。① 按此，围绕该事纵使将来发生纠纷，也想必与日意格个人无关，法国领事馆便无从启动领事裁判程序，而只能通过与船政衙门或其他中国官方部门进行外交交涉来协商处理。

除了在开除行为的形式上做了规避领事裁判的设计外，在开除达士博之后的善后措施上，日意格也尽量想做到息事宁人。尽管开除了达士博，但日意格并没有完全按照洋员、洋匠合同中的惩罚条款对达士博处以不给回国路费等惩罚，反而是采取了抚慰举动。日意格鉴于达士博在建造“万年清”等工作上有突出贡献，经常不分昼夜地在厂区工作，“虽有后错，究有前功”，请求沈葆桢发放给达士博3000两赏银以及回国的路费。② 沈葆桢除同意支给达士博回国路费外，对发放奖金一事则表示坚决的反对。“此等举动加之以赏，无论在中国骇人听闻，想西洋诸国亦定无此赏法也”。③

---

① 《海防档·乙》福州船厂（上），（台湾）“中央研究院”近代史研究所1957年版，第207—208页。

② 《海防档·乙》福州船厂（上），（台湾）“中央研究院”近代史研究所1957年版，第210页。

③ 《海防档·乙》福州船厂（上），（台湾）“中央研究院”近代史研究所1957年版，第211页。

正如达士博此前所威胁的那样，对自己遭到开除恼火不已的达士博果然向法国驻福州领事馆起诉日意格，要求日意格赔付其至原合同期满应领的22000两银工资（183663法郎）。署理领事巴士栋再次受理了涉及船政的法国人案件，陪审官中再度包括对日意格不怀好意的美理登。事发后，船政副监督德克碑颇有幸灾乐祸之意地向沈葆桢呈文，称如果领事馆判定日意格败诉，以日意格的薪水积蓄肯定无法承担数万两的赔款，而他身为在达士博的雇佣合同上签字的另一名雇主，原本将会承担连带赔偿责任，但自己实际已经被改任船政监督教练轮船，没有参与开除达士博的决策，所以声明倘若发生诉讼，自己绝不可能为日意格分担赔款，“监督已改派教练，此事并未预闻，倘复赔银，殊不公道……请明白批示脱却监督干系，后来不致赔累”。①

此后，围绕该案件的司法管辖权出现了一场混乱的争吵。

法国领事巴士栋坚持该案的管辖权在法国驻福州领事法庭，认为达士博到船政工作，其雇佣合同是和日意格、德克碑二人签署的，并非是与中国官方签署，因而解除合同、将其开除的权力实际掌握在日意格、德克碑这两名法国人之手，因而该案的性质仍然属于是在中国通商口岸发生的法国人告法国人的诉讼。至于日意格所做的精心设计，即开除决策是首先向船政大臣沈葆桢进行汇报，再由沈葆桢批示命令开除的这一程序细节，则被巴士栋轻描淡写地当成是日意格对沈葆桢表示尊重的形式上的礼貌行为，认为沈葆桢不过是照着日意格的报告意见而顺势批准，“钦差（指沈葆桢）照禀照撤，未尝查究应撤与否”，认为此事并不能影响案件的根本性质。

另外，德克碑在向沈葆桢请求免责后，将带有沈葆桢批示的呈文转交给巴士栋作为自己从中免责的证据。而沈葆桢在德克碑报告上的批语中“请撤总监工系日监督单衔具禀，即使办理错误，亦日监督一人承当，非贵监督干系也”等文字，被巴士栋抓住断章取义，认为这些文字恰好证明了开除达士博的决定是由日意格一人做出的。

---

① 《海防档·乙》福州船厂（上），（台湾）“中央研究院”近代史研究所1957年版，第209页。

面对巴士栋的这些主张，日意格向沈葆桢求援，希望沈葆桢对涉及案件司法管辖权的两个关键因素作出明确的文字声明，试图以此来反对法国领事馆对该案件的管辖。“候示者：一则钦宪有无总理洋员、匠之权，禀请撤退之事是否理应请示，抑不过礼貌上事？撤退员匠是钦宪撤之，抑只算监督撤之？一则雇募洋员匠有无奉示代立合同？各洋员匠等是与中国官打立合同，抑只算是与监督打立合同？至于撤退员匠之事，如欲查问，是否向中国长官查问，不必问诸监督？”①

日意格希望沈葆桢出具的这两项声明，其关键用意想就此对洋员、洋匠的合同重新定性，即雇佣洋员、洋匠的合同虽然是日意格、德克碑二人出面签订的，但日意格等的行为本质上是受了中国官方所托，真正的雇佣者应该是中国的船政。如果中方出具了类似的有效文书，日意格便能说明洋员、洋匠合同的解约权实际在船政官方手中，开除达士博也就顺理成章变成是船政官方的行为，而非日意格的个人举动。

沈葆桢立即对日意格施以强力援助，以公文批札的形式就所要声明的各点一一回应。因为知道日意格会将这份文件呈交法国领事馆作为证据，沈葆桢在其中的措辞语气格外的火爆激烈，显然是朝向领事巴士栋而发。“设船政为中国工程，中国有大臣主之，若法国领事官可以任意把持，则是法国船政，非中国船政也”“员匠不遵约束，监督理应检举，至撤与不撤本大臣自有权衡，非监督所能专擅也”“倘中国赋监督以重权，至撤留员匠本大臣且不相涉，谓领事官转可以任意讯之罚之，此何理耶！”批札末尾沈葆桢愤怒地表示，如果这种干涉行为是出自法国政府想要阻挠船政建设的用意，那么法国政府大可干脆命令日意格等技术人员全部撤回法国，“本大臣纵万分为难，亦自当另行设法办理”。②

沈葆桢的批札内容符合情理，不过其中并未就涉及管辖权的一个致命因素做出澄清，即洋员、洋匠雇佣合同的签署主体究竟是谁，只要不

---

① 《海防档·乙》福州船厂（上），（台湾）“中央研究院”近代史研究所1957年版，第212—213页。

② 《海防档·乙》福州船厂（上），（台湾）“中央研究院”近代史研究所1957年版，第213页。

就这一问题做出明确书面解释，便很难对案件的管辖权产生根本的影响。[①] 尽管中方严词抗议，仍然无法从法理上根本否决达士博的雇佣合同是和日意格、德克碑私人所签这一基本事实，法国驻福州领事巴士栋仍然对该案实施管辖，并判处日意格败诉，要求其向达士博支付22000两巨额罚金。

巴士栋之所以一再抓住领事裁判权这一尚方宝剑不断出招，其明显的目的是为了实现个人的政治野心。作为一名资历尚浅的年轻外交官，通过处理涉及船政法国人的领事裁判案件，他可能看到了一种充满诱惑力的前景，即倘若他在担任福州领事期间能够彻底瓦解日意格在船政洋员中的威信，那么船政的法籍技术人员团队便能操控在他的掌中，连带而及的，船政的中法技术合作项目将便会处于巴士栋的直接监控下。届时，巴士栋便将能以法国政府的代言人自居，将原本是私人行为的中法技术合作变成事实上被驾驭在法国官方影响下的活动，借以向法国政府显示他的突出工作能力。

只是巴士栋被个人膨胀的权欲野心遮蔽了基本的外交和政治常识，没有意识到他这样的行为如果持续下去，不仅中国船政官方难以忍受，连法国政府都将视其为麻烦制造者。巴士栋考虑未及的是，日意格等所发起的中法合作模式首先得到了中国官方的认可和授权，同时也获得了法国海军乃至法国中央政府的默许支持，双方的本意都是乐于看到船政成功，而在日意格执行中法技术合作工作本身并没有发生触怒中、法政府的行为，也未发生背离法国利益的情况时，巴士栋的横加干涉显然会激怒中国官方，甚至直接威胁到中法技术合作的继续开展，而这在法国政府看来，也必将是难以接受的。

3. 尉达乐事件

船政在遭遇博士巴事件后，首次意识到了洋员、洋匠的雇佣合同中

---

① 沈葆桢在有关洋员、洋匠雇佣合同的签署主体究竟为谁的问题上，并没有按照此前日意格的请求做出明确的书面解释，即声明雇佣主体实际是中国船政官方。沈葆桢的这种举动显然不能以粗心、遗漏等理由来理解，或许沈葆桢是考虑到船政对洋员、洋匠采取的通过正副监督进行管理的模式一旦被打破，未来的管理局面将很难预料，为保持这一既有模式，而不得已对日意格在此问题上的请援以谨慎的沉默来回应。

存在有漏洞，会在客观上引起法国领事裁判干涉船政内部事务的尴尬局面。当到了达士博事件发生时，日意格、沈葆桢便吸取博士巴案的教训，竭力通过改变处理洋员、洋匠时所采取的程序形式，希望将这种处理决定从形式上改为中国船政官方的行政决策，以求据此杜绝法国领事馆启动领事裁判程序，可是这种努力也被证明归于无效。以后人的眼光来看，当时如要破解此一怪局，其实真正有效的措施就是从肇祸之源的合同上寻求突破，或是由日意格、德克碑与洋员、洋匠签订补充合同，或是干脆由船政衙署和各洋员、洋匠重新订立合同，但此举必然会颠覆船政对洋员、洋匠的既有管理模式，当事人都未议论及此。

经达士博风波，沈葆桢和日意格都看出了巴士栋有意刁难的用心。沈葆桢开始向总理衙门呼吁，要求照会法国驻华公使，设法撤换巴士栋。但总理衙门考虑到当时中法之间围绕四川酉阳教案、贵州遵义教案的处理正处于外交僵局，不建议船政再生事端，“该国公使罗淑亚翻腾川黔各省教案，负气出京，其焰方张，幸而尚未搜及船政。若将巴世栋之事责令办理，无异开门揖盗”。[①] 而日意格则气愤地向此前批准和支持他接受中国船政雇佣的法国海军方面通报此事，向法国海军中国、日本海支队司令求援，抗议巴士栋的做法严重损害了法国在船政事务上的影响力。

一波未平一波又起的是，就在沈葆桢、日意格设法杜绝法国领事裁判干涉，而法国海军中国、日本海支队也在就此事与驻华公使进行交涉时，类似的风波再度生起。

医生尉达乐是日意格、德克碑从法国雇佣的洋员，与原船政洋员总监工达士博等同批来华，其为人性情刁钻，对中国人则趾高气扬，抱有严重的种族成见，极不友好。自从抵达船政开始，尉达乐乃至其家人便不断地挑剔生事，其拒绝为船政的中方人员医治，又嫌居住条件不合宜，当法国在福州设立领事馆伊始，尉达乐即向领事馆方面靠拢，暗中配合领事馆的工作，成为首个起诉日意格的船政洋员。

1870 年初，尉达乐和其妻子殴打一名马尾当地的中国商人，日意

---

① 《海防档·乙》福州船厂（上），（台湾）“中央研究院”近代史研究所 1957 年版，第 216 页。

格闻讯后加以制止，引起了尉达乐的不满，认为此举是在剥夺他“作为法兰西臣民的固有优势”。[①] 当时正值法国海军中国、日本海支队应日意格的要求，派人秘密到马尾调查领事馆干涉船政洋员管理事件，法国领事巴士栋写给尉达乐的两封书信被海军密使掌握。信中文字充满了对日意格的偏见，巴士栋甚至在信中称“日意格在过去一年尝过和领事交涉的味道，还没有学会更多地尊重领事的权力”。[②] 由此，巴士栋在处理涉及船政诉讼时的立场不免令人起疑，再加之多次涉及日意格的领事裁判中被巴士栋邀请充当陪审的美理登，也曾经在船政建设事务上和日意格发生过矛盾，更令人怀疑这种裁判的公正性。

这些重要的证据很快被报告至法国海军中国、日本海支队，随后由海军方面通报至法国驻华公使馆，公使罗淑亚（Louis Jules Emilien Rochechouart）正面提醒巴士栋，要求其立刻停止对船政事务的干涉，并告知巴士栋，他的举动将可能损害到法国的利益。十分凑巧的是，就在巴士栋遭到当头棒喝的时候，和巴士栋私交甚好的医生尉达乐突然生事，并提起针对日意格的诉讼，再度启动了领事裁判程序。

1870 年 8 月 10 日，尉达乐向日意格提交了一份禀文。尉达乐称，8 月 7 日早晨他的妻子在马尾中岐江边被一名中国人咒骂，下午 1 点这名中国人又来到他的寓所外咒骂，尉达乐要求日意格将此情况报告船政大臣，“将该人提办”。禀报中，尉达乐还追溯了以往他在马尾地方和中国人发生的种种纠纷，气势汹汹地指责船政衙门对涉事中国人处置不力，以至于此类事情屡有发生。信后，明显别有用心的是，尉达乐还将他所谓的遭中国人欺侮事件与当时一度使中国对西方外交陷入被动的天津教案相联系，称天津教案的风潮也波及了船政，“船政中工匠人等多有声吓说杀之语，以致船政洋人心怀惊恐”。对于此禀文，尉达乐不仅上报给了日意格，竟然还分别抄发德克碑以及领事巴士栋，并请巴士栋转发给法国驻华公使以及法国外交部。[③] 这些居心叵测的举动显现了此

---

① 〔美〕庞百腾：《沈葆桢评传》，上海古籍出版社 2000 年版，第 221 页。

② 〔美〕庞百腾：《沈葆桢评传》，上海古籍出版社 2000 年版，第 221 页。

③ 《海防档·乙》福州船厂（上），（台湾）“中央研究院”近代史研究所 1957 年版，第 255—256 页。

事幕后必定别有阴谋，极可能是巴士栋对法国海军以及驻华公使对他的制约行为不满，而与尉达乐互相配合，想故意借当时中国涉法教案频发的外交背景，而将船政的事件闹大，以再度证明是日意格缺乏管理船政洋员、洋匠的能力，而自己行使裁判权完全得当，从而达到抵制法国海军以及驻华公使对他进行干涉的效果。

日意格将尉达乐别有用心的禀文转报给了船政大臣沈葆桢，沈葆桢阅览后勃然大怒，为此事专门致函总理衙门，并将尉达乐的禀文一并转抄。沈葆桢向总理衙门说明，针对尉达乐禀帖中的控诉，日意格进行了详细调查，对船政的洋员、洋匠一一进行了询问，证明所谓船政中方工匠因天津教案而对法人喊杀的说法完全是子虚乌有的编造，“据各洋员匠均云并无此事，来往照常”。至于尉达乐所说的他与家人经常遭中国人攻击一事，经调查其他洋员、洋匠都并未遭遇类似情况，说明尉达乐与其家人的不当行为可能是导致纠纷的致衅之由，“人情不甚相远，岂有中国人偏厚于各洋员洋匠，而独薄于医员之理，更无各洋员洋匠偏厚于中国人，独薄于医员之理。该医员好作冤抑危险之语，诚不解其何心”。针对尉达乐将带有“船政大局危险”等耸人听闻内容的禀文抄送法国驻福州领事、驻华公使以及外交部的情况，沈葆桢气愤地提醒总理衙门，此举“一则无故咨诉，有伤中国待人脸面。一则有碍监督节制之权”，而且还有挑拨中法两国之间争端的险恶用心，“缘法国各官得尉医员咨，知船政洋员匠如是担险，难保不饬调兵船前来救护，或文书询问缘由，岂不有伤和气，有伤大局乎”。[①] 沈葆桢给总理衙门的公函中心意思在于，如果仍然留尉达乐在船政服务，必定将会继续“无事生变”，殃及船政大局，暗示总理衙门应就是否开除尉达乐给予明确指示。

沈葆桢此次明显是想要趁着尉达乐故意闹事的机会，让总理衙门也介入到对船政洋员洋匠管理的决策中，尝试以总理衙门批准开除的形式，来杜绝法国驻福州领事馆对船政洋员洋匠管理事务的干涉。不过，总理衙门的态度显得十分油滑，就此事并未有明确的表态，最终仍然是

① 《海防档·乙》福州船厂（上），（台湾）“中央研究院”近代史研究所1957年版，第254页。

由日意格出面将无法无天的尉达乐开除，而尉达乐立刻向领事馆起诉日意格。此时，法国驻华公使罗淑亚已经通过商议外交部，决定撤销巴士栋的领事职务，命令其返回法国，而巴士栋似乎不放过最后实施报复的机会，借口自己的健康有问题，短时间内无法进行远程奔波，坚持要留在福州领事任上，继续处理尉达乐起诉日意格的案件。这次的判决结果毫无悬念，依然是日意格败诉，而且显得这次诉讼带有恶意报复色彩的是，巴士栋不仅判决日意格应赔付尉达乐合同未到期时段的工资和其全家回法国的路费，而且居然命令日意格必须提供价格昂贵的一等舱船票。①

处理完尉达乐的诉讼案件后，已经被法国海军和外交部视作是麻烦制造者的巴士栋终于在 1870 年末离开了福州，法国驻福州领事一职改由沙伯伦（Le Comte de Chapedelaine）担任，② 而与英国籍海关总税务司赫德关系密切，对日意格同样不抱好感的闽海关税务司美理登也于 1871 年 7 月辞职，8 月 5 日离任。③

持平而论，船政五年计划时期发生的领事裁判风波，其起因一方面是由于五年计划在设定洋员、洋匠的雇佣模式时不够严密，未考虑到法国人在中国受领事司法管辖的情况，以致给人可乘之机，另一方面则是因为巴士栋个人的勃勃野心使然，而美理登、尉达乐等与日意格关系不佳的法国人从中推波助澜也是不容忽视的原因。从当时法国政府的角度来看，由法国人参与到中国重大的近代化建设项目中，可以扩大法国在中国近代化事务上的影响力，对中国的海防建设产生持久和长期的影响，属于政府乐观其成的大好事，也因此在日意格、德克碑向法国海军与殖民地部汇报时，最终得到了赞许和支持。不过由于日意格、德克碑和中国的合作属于个人行为，法国政府为确保这一合作计划成功以及确保这一合作计划按照法国政府乐见的路线推进，必须设法对此事加以监

① 〔美〕庞百腾：《沈葆桢评传》，上海古籍出版社 2000 年版，第 222 页。

② 《清季中外使领年表》，中华书局 1985 年版，第 117 页。

③ 美理登的辞职时间参见刘武坤：《旧中国海关总税务司、税务司名录》（二），刊于《民国档案》1986 年第 3 期，第 134 页。美理登的离职时间参见：《闽海关历任税务司名录 1861—1948》，刊于《福建文史资料》第十辑，1985 年版，第 187 页。

督，在福州设立法国领事馆明显是带有这样的目的。然而年轻的领事官巴士栋野心勃勃，不甘心只是充当一位默默的局外监督者，而利用领事裁判权不断积极干涉船政洋员洋匠队伍的管理事务，意图警告、逼迫日意格对其俯首帖耳，以使领事馆对船政洋员洋匠队伍形成直接而有力的控制。在日意格忠实地执行诸如向法国海军与殖民地部不断报告船政建设情况等符合法国利益的工作，且与中国船政的合作平稳进行的时候，巴士栋的做法导致了一场大混乱，甚至直接威胁到中法技术合作的继续进行，而这显然已经严重违逆了法国政府在福州设立领事馆的本意。撤销巴士栋的职务，正是法国政府为维持和确保中法合作船政项目成功的举措。尽管此后法国驻福州领事馆依然拥有行使领事裁判的权力，而船政洋员、洋匠仍然还是执行着当年日意格、德克碑以个人名义签署的雇佣合同，但至 1874 年中法合作船政五年计划届满时为止，再未出现法国驻福州领事馆借领事裁判权对船政事务进行干涉的情况，这其中法国政府显然对其驻华外交机构作了某种警诫和约束。

在中国既往围绕船政乃至中国近代化事务的研究和讨论中，当遇到诸如巴士栋事件之类的涉外矛盾时，往往因为掌握资料不全面、不仔细等问题，习惯使用帝国主义列强对中国怀有野心等泛泛的语言来解释这些矛盾的起因，而忘了去关注在这些事件中很可能当事外国个人的行为与其国家政府的政策并无直接的关系，甚而其实是违逆了其国家的政策导向。在谈及巴士栋事件时，法国学者巴斯蒂依据法国外交部档案做出的分析和结论，同样是认为巴士栋利用领事裁判权干涉船政事务的举动实际是出自其个人主张，法国政府不仅对此不支持，甚而是非常反对的。

> 1869 年 5 月被任命的福州领事馆年轻干事巴士栋却想方设法、利用各种借口对船政局的生活和活动进行干涉。巴士栋年仅 27 岁，这是他第一次担任领导。他向驻北京的法国公使馆提交的报告需要至少一个半月才能得到答复指示，从巴黎的外交部得到答复也需要至少四到五个月的时间。法国驻福州领事，除了能管辖在船政局工作的法国人外，别无他事可做，因为在福州，再没有别的法国人，也没有其他法国商务。巴士栋的行为说明他毫无经验，好管闲事，尤其说明他想在上司面前显示自己热情洋溢而积极，以便获得晋升，

得到一个更有利可图的官职。这仅仅是巴士栋个人所持的态度，它丝毫也反映不了法国政府的政策。另外，巴黎方面在收到巴士栋的头几份报告后便对他提出指责，其后对他的看法提出否认。①

三、宋晋奏参风波

法国驻福州领事巴士栋挑起的领事裁判风波在 1870 年末被彻底平息，船政内外重新恢复到正常的工作氛围中，然而不久之后，在船政的上空又集聚出现了一场几乎危及其生命的雷暴。

1871 年 12 月，清廷批准沿海各省调用船政军舰，正在总理衙门督促沿海省份认领船政军舰的时候，1872 年 1 月，向来对近代化事务并不热心的内阁学士宋晋突然上奏，矛头直接对准了中国的自造蒸汽舰船事业，要求撤停船政以及一并停止江南制造局的轮船制造业务。宋晋的奏折全文篇幅并不长，但却充满了精心的设计，其内容为：

闽省连年制造轮船，闻经费已拨用至四五百万，未免糜费太重。此项轮船，将谓用以制夷，则早经议和，不必为此猜嫌之举，且用之外洋交锋，断不能如各国轮船之利便，名为远谋，实同虚耗；将谓用以巡捕洋盗，则外海本设有水师船只，如果制造坚实，驭以熟悉沙线之水师将弁，未尝不可制胜，何必于师船之外，更造轮船，转增一番浩费；将欲用以运粮，而覈其水脚数目，更比沙船倍费。每年闽关及厘捐拨至百万，是以有用之帑金，为可缓可无之经费。以视直隶大灾赈需，及京城部中用款，其缓急实有天渊之别。

此在国家全盛时，帑项充盈，或可以此创制新奇，示斗智角胜之用。今则军务未已，费用日绌，殚竭脂膏，以争此未必果胜之事，殊为无益。且闻制造原归帑项，而一切采买杂料，皆系委员四出办理，即官为给价，民间亦不无扰动。闻历任督臣吴棠、英桂、文煜，亦多不以为然。江苏上海制造轮船局，亦同此情形，应请旨饬下闽

① 〔法〕巴斯蒂：《福州船政局的技术引进》，转见林樱尧主编：《船政研究集萃》，福建省马尾造船股份有限公司 2011 年编印，第 115 页，注 9。该书中，巴士栋的名字被音译为布朗谢通，本书为统一起见，在引文中将布朗谢通一名改换为巴士栋。

浙、两江督臣，将两处轮船局，暂行停止，其每年额拨之款，即以转解户部，俾充目前紧急之用。其已经成造船只，似可拨给殷商驾驶，收其租价，以为修理之费，庶免船无可用之处，又糜费库款修葺也。①

宋晋，字锡蕃，1802 年生，江苏溧阳人，道光二十四年（1844 年）甲辰科进士出身，一生在京供职，历任翰林院编修、国史馆纂修、翰林院侍讲学士、光禄寺卿、署理礼部左侍郎等，累迁至内阁学士。② 太平天国战争时期宋晋曾上奏举荐过曾国藩、李鸿章、吴棠等后来的封疆大吏，③ 其为人以品行清直著名，且好发议论，在传统知识分子中颇具声望，思想方面则趋于保守。宋晋一向对轮船事务没有什么了解和议论，此次上奏本身就令人感觉十分蹊跷，而奏折的内容更是如此。

宋晋奏折的主旨是从制夷、捕盗、运粮等多个关于轮船的用途方面进行分析，抨击自造轮船的无用，论证此事属于虚糜经费，建议清廷将此事业全盘停止，以樽节经费。奏折中看似同时提到了船政和江南制造局，但主要意见实际都是针对船政而发，对江南制造局不过是一笔带过。倘按其所奏，江南制造局纵使停止造船，只不过是取消了一个生产部门而已，但是如若关停船政造船，乃至将已经造成的军舰全部出租给商人，对船政不啻是连根铲除式的打击。另外在这份奏折中，对关乎船政的生死大事，宋晋竟然建议由闽浙总督来决策处理，完全避而不谈总理船政大臣，此举无疑是注意到了且想借用总督文煜对船政的消极态度，从而实现从快置船政于死地的目的。同时，宋晋建议将船政的命运交在闽浙总督手中，仿佛船政是闽浙总督府的附属，这也与清廷对船政的一贯态度合拍，显示了其对清廷政策有很好的把握。

这份奏折所引的论据，除了国家经费紧张之外，其他都十分牵强、荒谬，然而清廷的处理态度令人意外，宋晋的奏折不但未被搁置或掷

---

① 《宋晋奏闽省上海轮船请饬暂行停止折》，《筹办夷务始末》（同治朝）（九），中华书局 1964 年版，第 3407 页。

② 台北“故宫博物院”图书文献处清国史馆传包，702002203—1 号，“宋晋列传”。

③ 《请派大员剿防安庆疏》《请简王梦龄暂护漕督，吴棠署理徐道片》《请饬激励乡团片》，《水流云在馆奏议》，（台湾）文海出版社 1972 年版，第 81—83、99—102、173—174 页。

回，反而在收到上奏的 1 月 23 日当天就做出了处理，廷寄上谕，将宋晋的奏参抄发给相关省份的督抚进行讨论。从这一不同寻常的处理效率上，仿佛可以感受到清廷对宋晋的上奏似乎预有准备，或是早已产生了和宋晋类似的意见，从而才能对上奏的内容产生了一拍即合的高效反应。①

廷寄上谕里，内容安排和宋晋奏折中的设计套路十分配合，主要的篇幅也都是将矛头指向船政。

在责成大臣讨论处理的安排上，清廷上谕并没有如同以往讨论重大事务时那般责成大量相关大员广泛发表意见，而是对参与讨论的人员及其可以讨论的范围作了明确的限制。对于船政的生死决策，上谕指定由福州将军兼闽浙总督文煜和福建巡抚王凯泰二人来进行商议答复，原本在船政事务上应该有发言权的左宗棠、沈葆桢都被排除在外。福州将军文煜是恭亲王奕䜣的亲家，该人对船政的态度，宋晋在上奏中说得已经非常明确，即“不以为然”。而福建巡抚王凯泰是江南机器制造局缔造者李鸿章的幕僚出身，其对船政的态度同样也很暧昧。将一手创办和主持了船政建设的左宗棠、沈葆桢二人排除在外，而把决定船政生死的大权交在对船政并无兴趣乃至原本就持反对态度的王凯泰和文煜手中，清廷对撤停船政的倾向性态度没有任何的掩饰。由宋晋的奏折与清廷的上谕之间所存在的唱和之感，不难想象宋晋突然上奏的背后，可能另有玄机。

上谕对江南机器制造局造船部门的生死问题，则指定由两江总督曾国藩、江苏巡抚何璟、前江苏巡抚张之万三人协商答复。这三人中，位高望重的曾国藩明显是主角，何璟、张之万实际不过是陪衬。江南制造局是由李鸿章在任江苏巡抚时期创办的军工生产机构，其造船部门则是

① 宋晋上奏的 1872 年初同治帝尚未亲政，清廷中枢决策多出自军机处，军机处的领班大臣为恭亲王奕䜣，军机大臣为文祥、宝鋆、沈桂芬、李鸿藻，均是恭亲王一派的人物。曾谋划外购军舰的恭亲王奕䜣对船政、江南等自造轮船事业实际都不看好，且当时恭亲王任总理大臣的总理衙门正在为船政因缺乏经费而求各省调拨军舰一事大费周章。针对宋晋上奏而作的谕令，其内容极可能是出自恭亲王及其领导下的军机处的筹谋。

由曾国藩一力推动组建的。作为江南造船事业的开创者，曾国藩对中国自造蒸汽军舰充满了热情，显然会反对宋晋的主张，可是清廷的上谕明确指定曾国藩只能就江南造船的存废发表意见。在这样的精心布局下，围绕宋晋奏折而展开的讨论，其最有可能的结果便是两江方面反对关停江南造船业务，而闽浙方面赞成关闭船政，从中可以揣度到清廷存在有想要关船政、保江南的真实目的。由此，也就不难理解宋晋为什么在奏折中用大量的篇幅攻击船政，而对江南机器制造局只作轻描淡写。

此外，在指示用词上，也能看到清廷有着特别的暗示。上谕对福州将军文煜和福建巡抚王凯泰的要求是“通盘筹画，应否将轮船局暂行停止之处，斟酌情形，奏明办理”，而对两江总督曾国藩等的要求则是讨论“上海轮船应否一律停造”。从字面就能理解到，船政停办似已是箭在弦上的必定之事，江南制造局的轮船部门是否和船政一律停办，则还有讨论的余地。①

接近同治十年岁末，驿马从京城奔驰而出，将事关船政与江南制造局造船部门生死的秘密谕令送往地方，递给相关大臣。春节过后，两江方面最先做出了反应。一如当时地方督抚们就洋务等事上奏前的通例，两江总督曾国藩也是先致函中央主管洋务建设的总理衙门，将自己的意见先与总理衙门进行沟通，试探高层的态度意见，以求达成共识后再正式上奏。当时总理衙门大臣和军机处领班大臣同为恭亲王奕䜣，此举实际上便成了在正式汇报到中央层面进行讨论前，先私下探询恭亲王的意见。写于 1872 年 3 月 7 日的信件里，曾国藩婉转地表示了反对宋晋的主张，坚持称建造蒸汽动力军舰是中国必办的自强之策，不能因为耗费大、成事难而轻易放弃，“中国欲图自强，不得不于船只、炮械、练兵、演阵等处入手”。信中并以东邻岛国日本的情况作为例证，“日本僻在东隅，新办轮船闻亦不少，彼岂不惜经费？抑谋国者有所不得已也”。对江南制造局的造船部门是否应该停办，曾国藩提出了自己的折中建议，即暂时不停办，“兵船除现造二号外，拟再造一、二号，专操水战；商船除已成四号外，拟再造四、五号，平日则租于商人装货，有事则装载

---

① 《廷寄》，《筹办夷务始末》（同治朝）（九），中华书局 1964 年版，第 3408 页。

陆兵救援他省”。至于对清廷的具体复奏何时呈上，曾国藩则称自己已经将上谕等件抄发给江南制造局道员冯浚光和综理江南轮船操练事宜吴大廷，让他们就自己的想法“详细酌议，妥筹章程”，待形成详细方案后再报总理衙门讨论，而后再“恭折复奏”。[①]

世事难料的是，就在向总理衙门发出这份函件的几天后，1872年3月12日曾国藩在江宁（今南京）去世，署理两江总督的江苏巡抚何璟未再就宋晋上奏停办轮船建造一事有专折上奏，曾国藩给总理衙门书信中的建议便成为了两江方面在此事务上的最终意见。

与两江方面的反应相比，闽浙方面的举动就迟缓了许多。从种种迹象看，文煜、王凯泰收到清廷密旨后，可能是领会了清廷专门指定他们进行商议的深意，并没有将此事告知在福州丁忧守制的沈葆桢以及在马尾代理主持船政全局的船政提调夏献纶，远在西北的左宗棠更是无从知晓。直到同治十一年正月初九（1872年2月17日），即曾国藩致函总理衙门的半个月前，在两江担任综理江南轮船操练事宜的原船政提调、左宗棠亲信吴大廷向左宗棠致信，私下通报了该事，而且吴大廷还将清廷发至两江的上谕和宋晋原奏一并转抄给了左宗棠，这桩事关船政生死的大事这才完全呈现在了船政创始者的面前。

在给吴大廷的回信里，左宗棠表达了自己得知此事后的痛苦心情，又因清廷并未要求他就此事发表意见，而感到无能为力。“接正月九日书并抄件，敬悉一切。轮船创造，群议其难成，仆毅然肩之，于去闽时昼夜筹议，始定此局，亦虑及后此有蹶吾成者，今果然矣！朝士于当时应节之费，不一置啄，独于此断断不舍，不解是何居心？然事理既白，效有可睹，经费亦未尝无可设措，只须外间有坚持正议之人详切言之，庙堂亦必知此事之不可以已耳。仆待罪西陲，于海疆诸务，非奉垂询，不敢妄陈及之，亦自处之道应尔。至遇关键节目，亦不忍坐视……此事如蒙见商，当毕其愚以献”。[②]

① 《海防档·乙》福州船厂（上），（台湾）“中央研究院”近代史研究所1957年版，第326页。

② 《答吴桐云观察》，《左宗棠全集》第十一册，岳麓书社1996年版，第296—297页。

吴大廷向左宗棠通报一事，从其发生的时间以及左宗棠回复中的一些文字细节来看，极有可能是出自曾国藩的授意。当时或许是发生了下述的情况，即按照清廷上谕，曾国藩只能对江南制造局造船部门的存亡发表意见，而曾国藩从上谕中明显可知清廷在船政存亡的问题上有意避开了左宗棠，而文煜、王凯泰很有可能建议关停船政。与左宗棠关系不佳的曾国藩不便与其直接沟通，遂通过和左宗棠关系密切的吴大廷转告，提醒左宗棠上疏保卫船政。另外，当左宗棠收到吴大廷寄来的清廷上谕抄件后，必然已经明白有权向清廷汇报的诸大员中只有曾国藩一人是自造轮船事务的坚定支持者，尽管上谕里没有让曾国藩就船政的存亡发表意见，但左宗棠所能够期望坚持正议的人其实只有曾国藩，其在给吴大廷的回信中所寄希望的“外间坚持正议之人”可能就暗指的是曾国藩。

对船政生死一事，左宗棠因为师出无名，难以声援，沈葆桢、夏献纶也大都处于同一困境，而清廷上谕明确指令就船政存亡发表意见的文煜、王凯泰也明白事关重大，并未匆忙表态。让人始料未及的是，就在曾国藩致函总理衙门以及吴大廷和左宗棠书信往还的同治十一年正月里，另外一位本也不在此次讨论范围中的重臣涉足了此事，此人的身份和所持的态度使得宋晋上奏撤停船政事件的幕后性质更显复杂。

北洋大臣、直隶总督李鸿章是江南机器制造局的开创者，当时实际上还对江南机器制造局发挥着重要影响力，但清廷下谕讨论船政、江南造船生死命运时并没有让李鸿章参加。不过李鸿章和此一事件中的几位当事人关系特殊，其中上奏挑起事端的宋晋与李鸿章的关系十分密切，被指令就船政应否停办发表意见的福建巡抚王凯泰是李鸿章的幕僚出身，负责就江南造船部门应否停办发表意见的两江总督曾国藩则是对李鸿章有知遇之恩的恩师。

1872 年 2 月 29 日，李鸿章在和福建巡抚王凯泰讨论了当时船政军舰帮助运送赈米赴津等事务的信中，突然询问起王凯泰对宋晋奏折的意见，进而向王凯泰陈述了自己对此事的态度。“前雪帆阁部（指宋晋，宋晋字雪帆）有停造轮船之奏，未知执事如何筹复……沪局系雇用洋匠，由我主政，行止尚易操权。左帅初定闽局合同，似有欲罢不能之势，或仅议定制造若干只，工竣即行截止。闽船创自左公，沪船创议曾相，鄙人早知不足御侮，徒添糜费，今已成事，而欲善其后，不亦难乎”。[①]

从信中措辞不难看出，李鸿章对宋晋所提出的裁停船政的主张竟然是抱了完全支持的态度，此信明显是想影响王凯泰的决策。由此联系到李鸿章当时在调拨船政军舰事务上的消极态度以及李鸿章和宋晋密切的私人关系，不免令人浮想联翩。

就在致王凯泰的这封信发出几天后，3 月 5 日李鸿章又在就裁停自造轮船一事和恩师曾国藩的讨论书信中表达了自己的态度。其话语虽不如在致王凯泰的信中说得那般直接，但根本态度如出一辙，显然的意思是劝曾国藩不要出头去反对宋晋的主张。“兴造轮船、兵船，实自强之一策，惟中国政体，官与民、内与外均难合一，虑其始必不能善其后，是以鸿章于同治四、五年创议铁厂时，左公已先议造船，鄙意未敢附和，但主仿造枪炮军火，谓可自我发而收之也，即不备于水而尚有备于陆也。兹闽、沪造船已六载，成器成效，不过如此，前兴之而后毁之，此信之而彼疑之，及今吾师与左公尚存异议已多，再数年、十数年后更当何如。财欲其费，效欲其缓，百年或有与洋制争胜之日。今世不欲多费财，又不欲缓收效，士大夫恒情皆然，岂独雪帆。雪翁此奏亦采中外众论而出之也。仲仙之去，芗岩之告，幼丹之辞，皆为船局。补帆又屡来书，询官轮处置之法，亟亟求去之。即易疆吏百，而所见则一，人孰不视官为传舍，有忧国如家、视远如近者乎，可悲也。师门本创议造船之人，自须力持定见，但有贝之财、无贝之才不独远逊西洋，抑实不如日本。日本盖自其君主持，而臣民一心并力，则财与才日生而不穷，中土则一二外臣持之，朝议夕迁，早作晚辍，固不敢量其所终极也”。[②]

给曾国藩的这段信文，更像是李鸿章对自己为何对自造轮船持消极态度的内心独白。李鸿章直指当时中国官员为政缺乏责任心、近代化事业得不到中央坚定支持等种种弊端，对曾国藩、左宗棠因为开创造船洋务而招来各种异议感到慨叹，表示他当时之所以不支持自造轮船，主要

① 《复王补帆中丞》，《李鸿章全集》第三十册，安徽教育出版社 2008 年版，第 408 页。

② 《复曾中堂》，《李鸿章全集》第三十册，安徽教育出版社 2008 年版，第 413 页。

是担心朝廷没有定见、外界众议汹汹，而自造军舰收效缓慢，容易被变数打断。日后李鸿章所持的自造军舰不如外购军舰的思想，在此已经能够看出根苗。信中还有一处值得人思忖的细节，在向曾国藩解释宋晋观点时，李鸿章明显有为宋晋开解之意，而且提到了宋晋的观点是参考了“中外众论”，此处不禁令人怀疑李鸿章是否以往与宋晋交流时曾经提到过对自造轮船的不看好，宋晋奏参中的一些证据是否得自于和李鸿章的交流。①

自曾国藩去世后，就宋晋所议进行复奏的焦点聚集向了八闽之都福州，但是文煜、王凯泰还是迟迟没有答复，期间必然是在和与他们熟悉的一些政场大佬们不断交换意见。一直到了当年 4 月 7 日，清廷才收到了二人就船政存亡决策问题的复奏。

奏折中，文煜、王凯泰并没有就船政是否应当停办给出明确的意见，一派准备听任朝廷安排的被动姿态。但奏折中又汇报，按照船政的五年计划中的约定，倘若中途中方无故停办造船，还需要向洋员、洋匠团队支付一笔遣散费和回国交通费，② 同时船政已经采买而未结清款项的物料需要清算结款，“定买外国物料，势难退回者，应给价值”。经测算，这部分费用共计达到 70 余万两，相当于船政一年的运行经费的总和，文煜、王凯泰奏请由清廷来“筹拨”这笔资金。此外，对于宋晋提出的将已经造成的军舰出租给商人的建议，文煜、王凯泰则表示没有必要，倘若裁撤船政，其已经造成的军舰仍然应采取已经在进行中的分拨各省驻防的模式，以此解决养护经费和军饷。③

---

① 有关李鸿章在宋晋事件中的真实态度，姜鸣先生已有注意。见姜鸣：《龙旗飘扬的舰队——中国近代海军兴衰史》增订本，生活·读书·新知三联书店 2002 年版，第 68 页，注 64。

② 船政五年计划的合同规约中规定，如果合同未满期间中方无故中止合同的，中方需要多支付给各洋员、洋匠 4 个月工资以及给予回国路费。但从文煜、王凯泰的上奏看，是需要将各洋员、洋匠合同尚未执行期间的工资也一并发给，还需要将原计划中的奖金发给，似乎是故意夸大了中止合同而将付出的经济代价。鉴于文煜、王凯泰对船政的事务本不熟悉，这一违约金金额可能是他们向船政征询后，由船政方面向其提供的。

③ 《文煜等奏复陈闽厂造船情形折》，《筹办夷务始末》（同治朝）（九），中华书局 1964 年版，第 3444—3446 页。

文煜、王凯泰的奏复对船政的命运存亡摆出了一副听天由命的无所谓姿态，清廷只需依议准奏就可以终结船政的生命，不过奏折中提到的70余万两银却成为清廷此前未曾料及的难题。宋晋上奏裁停自造轮船的主要目的是为了节费，如此节费尚无可观，而船已停造，人已解散，且得罪了左宗棠等重臣，失信于洋人，而且还要清廷想办法解决70余万两银巨款来收拾残局，明显是十分不智之举。船政的命运在几乎就要颠仆倒地的危急关头，突然出现了戏剧性的大逆转。

针对文煜、王凯泰的复奏，清廷在第二天匆匆廷寄上谕为自身解围。“当此用款支绌之时，暂行停止，固节省帑金之一道，惟天下事创始甚难，即裁撤亦不可草率从事。且当时设局，意主自强，此时所造轮船，既据奏称较之外洋兵船尚多不及，自应力求制胜之法，若遽从节用起见，恐失当日经营缔造之苦心”。①

上谕开头的一番话语实际已经表示清廷将不再考虑停办船政，不过为了朝廷的颜面计，又不能如此这般虎头蛇尾草草收场，紧接着谕令要求再进行一次大讨论，由相关大臣“通盘筹划，现在究竟应否裁撤，或不能即时裁撤，并将局内浮费如何减省，以节经费，轮船如何制造，方可以御外侮各节，悉心酌议具奏”。参加“通盘筹划”的大臣仍然由中央指定，但清廷并没有再让福州将军、福建巡抚等就此事拿主意，而是指定左宗棠、沈葆桢、李鸿章三人来会商。似是为了确保这些大臣不会提出关闭船政的出格建议从而又将筹措70余万两银的难题推给中央，上谕还做了预防性的设定，称倘若左宗棠、沈葆桢等认为船政应该关闭，那么为此要支付给洋员洋匠等的巨款必须由福建地方设法自行解决，“即著会商文煜、王凯泰酌量筹拨”。在上谕的最后，另对文煜、王凯泰上奏提出的继续以船政军舰调拨各省的模式表示了认可。

清廷此次上谕的内容在本质上已经对之前宋晋奏折中的主张作了否决，和前次的上谕态度截然转变，属于自食其言的行为，这其中70余万两银巨款似乎是起了重要的影响作用。清廷之所以召集左宗棠等大臣

---

① 《海防档·乙》福州船厂（上），（台湾）“中央研究院”近代史研究所1957年版，第332页。

讨论，只不过是为裁停船政风波收场而作的伴奏点缀而已，可是在这些怀抱着忠君救国思想的大臣自己看来，却都将此视为对中国的自强大计直抒胸臆、影响天听的大好机会。

三人之中，左宗棠的复奏最先于 5 月 13 日到达清廷，明确表态“福建轮船局务，必有可成，有利无害，不可停止”。

左宗棠在奏折里先是从船政建设的效率、造舰、育人等方面详细陈述，驳斥宋晋的观点，说明船政经费投入数额巨大的原因，强调并不存在糜费的情况。而后用恍若是带有批评、教训式的口吻指出：“此举为沿海断不容已之举，此事实国家断不可少之事。若如言者所云，即行停止，无论停止制造，彼族得据购雇之永利，国家旋失自强之远图，堕军实而长寇雠，殊为失算。且原奏因节费起见言之，停止制造，已用之三百余万能复追乎？定买之三十余万及洋员洋匠薪工等项能复扣乎？所谓节者又安在也？”在奏折的最后，左宗棠以不无讽刺之意的辛辣语句结尾：“兹幸朝廷洞瞩情形，密交疆臣察议，成效渐著，公论尚存。微臣得于钦承垂询之余，稍申惓惓不尽之意，否则微臣虽矢以身家性命殉之，究于国事奚所裨益。兴念及此，实可寒心”。[①]

继左宗棠之后，船政大臣沈葆桢的奏折在 5 月 26 日到达清廷。沈葆桢针对宋晋对船政造船的各条批评一一详细辩论，就宋晋暂停造船而节费的主张发表批评意见，并详陈如果关闭船政将有何等的害处：“倘因是而废之，机器所置甚巨，发卖无承售之人，存储有看守之费，积日朽蠹，卒亦归于无用。轮船无一岁不修者，数年则一大修，且须撤换机器，工停而船无可修，则厂废而船随之俱废，然犹曰举已费者弃之耳。骤筹七八十万金，遣散不做工之洋人，清还不适用之物价，海关厘局未必具此巨款，更那解部之款，协饷之款，以应此急需，是省费而费愈迫也，然尤曰一劳永逸耳”，最后表态“窃以为（船政）不特不能即时裁撤，即五年后亦无可停，所当与我国家亿万年有道之长，永垂不朽者也”。[②]

---

① 《左宗棠奏闽省轮船局必可有成不可停止实在情形折》，《筹办夷务始末》（同治朝）（九），中华书局 1964 年版，第 3456—3459 页。

② 《沈葆桢奏缕陈船政情形不可遽行停办折》，《筹办夷务始末》（同治朝）（九），中华书局 1964 年版，第 3467—3470 页。

收到沈葆桢上奏的当天，清廷谕令等待李鸿章的奏折到后再统筹决策颁发谕旨，同时要求文煜、王凯泰、沈葆桢等不要停止船政的正常生产工作，“仍将该厂未成船只，督饬委员照常办理，毋稍玩忽”。①

心中实际上对停办船政无可无不可，甚至有赞成之意的李鸿章，其复奏在6月20日呈达清廷。李鸿章的这篇奏折笔法十分油滑，较大的篇幅实际都在论述洋务大道理，其著名的“数千年未有之大变局”说就出自于该奏折。李鸿章在奏折中对船政的存亡与否也表态为不应裁撤，“该局至今，已成不可弃置之势，苟或停止，则前功尽弃，后效难图，而所费之项，转成虚糜，不独贻笑外人，亦且浸长寇志。由是言之，其不应裁撤也明矣”。对如何节省经费等船政的细节事务，则称自己并不熟悉，“闽厂相距过远，臣实不知其详”，而未做详述。除此，李鸿章另在该奏折中用很大篇幅提出了诸如发展铁甲舰，专门制造蒸汽动力商船，办理机器采煤、采铁等洋务新主张。②

后世少有研究者关注的是，就在发出这封奏折后不久，当年7月6日李鸿章在向福建巡抚王凯泰致信时，道出了自己之所以转变之前不看好船政的态度，而在复奏中表示支持船政建设的原因。李鸿章称因为左宗棠、沈葆桢都大声疾呼要保住船政，所以自己不得已只能随声附和而已。“轮船有不可中止之势，季、丹两公大声疾呼，鄙人岂复能异议”。③

有关船政生死存亡的选择，最终在1872年8月2日尘埃落定。奉旨就左宗棠、沈葆桢、李鸿章三人的奏折进行统筹研究而拿出意见的总理衙门，在当天由总理大臣恭亲王奕䜣领衔上奏。恭亲王奕䜣称自己对船政的情况并没有亲身经历，“实不能知其详”，而左宗棠、沈葆桢、李鸿章三人的上奏意见都同意不裁撤船政，相信这些大臣“身在局中，力任其难，自必确有把握”，因而建议清廷不要裁撤船政。至于沈葆桢和

---

① 《廷寄》，《筹办夷务始末》（同治朝）（九），中华书局1964年版，第3471页。

② 《李鸿章奏筹议制造轮船未可裁撤折》，《筹办夷务始末》（同治朝）（九），中华书局1964年版，第3475—3481页。

③ 《复王中丞》，《李鸿章全集》第三十册，安徽教育出版社2008年版，第454页。

李鸿章奏折中提及的诸如造商船、开铁矿、开煤矿等建议，因无关这次讨论的真正主旨，恭亲王作了轻描淡写的处理。奏上后，慈禧太后在当日作御批："依议。"[①] 总理衙门随后将奏折和上谕批示抄录，分寄给李鸿章、沈葆桢、左宗棠、文煜、王凯泰以及新任的闽浙总督李鹤年。

至此，从 1872 年 1 月因宋晋上奏而引生的裁撤船政风波，在经历了半年左右的各方博弈后，终于平息。由于此事件，主要是在朝廷和高层官场中以奏、谕往还的形式进行，本身对船政的建设并未产生直接的破坏性影响，不过经此一事，清廷对于包括船政在内的洋务事业的左右摇摆态度以及清廷高层官员勾心斗角，都一一毕现，让人不免对船政将来的命运蒙生担忧。船政的命运，或正如李鸿章前此所说的"中土则一二外臣持之，朝议夕迁，早作晚辍，固不敢量其所终极也"。而日后李鸿章筹建的北洋海军的命运，又未尝不是如此。

当获知自己一手开创的船政得以保全，陕甘总督左宗棠的心情显得非常释然，在给浙江巡抚杨昌濬的信里如此写道：

> 轮船仍旧制造，彼族自更敛戢，但惜多一转折，又费数月耳。
>
> 幼丹冬间始能出而任事，小涛以此迟东渡之行。据闽中各知好言，闽中艺局学徒精进殊常，外人亦自谓不逮。使无异议挠之，兹事之成可决矣。
>
> 东南之有船局，惟沪与闽。沪非洋匠、洋人不可，闽则可不用洋匠而能造，不用洋人而能驾。故曾文正晚年欲渐易沪局而从闽，以事理攸宜耳。外间好称解事者谬论纷纭，不离扪烛扣槃之见，可置勿论。
>
> ……
>
> 天下事总是要干。要干事最是要一片实心。圣人说：人存政举，待人而行。无古今南北东西，皆是此理也。[②]

① 《奕䜣等又奏船厂不可惑于浮言浅尝辄止折》，《筹办夷务始末》（同治朝）（九），中华书局 1964 年版，第 3514—3516 页。

② 《答浙抚杨石泉中丞》，《左宗棠全集》第十一册，岳麓书社 1996 年版，第 326—327 页。

第九章　船政成功

一、洋员洋匠如约解散

1873年夏季，整个船政沉浸在紧张而又喜悦的特殊氛围里。随着总理船政大臣沈葆桢因父亲去世而丁忧守制的时间届满重新回到船政视事，由沈葆桢监督，在日意格的具体主持下，船政各个生产车间里都开始安排进行考核活动，洋员、洋匠们逐一对由他们一手教导出的中国工匠、艺徒实施考核，评定技术优长，从里面选拔出接任车间工头、副工头的人选，“挑出中国工匠、艺徒之精熟技艺、通晓图说者为正匠头，次者为副匠头”。随之，在中国的车间里倾注了汗水和感情的洋匠们便和他们的中国同事、学生告别，返回生活区，不再参加车间的生产，各车间的工作陆续都全部交到了中国技术人员手中，“一任中国匠头督率中国匠徒放手自造”。此外，各车间的监督一职，也开始由选拔出的船政前学堂学生、绘事院画童等担任。经过磨合检验，证明中方人员已经能够完全胜任对各车间实施自行管理、组织生产，一切工作平稳如常。① 从鸦片战争时代初睹西洋轮船时的震惊和不知如何应对，到此时中国人已经能够完全驾驭近代化蒸汽舰船及其配套设备的制造，船政在短短数年时间里，完成的是一场惊天动地的伟大的历史跨越，从比刻起，古老的中国已经拥有了完全由中国人自行驾驭的近代化造船工业，船政创始人左宗棠的梦想变成了现实。

在此之前，船政后学堂第一届毕业学生已经开始登上船政水师的军舰任职，其中张成、吕翰等佼佼者已经胜任舰长职务，而船政所造的军舰数量已经达到了15艘（按照船政奏明清廷的250马力军舰“扬武”1艘可以折抵2艘150马力军舰的算法，相当于完成了五年计划里规定的

① 《船政教导成功，请奖洋员匠并筹犒银、回费折》，《船政文化研究——船政奏议汇编点校辑》，海潮摄影艺术出版社2006年版，第77—78页。

船政洋员、洋匠团队的集体合影，推测拍摄于五年计划即将到期时。照片中的洋员洋匠一共44人，因为缺乏辨识依据，大部分人的具体身份尚难以甄别。照片中前排右起第五人是洋员正监督日意格，右起第二、第四人是船政水师练习舰的洋教习。正是这群陌生的外来者，协助着近代中国人走进了近代化造船和海军技术的殿堂。照片提供：中国船政文化博物馆。

16 艘军舰的建造目标），这一切显示着，中法合作五年计划的考核目标都已经实现。按照时间计算，船政的五年计划是从同治八年正月初一（1869 年 2 月 11 日）开始起算，至同治十二年十二月三十除夕（1874 年 2 月 16 日）到期，因洋员、洋匠团队事实上在计划期满前已经和中方合作完成了各项考核目标，虽然五年计划时间尚未届满，但船政的成功已经提前揭晓了。

处理完各车间以中方人员替换欧洲人员的工作后，洋员、洋匠团队的各项合同任务已经大功告成。11 月 18 日，洋员正监督日意格撰写完成了给船政大臣沈葆桢的述职报告，对五年计划时期洋员、洋匠在船政建厂、造船、教育等方面的工作情况进行综述和总结，细数其成果，报告各项考核指标均已完成，并对未来船政的工作提出了很多积极的建议

(这份报告的法文本于第二年的 2 月在上海以单行本形式公开出版，即著名的 *L'Arsenal De Fou-Tcheou Ses Résultats* 一书)。在报告的末尾，日意格以饱含深情的语言，向船政大臣沈葆桢致谢，感谢沈葆桢以及船政的中方管理人员对他和洋员、洋匠团队的支持与照顾。

> 最后让我向阁下致谢！我实在找不到恰当的语言来感谢阁下从精神和物质上给予我们的支持，使得我们没有半途而废。阁下对我真是有求必应，您不断督促中方人员绝对服从我们的工作指示，赏罚分明。您毫不听信那些对船政的成功散布怀疑情绪的言论。如果大清政府认为我们的共同努力并未达到预期目标的话，那公正地讲，应该由我负担一切责任，因为实在不可能再找到比我从您及您的部下那里得到的更诚挚、更亲密的合作了。①

根据日意格的汇报，船政大臣沈葆桢考核、确认了五年计划的各项工作目标确实已经完成，遂在当年 12 月 7 日与闽浙总督李鹤年、福建巡抚王凯泰等一起连衔上奏，就五年计划的结尾工作向清廷汇报请示。

因有阿斯本舰队的失败之例在先，船政创设之始在与西方人合作时行事格外谨慎，深恐被欺骗或要挟。船政对洋员、洋匠群体设定了由洋员监督出面雇佣的间接管理模式，较好地实现了杜绝华洋纠纷的目标，此外为激励洋员、洋匠尽心工作，船政采取了悬以重金奖赏的方式。时值五年计划即将到期，在各项计划目标都已实现的情况下，需要按照合同对洋员、洋匠施以奖励，按约解散这支外国技术团队，使得整个中外合作计划做到善始善终，以防出现外人借故滞留、节外生枝的情况。

按照五年计划相关条款规定，如到期时洋员、洋匠团队完成了预定的目标，将获得总计 104000 两银的重奖，另外每人还将额外获得两个月的工资作为奖励，中方并将支付每人回国路费 378 两银。沈葆桢经测算，为发放这些奖励共需准备 15 万两银资金，遂请求清廷预做筹备。另鉴于大多数洋员、洋匠表现出色，除计划规定的金钱奖励外，沈葆桢还申请

---

① 〔法〕Prosper Giquel：*L' Arsenal De Fou-Tcheou Ses Résultats*，Shang Haï Imprimerie A. H. De Carvalho1874，P46。中文译文参考了林庆元主编：《马尾船政局史资料汇编》（增辑），庚，第 25—26 页。该报告另曾在《北华捷报》连载。

清廷赐予宝星等荣誉，以彰显这些西方人为中国事业所做的出色贡献。

洋员正监督日意格领导外国技术团队表现突出，“始终是事，经营调度极费苦心，力任其难，厥功最伟”，沈葆桢建议赐予其一等男爵爵位，并颁发一等宝星勋章。副监督德克碑虽然事实上中途退出工作，但沈葆桢认为其在船政初创时的工作仍然功不可没，“经始之时度地计功，购料雇匠，驱驰襄事，亦未便没其微劳”，建议颁发一等宝星勋章。[①]

船政颁发给洋匠们的金牌、银牌实物照片。

对于五年计划告成时在船政工作的其他 51 名洋员、洋匠，沈葆桢开列名单，分别按其职务、贡献的高低大小，建议清廷向这些为船政建设付出辛勤劳动的欧洲人颁发不同等级的官衔、军功、宝星勋章、功牌奖章。[②] 其中的宝星勋章就是双龙宝星，是清代中国颁发的唯一一种国

① 《船政教导成功，请奖洋员匠并筹犒银、回费折》，《船政文化研究——船政奏议汇编点校辑》，海潮摄影艺术出版社 2006 年版，第 78 页。《海防档·乙》福州船厂（上），（台湾）“中央研究院”近代史研究所 1957 年版，第 474 页。

② 《海防档·乙》福州船厂（上），（台湾）“中央研究院”近代史研究所 1957 年版，第 471—472 页。这份奏奖人员名单是沈葆桢《船政教导成功，请奖洋员匠并筹犒银、回费折》的附件，但是在《船政文化研究——船政奏议汇编点校辑》中没有收录。

家勋章，以往传统认识大都以 1881 年总理衙门上奏宝星章程作为这种勋章出现的时间上限，而实际上早在船政成功时这种勋章就已经实际颁发，1881 年总理衙门的上奏只是对之前早已事实存在的双龙宝星制度加以追认和进一步的完善与规范化。至于较宝星级低的功牌，属于一种奖章或纪念章，但是采用贵金属制作，分为纯金、纯银两种，功牌一面有“大清御赐金牌”或“大清御赐银牌”字样，另外一面则带有洋溢着豪迈之情的“福州船政成功”字样。①

表十五　洋员、洋匠获奖情况②

奖　项	获　奖　人
赏给三品衔并一等宝星	帮办斯恭赛格（L. Dunoyer de Segonzac） 练船教习德勒塞（R. E. Tracey）
赏给四品衔并一等宝星	总监工舒斐（Jouvet），总监工仕德（Zédé），秘书博赖（Borel）
赏给四品衔并二等宝星	翻译日意杰（Giquel），医员布沙德（Poujade）， 前学堂教习禄赛（Rousset），前学堂教习迈达（Médard）， 后学堂教习嘉乐尔（Carroll），管轮教习阿澜（Allan）
赏给四品衔并金牌	总木匠师乐平（Robin），铁工厂主任博士忙（Brossement）
赏给五品衔并金牌	木模工头克林（Guérin），装配工头德索（Dessaut），木工工头马益识（Marzin），精密仪器工头马尔尚（Le Marchand），设计科科长卢维（Louis），仪表工头普瞳（Puthon），教习帛黎（Piry），教习仕记（Skey），练习舰枪炮长阿务德（Harwood），帆装工头三达士（Saunders），捻缝、装饰车间主任腊都实（Latouche），嘉部勒（Cabouret），力法索

① 一等宝星、二等宝星为长方形金牌，牌面有御赐双龙宝星字样，主体用纯金制成，每枚重一两二钱八分八厘三毫，工料及包装合计一枚造价银二十五两九钱三分八厘二毫。船政成功金牌用纯金制成，每枚重二两三钱九分六厘，工料及包装合计一枚造价银四十四两九钱九分七厘。船政成功银牌用纯银制成，每枚重四两三钱，工料及包装合计一枚造价银八两三分三厘。参见《海防档·乙》福州船厂（上），（台湾）“中央研究院”近代史研究所 1957 年版，第 514 页。

② 本表结合沈葆桢奏单与日意格回忆录制作。沈葆桢上奏时漏写了翻译日意杰应获二等宝星，日意格回忆录誊抄的名单中也依样漏写，本表据沈葆桢事后的补救奏片将之补上。另，按照沈葆桢上奏的名单，获奖洋员、洋匠总数为 51 人，而日意格回忆录中誊抄的版本则只有 50 人，漏去了一位名叫力法索的洋匠。

续表

奖项	获奖人
赏给六品衔并银牌	木工领班卑德克（Péter），钻孔工领班腊佛奴（Raffeneau），木工机鲁（Guiraud），木工克那温（Quénaon），木工普里奴（Boulineau），铸模工领班阿贝顺（Robeson），铸模工领班特格岁（Decauchuis），轧铁工色尔乐（Cerle），铸模工巴里耶（Pailler），铁匠北山松（Besancon），装配工庇鸿（Piron），锁匠拉毕列（Rabiller），铁匠领班赛和（A. Serreau），铁匠领班塞和（C. Serreau），施工领班赛达格（Scheidecker），装配工维得禄（Vidlou），模型工领班穆莱（Müller），模型工逢士（Pons），锅炉制造工领班格士朗（Gosselin），铸模工法士德（Vastel），锅炉制造工杰达翁（Kerdraon），仓库保管员雷乙（Rey），职员赫微那（Estienne），监工布鲁爱（Beloin）、教授和排讫（Roberdeau）

沈葆桢奏上后，清廷硃批“该衙门速议具奏”，即责成中央相关部门给出具体措施和意见，1874 年 1 月 6 日总理衙门就这些事务分别上奏。关于对洋员、洋匠的金钱奖励，总理衙门经与户部商议，建议清廷从闽海关的茶叶起运、运销两项税收中以及福建省为军饷而征收的茶叶捐中提取 15 万两银，按期从速发放奖金，“无得稍有迁延，俾得约信而免坐食糜费”。[①] 对于给洋员洋匠的额外荣誉奖励，总理衙门大都赞同，唯独认为授日意格以一等男爵爵位过于隆重，而且此前从没有授给外国人爵位的例子，建议清廷参考以往奖赏戈登（Charles George Gordon）、浦安臣（Anson Burlingame）的前例规格（戈登因在太平天国战争中率部进攻太平军占领的苏州、常州等地有功，获赏提督衔、花翎，准穿黄马褂，并颁发 4 套提督礼服。浦安臣因率中国首个外交使团出使有功，赏一品衔、银 1 万两），将对日意格的额外奖励改成授一品衔，准穿黄马褂以及颁发一等宝星。[②]

---

① 《海防档·乙》福州船厂（上），（台湾）“中央研究院”近代史研究所 1957 年版，第 479 页。

② 《海防档·乙》福州船厂（上），（台湾）“中央研究院”近代史研究所 1957 年版，第 482—483 页。奖赏日意格的黄马褂为黄缎面貂皮褂，当时造价 137 两银，是给洋员、洋匠的荣誉奖励里最为昂贵的。

五年计划到期奖励给日意格的黄缎面貂皮马褂。

日意格身着黄马褂的留影，黄马褂之内穿着的是常捷军的军官服。

对总理衙门的意见，清廷于收到奏折的1月6日当天悉数批准。奉旨后，闽浙总督立即饬令福建税厘局解交船政7万两银，闽海关虽因洋税入不敷出，但为了保证船政发放奖金所需，从商号钱庄设法挪借了8万两银，也赶在1874年1月29日交给了船政，凑足15万两之数。① 沈葆桢将这笔资金如数发放给洋员监督日意格，再由其一一分发给各洋员、洋匠。同时，奖赏给洋员、洋匠的黄马褂、宝星、功牌等也迅速进行制作发放。整个外国技术团队一片欢腾之情，“各员匠感戴皇仁，欢声雷动”。

1874年3月23日，日意格代表欧洲技术团队，通过沈葆桢向清廷进献颂词。这一天，原在船政工作的洋员、洋匠及其眷属除个别因故暂留外，② 其余已经全部带着他们在中国的故事、荣耀和丰厚的报酬踏上

① 《海防档·乙》福州船厂（上），（台湾）“中央研究院”近代史研究所1957年版，第495页。

② 船政监督日意格、德克碑赴各处游历；翻译日意杰因为沈葆桢在奏奖名单中漏写了给他的宝星勋章，经沈葆桢上奏清廷同意补发后，在马尾等待补发；监督帮办斯恭赛格等待五年计划期间为船政从国外购买的炮械运到。洋员、洋匠的薪水则全部从五年计划期满后的1874年2月17日起停发。《外洋员匠遵约遣散折》，《船政文化研究——船政奏议汇编点校辑》，海潮摄影艺术出版社2006年版，第79页。《沈葆桢奏请奖翻译洋员日意杰片》，《筹办夷务始末》（同治朝）（十），中华书局1964年版，第3730页。

了充满喜悦的归乡之路，鸦片战争以来最大规模的中外技术合作项目获得圆满落幕，船政的中法合作善始善终。后世中国一些论著对船政所用洋员、洋匠的离去，冠以略带有倾向色彩的解约、辞退等字眼，实际都并不准确，事实上洋员、洋匠的离去属于合同到期终止的如约解散。

伏念泰西末将，预中土之戎行，汉北严关，筦长江之税则，曾膺嘉赍，时切祗兢。嗣于同治五年，承乏闽江，襄劳船局，购材募役，相地营基，特隆专阃之衔，兼予影缨之饰，抚衷滋愧，奋力图功。于是斥旧翻新，穷搜万窍，积年累月，屹立连樯。匠作精神，辨机鐍而解操炉锤；塾童颖悟，量沙线而惯习波涛，如约观成，依期蒇役，凡驰驱之勉效，洵责任所难辞。迺复鉴及微劳，奏邀温旨，貂冠极品，许联纡紫之班，骑服严装，分织流黄之色，而且论功稠迭，颁惠宏深，合在工而递列荣阶，举旷代而实称异数，自维谫陋，同感恩荣，期届西旋，徧紫海传观车服，情殷北望，跂丹宸弥切轩虆。①

已经融入国际化大潮中的现代中国人，可能很难体会到船政洋员洋匠队伍如约解散对彼时中国人的意义，由1874年上溯的十余年间乃至数十年间，中国在与西方世界的交流中基本处于被动挨打和受欺骗、欺凌的地位，割占香港、火烧圆明园、阿斯本舰队等等前情，殷鉴不远，历历在目。而就在这种时代背景下，船政的中外合作活动披荆斩棘，得到善始善终，为彼时的中国人与西方的交流，提供了可贵的正面合作范例与经验，能多看到几分与西方世界平等对话的曙光。

日意格胸像复制件，雕塑的基座上铭刻的是日意格在船政五年计划到期时获得的双龙宝星图样。实物收藏：中国船政文化博物馆。

① 《海防档·乙》福州船厂（上），（台湾）“中央研究院”近代史研究所1957年版，第510—511页。

大功告成之际，日意格还通过胡光墉向最初雇佣他参与船政建设的左宗棠致送了信件和美酒，汇报洋员、洋匠的工作成绩，并对左宗棠的支持表示谢忱。日意格原预备亲赴西北面谢左宗棠，左宗棠则婉拒，除或有出自政治考量的原因外，复信中也真实流露出了对这位异国朋友的依依惜别之情，以及对船政的恋恋不舍之意。“承雅意缠绵，欲驰赴兰州，一图握叙，鄙怀甚为欣盼。惟甘省地高气寒，陆程迢递崎岖，与东南各省迥异。兵燹之后，满目荒凉，诸多不便。监督荣旋在即，若因此稽延多日，鄙怀更抱不安。应请暂缓前来，以免劳顿。倘不佞乞身得蒙恩准，尚思赴闽浙阅看轮船，以偿夙愿。彼时或天假之缘，于两浙八闽一图良晤，亦未可知耳。”①

二、对五年计划的评价

1874年初，中法合作五年计划告成，实现了创设目标的船政大获成功，意味着中国人基本拥有了自行建造蒸汽化舰船及其配套设备的能力，是中国近代史上的重大事件之一。对事关船政奠基的五年计划，从其成功当时开始，外界舆论及后世研究论著即多有围绕其的评价，评价的内容无外乎是赞扬和批评两类。

1874年2月，船政五年计划即将期满，在北京出版的教会背景的英文报纸 *The Peking Magazine*(《中西闻见录》)根据从日意格 *L' Arsenal De Fou-Tcheou Ses Résultats* 一文中获得的信息，发表了针对船政五年计划的评论文章，对船政的建设成绩表示夸赞：“现在期满，日公卸事辞归，备文将五年工程申覆，云所有中国工匠若干名、并学生若干名，于造船行船诸法，均已粗通，共计造成兵船十五只。即此一局而论，建设不过五年，船已造有如许之多，而肄业之人亦卓有成效，可谓敏捷矣。”

一个月后，受英国在华势力影响颇深的英文报纸 *North—China Herald*(《北华捷报》)在1874年3月5日刊登评论文章《论福州船政

① 《答船政局监督日意格》，《左宗棠全集》第十一册，岳麓书社1996年版，第431—432页。

局》，其观点则与《中西闻见录》截然相反，显得颇为促狭。《北华捷报》评论认为船政的建设成绩不过是徒有其表，实则并没有什么实效，只是白白徒糜经费，增添民众负担而已。“福州船厂在以往几年不过是个大玩具而已，看着很漂亮，但完全无用。同时，不要忘掉它对福建一省的摧残，为了它，这一省的苛税变得十分沉重”。①

这两例褒、贬迥异的评论，几乎代表了后世对船政初创时期成绩的评价观点，日后围绕船政成绩的评价里，观点大致不外乎这两类。

从《中西闻见录》的观点可见，对船政五年计划持赞扬态度者，多因为其在短短的时间里，就完成了设厂、造船、教育等诸多在中国史无前例的创举，而感到船政成绩斐然。

而持负面意见的《北华捷报》，其观点中事实上也没有能够完全否认船政五年计划获得的成绩，只是用词满怀酸意，诸如“(船政的成绩)从纸面上看，似乎不错”云云。为了力指其非，《北华捷报》评论的批评观点实际是苛刻的挑剔，其举例的方法竟然和1872年内阁学士宋晋奏参船政糜费的说法极为相似，诸如根据船政军舰设计、使用上的小瑕疵而作夸张之论，称其无用、糜费等，言下之意其实是要说明自造不如外购。而这，恰好与赫德等英国在华利益代言人当时的论调相符，也和船政建设起步时美理登等人攻讦船政的说辞相似。

《北华捷报》评论中所提的船政造军舰不如西方军舰以及船政造舰虚糜经费等观点，也是后世很多对船政建设成绩持怀疑、批评态度者所习惯主张的观点。事实上，这一观点刚刚出现后，便立刻遭到了驳斥。

针对《北华捷报》3月5日评论文章对船政成绩的贬损，上海出版的中文报纸《申报》于3月7日在头版刊出了针锋相对的社论，简直犹如当初左宗棠、沈葆桢等反驳宋晋糜费论的故事重演，不过此次《申报》的论述面向全社会，影响面更大，不啻是一场关于近代化建设思想的观点普及。针对《北华捷报》评论文章所说的船政糜费论，《申报》社论作了强力反驳：

① 《中西见闻录》和《北华捷报》的两篇评论译文转引自孙毓棠编：《中国近代工业史资料·第一辑》上册，科学出版社1957年版，第404页。

中国现造各船虽弗克抵西国之最精者，然以之防海，不但海氛杜绝，又可大有所用也……或曰购诸西国，其费可省数倍，然中国天下之大国也，其将永赖泰西藉得所用防国诸物，可乎？此制造局之设万不可缓矣，溯自设局以来，造成船、器诸物，合计所费价银虽属巨款，然亦不得谓为糜耗。盖物价、工值之外，复成就许多学业，费虽巨，而功亦不小矣。初泰西之习精造作器具各学，岂一旦而得成者？皆有历年所专攻化学、物理、算术、勾股各事，其所积累已百余年，其中弃故取新，精益求精，不知耗费几万万银，不可数计，然后一时臻于极精，今中国仅以数十万银之费，六七年久之时，而泰西历年之学已能习悉，岂非大利乎？奈何犹谓其糜耗巨费也？

《申报》社论的观点有理有据，颇为雄辩，末了围绕《北华捷报》评论所说的船政自造军舰有损中国民生的观点，《申报》甚至举出了西洋缝纫机的方便之处作为例子，讲述自造机器不仅有利于国家，而且有利于民，论述船政制造军舰只不过是破题之作，将来触类旁通、推而广之，会对整个中国带来大利。最终《申报》社论以圣人之言收尾“至圣有言，见小利则忘大事不成，谚又有成大功者不惜小费之语，其斯之谓与”。①

围绕船政初创阶段的评论，除上述等类观点外，现代美国学者庞百腾先生在1994年出版的著作 *Shen Pao-chen and China's modernization in the nineteenth century*（中译本书名为《沈葆桢评传——中国近代化的尝试》)中，又有一种新说。庞百腾认为中法合作五年计划，尽管成绩斐然，使得中国从中获益良多，但同时也需要看到存在有一项重大的弊端。庞百腾指出，因为这种合作，导致船政的大量机密情报被法国方面乃至其他列强国家掠取，而这种在中外合作时忽视情报工作的疏漏，也是后来1884年8月23日中法马江战役中方惨败的原因之一。“归根到底，使中国人受害最大的是失去对海军船厂高度机密情报的控制。由于大量欧洲雇员及日意格与法国海军的联系，源源不断的外国来宾徜徉于

① 《论福建制造轮船事》，《申报》，甲戌年正月十九日，第1页。

海军船厂，自由浏览，作详细笔记……建设海军船厂的目的是为了加强中国国防，奇怪的是沈和其他中国人虽觉察到外国情报工作的威胁，仍然允许其在自己眼皮底下进行。也许他们认为技术来自西方，没有什么可保密的。如果他们这样想，那就太幼稚了，犯了可悲的错误，因为，且不说海军船厂布局和防御工事，贮存的军火、弹药、舰队运动之类细节，都是未来敌人的关键情报”。①

庞百腾的观点看似正论，在提出后便产生了很大的影响，然而倘若站立在19世纪中后叶的军事知识基础上来看，庞百腾的上述观点其实只是对个中情形不明就里而已。②

19世纪中叶的蒸汽动力军舰，尚不具备现代舰船上常见的具有高度机密性的、事关作战与通讯索敌等能力优劣的电子装备和软件系统，彼时军舰的主要战力构成，无外乎枪炮、轮机、装甲三项，他国如若不能在造舰上做到炮火更猛烈、航速更快捷、防护更坚强，则纵是掌握这些数据也并无法参出什么克敌秘技。在当时世界上，逐年刊载世界各国军舰性能、总布置图、造船厂情况的公开出版物并不在少数。甚至很多欧洲国家海军乃至造舰工厂，其实很乐意将这些数据乃至舰船的总布置图公布天下，以对潜在敌产生威慑效果，或对潜在的客户市场示以招徕之意。

与舰船相类，当时的造船工厂以及铁工厂的机器设备，也没有类似现代数码控制的精密机床等具有高度机密性的设备，事关工厂建造能力的情报，无非是船台的长短、汽锤的锤力大小、熔炉的产量等，这些数据本就具有极大的透明性，谈不上是什么事关造船机构生死的不能示人的秘密情报。

---

① 〔美〕庞百腾：《沈葆桢评传——中国近代化的尝试》，上海古籍出版社2000年版，第228页。

② 马幼垣先生也有与之类似的观点，诸如其坚持称1886年北洋水师铁甲舰进日本长崎船坞维修的举动，是将机密送与日本人看的愚笨行为。实则马与庞的此类观点都属于是在对近代军事知识的掌握和了解不全面的情况下，无法理解当时的正常行为而产生的错漏印象。见〔美〕马幼垣：《北洋海军送舰只往长崎入坞怎样看也是极度愚笨之举——敬答孙建军先生》，收录于马著《靖海澄疆——中国近代海军史事新诠》，中华书局2013年版。

以19世纪中叶后与中国互为假想敌的日本为例，其学习法国技术建设横须贺造船所时，同样存在有法方人员向其国内汇报日本工厂情况的事例，而日方自己甚至还将横须贺造船所内的厂房布局、用途以及周边的地理形势、炮台位置等印刷公开出版。[①] 另外，在中日关系实际已经十分紧张的1891年，中国北洋海军访问日本，日方不仅招待中国海军军官细细参观其横须贺造船厂，介绍厂中船台、船坞等重要生产设施的情况、数据，竟然还引导中国军官实地参观正在建造中的以克制北洋海军铁甲舰为设计目标的日本三景舰。[②] 除此，清末中国外交和海军人员在欧洲各国仔细参观炮台、船厂等军工、国防设施的记录则更为多见。只是在经历了百年岁月变迁后，后世对19世纪的军事、社会生活缺乏了解和经验，才会将在历史上司空见惯的正常行为，错误地理解成是不得了的情报泄露。

庞百腾的观点中，另隐晦地暗示中法合作期间船政的厂区布局，防御工事，贮存的军火、弹药，舰队运动之类情报泄露，与中法马江之战中的船政水师战败存在有因果关系。实则，中法马江之战主要在罗星塔附近的江面上发生，且不论五年计划后船政的厂区布局发生过调整，纵使是法方掌握了船政的厂区布局，那也与在江上的战局优劣风马牛不相及。此外，船政及马尾地区的防御工事、军火储备、舰队运动等情报，倘若真是被法国海军有所掌握，并凭之在战斗中赢取了上风的话，那显然法国海军掌握的是1884年中法马江之战前夕的此类情报，而十年前船政五年计划时代的此类信息，早已是过时无用。此时倘若真的发生了这样的情报泄露，也与早成为历史的船政五年计划毫无关系。

据上述可知，中法合作五年计划时代，船政的相关建设情况经由法方人员为法国或其他国家所知，并不能等同为是一种严重的国家机密外泄，更无法将此视作是十年后马江之战中方战败的原因之一。对于日意格在职期间经常性地向法国政府和军方汇报船政情况一事，法国学者巴

① 《横须贺明细一览图》。见：《横须贺案内记》，（日本）横须贺市2007年版，第18—29页。

② 吉辰译注：《龙的航程——北洋海军航海日记四种》，山东画报出版社2013年版，第220—221页。

斯蒂的分析显然更值得给予重视。

> 历史学家们没有很好地理解法国政府对船政局发展初期所持的态度。由于没有查询所有的现存档案，他们对某些事实进行了断章取义的解释。法国海军的驻中国海和日本海分舰队不时地访问船政局，是因为作为海军军官的日意格仍然属于舰队司令的下级，所以他每年向这位司令上交一至两份报告。他一直坚持保留其海军军籍，其实他这样做，一方面是为了有权享受一笔退休金——日意格出身贫寒，他一生都为能得到经济保障而煞费苦心。当在中国工作的法国人，尤其是法国外交官们指责日意格时，分舰队的指挥官们出于本位主义精神和对日意格的信念，总是会为他辩护。有时，这些军官会出面斡旋，为日意格招募人员和从海军手中购买材料提供便利。①

船政五年计划对近代中国的重大意义，各类论述已多，且观点较为统一。而对船政五年计划中是否具有缺憾以及缺憾何在，此类分析则多不得要领，且有生硬地为寻找缺憾而故意言缺憾的情况。实则船政五年计划的缺憾，既不是所谓的造舰不精，更不是情报泄露，扼要总结而言，船政五年计划时代存在的缺憾主要表现在经费以及教育层面。

从经费来看，日意格、德克碑为执行五年计划，向中方开出的要价十分高昂，可谓是天价，由正监督日意格以下至普通的洋匠，其薪资几乎相当于同一时期日本横须贺造船所雇佣的法国工程人员的 10 倍之巨。虽然对法方的要价，左宗棠给予同意，而五年计划时代沈葆桢也如约履行，但是日意格要价过高的问题显然带来了很多质疑之声，某种程度上也是外界质疑船政糜费的口实之一。北洋大臣李鸿章对日意格要价过高一事颇有微词，而沈葆桢后来在与接替其出任船政大臣的丁日昌述及这一问题时，肯定了日意格办事稳妥可靠，私下里也坦陈对日意格等漫天要价的做法有所不满："日意格每办一事，皆有以交卷，心思周匝能入，

---

① 〔法〕巴斯蒂：《福州船政局的技术引进》，《船政研究集萃》，福建省马尾造船股份有限公司 2006 年编印，第 112 页，注 9。

是其长处，手笔之辣，诚如尊谕，弟不能为之讳，却未尝以贾鼎搪塞”。①

表十六　船政与日本横须贺造船所外籍人员的薪水对比②

职　位	船政支付薪金	横须贺造船所支付薪金
正监督/首长	年薪 12000 两银/约 99600 法郎	年薪 10000 法郎
总监工/机械科长	月薪 500 两银/约 4150 法郎	月薪 400 法郎
匠首/工头	月薪 200 两银/约 1660 法郎	月薪 150 至 90 法郎不等
洋匠/工人	月薪 100 两银/约 830 法郎	月薪 100 至 75 法郎不等
备注：船政雇佣的外籍团队，每月另可获得总共 1000 两银的生活费用，约相当于 8300 法郎。		

如果说支付给洋员、洋匠的薪金水平过于高昂只属于是洋人们逐利心切、漫天要价，对此尚能加以理解的话，那更关键的问题便是船政付出了巨额的金钱代价而聘来的却并非是名师。

左宗棠为实现中国人设厂造船，自行建造蒸汽动力舰船的梦想，可谓殚精竭虑。不过由于见识不广等难以避免的时代因素局限，他所选定来组织和管理外国技术团队的日意格、德克碑都并不懂得造船工程，于此事毫无经验可谈，同时二人也没有可观的海军资历，只不过是法国海军中非常低阶的普通尉官。再加之，日意格、德克碑与中国船政的合作被限定在私人层次上，并没有得到法国政府以及海军方面的直接和全面介入。这些因素综合起来，导致了日意格、德克碑雇佣洋员、洋匠时的眼界和可选择的范围十分有限，尤其是在雇佣事关技术传授工作的总监工、学堂教习方面，问题显得尤为明显。在法国乃至欧洲而言，著名造舰工程师或海军教授、军官都有本任职务，根本不可能瞧得起这两位名不见经传的个人的邀约，同时日意格、德克碑在当时可能也无望企及这

① 《复丁雨生中丞四》，《沈文肃公牍》，福建人民出版社 2008 年版，第 290 页。

② 横须贺造船所的薪资标准参考了《横须贺海军船厂史》第一卷，（日本）横须贺海军工厂 1915 年版，第 75—76 页。银两和法郎之间的 1∶8.3 兑换比率，参考了船政总监工达士博 1869 年向法国驻福州领事馆起诉日意格时所索要的赔款数额，当时同时列出了银两和法郎的数额，就此可以求得两种货币在当时的大概比率。

样层次的社交平台。最终，五年计划时代日意格、德克碑聘用来华的首任洋员总监工达士博，只不过是法国罗什福尔船厂的一名中尉工程师，船政后学堂的首位总教习嘉乐尔，则只是英国海军的低阶军官。[①] 这些洋员的层次显然与中方给出的丰厚佣金不甚相称。

不过由于船政的中法合作计划核心时间只有五年，对当时尚无近代化造船、海军基础的中国而言，这段短促的时间里主要目标是培训出具有基础的造船、航海、轮机知识的中方人员，还无法企及更高深的层面，诸如培育具有独立舰船设计能力的中国工程师，培育具有战役指挥能力的中国海军军官等，因而西方技术团队里中高级技术人员和教育人员层次不高的弊端还未及充分暴露。另外，以五年计划的条文本身看，当时中方对船政教育的期望值也设定得较低，只是要求培育中方人员达到能够自行按照图纸安排舰船建造以及能够驾驭蒸汽舰船在近海航行即可，虽然雇佣的外方教育人员层次不高，单就中方设定的任务而言，已经能够基本胜任。

最终，日意格并未将五年计划单纯地看作到期完成后便万事大吉的商业行为，而是颇有责任心地在报告中指出了五年计划中的未竟之处，即受限于软硬件条件，尚无法教授学员们更精深的知识。日意格提出了解决办法，即建议中方向欧洲派遣留学生，以完成五年计划时代船政教育所无法实现的内容，而这实际就是对五年计划中的缺憾之处进行的弥补。

> 到 1874 年 2 月，我们就要结束使命。但是在有关学生和艺徒们的学习问题上，我觉得有责任多说两句，就是中国政府如果采取措施，让那些我前面提到的有培养前途的学生继续出国深造，中国将会从中得到好处。这些学生的学业都打下了坚实的基础，这是靠着正确的教学方法和热忱的求学精神所共同形成的，只要再有几年深造，他们就会成为中国的工程师、各部门的管理人才，能够生产、制造中国想要的各种舰船和蒸汽机，并且能成长为和西方国家

---

① 〔美〕庞百腾：《沈葆桢评传——中国近代化的尝试》，上海古籍出版社 2000 年版，第 218、227 页。

海军人员一样经验丰富的军官。如果对这么可贵的前景无动于衷，坐失良机，甚至一有风吹草动就改变主意，那无异是断送全体教习（更重要的是全体学生）七年来热情认真、坚持不懈的努力。

——日意格①

三、前途隐忧

从 1874 年 2 月 17 日起，船政进入中方独立开展生产、教育等工作的新时代。较之五年计划时期，此时的船政实际面临着更大的挑战。船政五年计划的推行，很大程度上得益自创始之初即报经清廷认可，订立了章程、保约等详细的建设规划，现在过往的规划已然完成，要使船政在未来得到持续的进一步发展，显然需要有一份得到清廷批准和支持的新的建设规划。

沈葆桢在 1873 年 12 月 7 日上奏为船政洋员、洋匠请奖的同时，另上呈了一份事关船政善后事宜的奏折，内容就是请示船政后续的发展方略。沈葆桢的请示主要涉及船政后续所造军舰的经费从何而出以及船政学生的留学计划如何开展等两项事务。沈葆桢申请清廷明确宣布船政在五年计划后继续开展造船活动，并提出了船政可以按照每年建造两艘舰船的额度向前递进的具体计划。为此，沈葆桢申请在五年计划到期后，清廷仍应该继续此前由闽海关从六成洋税下按月拨款 5 万两银的模式，提供船政基础的运行经费，希望清廷就此“饬下各衙门速议复奏”。

在申请继续造舰的同时，沈葆桢又提出，倘若只是按照五年计划中已造的舰型继续建造，并不会对船政的技术发展有助益，“若岁仍造船两号，则已成之绪不致中乖，而洋人辛工岁可省十余万。然中国员匠能就已成之绪而熟之，断不能拓未竟之绪而精之。虽则岁告成船，究竟毫无进境”，由此提出应准备派遣前后学堂学生赴欧洲留学深造，“欲日进而有功，在循序而渐进，将窥其精微之奥，宜置于庄岳之间”。并汇报称，如果清廷同意船政的留学计划，则自己将“与日意格及生童人等坚

① 〔法〕Prosper Giquel：*L' Arsenal De Fou-Tcheou Ses Résultats*，Shang Haï Imprimerie A. H. De Carvalho 1874，P45—46.

明约束，详议章程，必事事得理之所安，而后人人于心有所恃”。①

和请示筹备发给洋员、洋匠奖励的那份奏折一样，沈葆桢关于船政未来发展方略的奏折递到后，也立刻获得了清廷“该衙门速议具奏”的硃批，交由总理衙门筹议复奏。在之后的复奏中，总理衙门表示赞同船政继续建造舰船，至于日后如何保障船政的经费供应，总理衙门未明确表态。总理衙门另关注了船政未来新造舰船的养船经费从何而出的问题，就此想起了北洋大臣李鸿章之前奏请设立的轮船招商局。1872年宋晋请停造轮船的议论被驳倒后，总理衙门曾奏准由沈葆桢、李鸿章就自造商船交付华商租用一事进行商议办理。当年的岁末，李鸿章即据此上奏，和盘托出了开设轮船招商局、承办漕运以及承揽货运的一揽子计划，当时在奏折的最后，李鸿章还强调了此举的益处，“若从此中国轮船畅行，闽、沪各厂造成商船亦得随时租领，庶使我内江外海之利，不致为洋人占尽”。② 此时轮船招商局已经成立，而船政又缺乏经费，总理衙门认为完全可以由船政建造商船租赁给招商局而赚取租金，“倘能随造随领，闽厂轮船得以畅行中外，既可留造船之基，并可省养船修船之费，洵属意美法良”，建议清廷命令南北洋大臣就此会商。至于船政学堂派学生出洋留学一事，总理衙门则认为其情况和此前曾国藩派遣留美幼童相同，提议可以参考留美幼童的经验，让曾参与办理留美幼童计划的北洋大臣李鸿章以及船政创始人左宗棠一并会商具体办法。③

经清廷批准，1874年1月8日总理衙门以密信通报相关的北洋大臣李鸿章、陕甘总督左宗棠以及南洋大臣李宗羲，要求就上述的方案筹拟意见，④“以闽省船工告竣，筹议善后各节。推及于津、沪两厂，预

---

① 《船工将竣，谨筹善后事宜折》，《船政文化研究——船政奏议汇编点校辑》，海潮摄影艺术出版社2006年版，第77页。

② 《李鸿章奏派员设局招商试办轮船折》，《筹办夷务始末》（同治朝）（九），中华书局1964年版，第3555页。

③ 《海防档·乙》福州船厂（上），（台湾）“中央研究院”近代史研究所1957年版，第481页。

④ 《海防档·乙》福州船厂（上），（台湾）“中央研究院”近代史研究所1957年版，第484页。

计日后兵船、商船如何分造分养”。①

关于总理衙门提出的由船政建造商船出租给新办的轮船招商局，再以租费来解决船政养船经费不足的办法。李鸿章在回复时表示此方案目前尚不现实，李鸿章认为轮船招商局新办，业务招徕并不容易，短时间内不太可能需要增添大量的轮船来扩充运力，“若欲商局多租闽船，必先推广海运以扩轮船之用”，由此船政也不大可能通过将商船租给招商局而获得很大的经济利益。在李鸿章看来，倘若招商局真的能租用船政造的商船，其租金或许只能解决这些商船本身的船员薪资和养船经费，至于船政其他舰船所需的费用，还得另外设法，“商船或有商局可领，兵船须筹分养之方”。对于解决船政经费的一劳永逸之法，李鸿章继续坚持自己以往的议论，即裁撤沿海各省的旧式帆桨战船，以节约费用来充当蒸汽军舰的养船费用。至于派学生出国留学一事，李鸿章则表示赞同，唯独觉得在领队的人选上应当慎重，不太支持沈葆桢推荐由日意格充当领队的设想。

南洋大臣李宗羲的回复观点和李鸿章近似，也认为新设的招商局无力雇佣太多的新造轮船，“断非招商局所融消”。至于派学生留学欧洲，李宗羲同样认为需要谨慎办理，不过李宗羲并不反对由法国人日意格来担任领队。②

陕甘总督左宗棠对于船政建设充满感情，在回复总理衙门时长篇强调了船政继续造舰的意义所在。关于养舰经费一节，左宗棠一改自己当初的兵商两用观点，并不赞成船政同时建造军舰和商船，认为船政应该一心一意建造军舰，“令造商船待雇，万一偶有失事，则领雇者必少，而耗费亦多，似不若仍精造兵船”。同时，左宗棠也不同意裁撤旧式帆、桨战船而节费的办法，认为旧式战船可以减少但不能完全裁撤。而至于船政的养船经费究竟从何开源获取，左宗棠并无明确意见，只是泛泛地称“轮船既成，仅筹修船养船经费，事本非难，东南倚海为国，合七省

---

① 《海防档·乙》福州船厂（上），（台湾）“中央研究院”近代史研究所 1957 年版，第 496 页。

② 《海防档·乙》福州船厂（上），（台湾）“中央研究院”近代史研究所 1957 年版，第 496—499 页。

通力合作，如果各尽乃心，孜孜谋之，不为纤人私意所阻，则漕务可兴，装运内地货物可兴，行销官盐可兴，如是何事不成，又岂但区区养船修船云耳哉”。对于船政学生赴欧洲留学问题，左宗棠则明确表态支持，认为这是使船政将来“日起而有功”的重要举措，“速则三年，迟则五年，必事半而功倍”。[①]

除了总理衙门要求讨论的养船经费和留学两端外，左宗棠在给总理衙门的回复里还突然提起了一桩沈葆桢在汇报船政五年计划善后时没有涉及的问题，即如何来明确船政的政治地位。

早在1866年10月31日左宗棠上奏请派沈葆桢总理船政时，清廷对船政的地位设定就显得态度十分暧昧，围绕象征着船政权力、地位的关防印章，清廷下谕命令船政自行刊刻木质的临时关防暂时使用，显得船政只不过是个地位不明确的临时机构。不过，当时的谕旨当中曾有“俟局务办成，再行奏请部颁关防”一句，虽然“局务办成”四字语义含糊，难以明确界定，但是从字面上看仍然可以据此作为船政奏请颁发正式关防的理由。[②] 左宗棠在回应总理衙门关于船政经费和留学计划的询问时，重提起这份重要的上谕，左宗棠认为船政在不到五年时间里完成了五年计划的各项工作，无疑可以视作局务办成，因而希望由总理衙门出面奏请颁给船政正式关防。“兹局务渐有成绪，未逾五年之限，幼丹自未便请给关防，而事关重大，木质关防，不足久用。应否由尊处奏明请旨”。[③]

李鸿章、李宗羲、左宗棠三人围绕船政向总理衙门所提的各项意见，其最终结果如何，因为目前史料档案中未见有总理衙门就此事的专门上奏而难以直接判明，不过从船政的后续发展中又不难看出：显然每

---

① 《海防档·乙》福州船厂（上），（台湾）“中央研究院”近代史研究所1957年版，第488—489页。

② 《廷寄》，《筹办夷务始末》（同治朝）（十），中华书局1964年版，第1902页。略显蹊跷的是，《船政文化研究——船政奏议汇编点校辑》中收录的同份上谕里，却并没有“俟局务办成，再行奏请部颁关防”一句。

③ 《上总理各国事务衙门》，《左宗棠全集》第十一册，岳麓书社1996年版，第418页。

月 5 万两银的运行经费得到了批准；招商局租领船政造商船则只是浅尝辄止，船政经费缺乏的根本问题未能解决；船政留学计划在细细订立章程后得到了推行；至于船政的地位问题，则仍然处于悬而未决的状态，木制的关防依然继续沿用。

而通过对这次讨论进行观察，两项事关船政命运的决定因素清晰可见，即经费保障和国家政策。

从左宗棠创设船政开始，船政的性质就根本不属于市场化经营的企业，而是一个很特殊的政府机构，从某种角度去对比，甚至和清代江南织造的模式十分相似。船政自身没有对外招揽商业订单而盈利的模式，其日常的运行、教育活动的开展以及建造舰艇等完全依赖着国家供应的额定运行经费来支撑，即船政自身没有被设计拥有造血机能，其生命力的维系完全依赖于国家输血供给，一旦外界供血发生滞涩甚至停顿，后果便不堪设想。

而船政的运行经费制度本身存在有很大的隐患。

船政日常运行经费制度的设定，起自左宗棠创设船政时。当时左宗棠为船政共申请到了两部分经费，其中一部分是一次性投入的前期开办建设资金 40 万两银，主要用于支付船政各种基础设施的建设、机器设备的购买等，类似于固定资产投入。另外的一部分则是自船政投入生产开始每月从海关拨解的造舰经费，额定为每月 5 万两银，这笔经费类似于船政的流动资金和运行经费，是船政赖以得到发展的至关重要的外界供血。

左宗棠在创议时之所以将船政的造舰经费奏定为每月 5 万两银，实际是基于对五年计划的工作内容、生产规模、所需建造的军舰形式等较为明确的目标进行估算而提出。依靠这一造舰经费额度，船政成功地完成了五年计划，然而在五年计划到期以后，船政未来将要面对的是一条目标尚不明晰的发展之路，未来船政的工作内容、生产规模、所将建造何样的军舰都无明确的计划，如果仍然一成不变还以每月 5 万两银的经费作为船政的造舰运行经费，无疑具有盲目性和危险性。

一方面，由于左宗棠创设船政时的疏忽，船政的额定造舰经费事实上并不能全部用于造舰，使得每月 5 万两银的额度其实已经缩水。

左宗棠在谋划船政全盘战略时，设想以建造出的蒸汽动力军舰在无事时承揽漕运等运输业务牟利，借此赚取、解决船政造军舰的日常维护经费和舰船人员薪饷，但根据五年计划时代的船政实际运行情况看，左宗棠的这一计划实际不具备可操作性，属于在对舰船的使用特性缺乏了解和经验的情况下，纸上谈兵式的思路，这不能不说是左宗棠船政建设方略中的一处重要瑕疵。

尽管以船养船的设计根本不可操作，但左宗棠时代拟制的船政运行经费模式一经清廷确定后，却再未能获得真正进行修正的机会，以至于船政额定的每月5万两造舰经费不仅要承担造舰所需的人工、材料、配件等费用，还要支应整个船政（包括船政学堂）的人员薪饷、办公开支、设施维护等保证船政正常运转的经费，以及另外还要负担船政所造军舰的维护、人员薪饷。对此问题，船政在五年计划时代虽然创造性地提出用军舰调拨他省的模式来纾解经费危机，但是因为船政要兼顾闽台防务，不可能将所有的舰船都调往外省，必须要保留、维持一定规模的留闽舰队，且将军舰调拨外省对于解决船政经费问题的效用只属于杯水车薪，在五年计划到期后的未来可预见时间内，船政每月额定的造舰经费无疑还将大量被办公、薪饷、舰船养护费用挤占。

另一方面，随着海防对军舰需求的提高和世界舰船技术的进步发展，也客观上导致船政额定造舰经费会陷入不敷使用的境地。

建造舰船是船政领取国家拨给的额定运行经费后所必须完成的一项本职工作，倘若船政所造的舰船被国家或他省调用，船政并不能再行向使用舰船的单位、省份收取舰船造价，因此船政不可能随着新造舰船而获得额外的收入，甚至如果建造的军舰过多，建造速度过快，或者所造军舰的样式太新、规模过大、成本过高，导致额定的运行经费不敷使用，出现亏空时，国家对此概不承担，必须要由船政自身依靠寅吃卯粮的手段自行调整腾挪，诸如从下年份的运行经费里弥补等。

船政五年计划到期时，沈葆桢设想此后保持每年建造2艘军舰的进度，而以五年计划时代船政建造的主要舰型“扬武”“伏波”“湄云”为例，这三型军舰的成本造价分别为25万余两、16万余两、11万余两，船政每年的额定造舰经费总数只有60余万两，除去各项其他开支外，剩余能够用于造舰的款项倘若建造2艘“扬武”级，必定不敷，而建造“伏波”级军舰也十分紧张，如果只建造小型的“湄云”级，其造出的军舰能否如数被外省调拨又是问题。若所造军舰无人调拨，滞留闽省后还需要挤占船政经费，需要船政自筹养船经费。另外，从船政发展和军舰技术发展的角度看，船政显然不可能长期停留在建造五年计划时代舰型的技术层次上，倘或想要建造更大规模或更先进的军舰，其造价必然高昂，以5万两每月的额定经费显然无力负担。

在这样的情况下，船政要么自甘沉沦，在有限的经费下建造一些设计一成不变的军舰聊作应付，最后的结果很可能是会被清王朝裁停淘汰；要么船政力图上进，紧追世界军舰技术潮流研发新式舰船，但为此必然会出现经费严重亏空，出现每造一艘军舰就增添一份债务的困局，最终很有可能被自己不断进取的造舰努力而从经济上彻底拖垮。

这样的经费困局，不仅考验主事者有无本领从各处临时求筹经费，甚至还要考验主事者有无勇气去面对外界指其虚糜经费、建造旧式军舰的责难。

对船政的未来发展而言，与经费问题同等重要，甚至更为重要的，是国家对自造军舰的政策、态度。

当时在国家政策不明的情况下，五年计划成功的船政并没有获得明确的政治地位，由此其命运无异于风中之烛。因为政治地位没有明确、发展规划没有明确，倘若清廷对自造轮船的政策发生突然的变化，又或者是主持船政的大员变更为对此道缺乏热心者，则船政的发展极有可能戛然而止。而在闽省地方上来说，因为船政的政治地位没有明确，倘若将来出现级别或威望较低的官员担任船政大臣，那么在督抚、将军同城的福州地区，船政无疑会被轻而易举地矮化成省属机构。与经费问题相对比，国家政策更是决定性的前提因素，倘若国家对船政发展有坚定的政策支持，纵使财政支绌，也必定会想方设法去掘罗资金供应船政，而倘若国家对发展船政并没有一以贯之的支持立场，政策时断时续，那纵使是国家财政坐拥金山，船政也仍然可能遭遇经费断流的死局。

在此方面，最突出的问题就是当时清王朝政场上对“购舰”和“造舰”的意见分歧不一。

从某种意义上说，船政的诞生其实就源于清廷此前“购舰”的失败，属于“造舰”政策的大胜利。近代中国为了发展近代化的海防，最直接的手段之一就是要获得西式的近代化军舰，此时必然面临着从西方直接购买，还是在本国设法自行建造的选择。对于一个缺乏近代工业基础的国家来说，无论是“购舰”还是“造舰”，都各有利弊。

就“购舰”而言，其优点是只要资金足够充裕，就可以在较短的时间内快速获得具有西方一流技术水平的先进军舰，这对迫切想要巩固海防的国家无疑充满着吸引力，属于短期就能够产生立竿见影效果的高效手段。同样十分明显的是，如果将近代化海防的装备建设全部寄希望于外购，极有可能被相关的西方国家政府借此要挟甚至控制，进而影响到本国的军事建设方略乃至国家政策。就长远而言，一味购舰，显然不利于本国舰船工业技术能力的培植，一旦外购路径被封堵，或者发生大规模战事，就极有可能陷入军舰损失之后很难在短时间内弥补的窘境。

以“造舰”来看，其利弊恰好是“购舰”利弊的倒置。“造舰”的优点在于，其属于一种夯实基础、稳扎稳打的建设战略，以此可以培育本国的造舰工业，一劳永逸地解决从何获取近代化军舰的问题。其弊端则在于初期的投入产出比可能并不乐观，对于当时中国这样的全无工业基础的国家，要自造舰船必须从零开始，不仅仅要建设相应的工厂设施，还需要培育工程师、职业技术工人，乃至为舰船建造配套的种种工业部门，其投入浩大，而且短期内很难指望做到技术上直追西方先进舰船的程度，对于急需加强海防的国家来说，“造舰”显然不是一个能够快速解决问题的办法。此外，自行造舰初期投入巨大，制造效率不容乐观，会直接导致自造军舰的价格甚至会超过直接从西方外购军舰，以经济性的角度看颇不合算。就船政在五年计划时期所造的军舰为例，船政排水量500吨级的“湄云”型炮艇单艘成本造价约为11万两银，同时期总理衙门委托海关向英国阿姆斯特朗公司订造的420吨级“飞霆”型蚊子船，其单舰造价也约为11万两银，而“飞霆”的主炮口径为12英寸（305毫米），火力完全超过“湄云”级，其舰船的设计样式也较“湄云”新颖。五年计划时代船政建造的1258吨级的“伏波”型炮舰，单艘成本价16万两银，北洋海防向英国阿姆斯特朗公司订造的1380吨级“超勇”型撞击巡洋舰的单艘造价为近 30 万两银，虽然表面看“超勇”的造价远高于“伏波”，但“超勇”级在当时是世界最先进的巡洋舰，“伏波”则只是炮舰，“超勇”无论从火力、动力性能、防护性能都完全凌驾于“伏波”之上，一艘“超勇”级巡洋舰的作战效能显然要超过 2 艘之上的“伏波”级炮舰。除此，有关船政军舰的建造费用，船政仅仅是简单统计了为建造军舰而产生的工料费用，并未计算施工运营成本，如果考虑到船政经费的绝大部分是用于造舰部门的运行，那么一旦将船政每年数十万两的造舰运行经费都摊算到每年建造的 2 艘军舰上去核算成本，则船政所造军舰的工本就会显得更为高昂，与同时期西方造军舰在经济性方面的差距就更为明显。

如何解决“购舰”和“造舰”之间看似无法调和的矛盾，最佳的办法是二者同时并举，扬长避短，以购舰来快速、高效地获得一批先进军舰，首先解决海防上的有无问题，消弭迫切的海防危机。同时并不放弃自造军舰，培育自立的造舰工业，而且可以通过购买西方先进军舰，以其技术特征、设计经验作为本国自造军舰的参考，将自造军舰作为巩固本国海防的长久之计。“购舰”“造舰”同时并举看似简单，但对国库收入不丰的清王朝来说，并不可能有足够的资金和资源同时支撑兴办这两项事业，必需要以有限的投入在二者中有所选择取舍，主持海防建设事务的大臣也多对“购舰”“造舰”持水火不容的态度。

在船政孕育兴起的时代，清王朝的海防建设处于“造舰”压倒“购舰”的态势，船政五年计划期间，清王朝内基本没有多少外购军舰的事例。然而 1874 年日本侵台事发，面对日本海军的铁甲舰“东”，以及日本已经在英国订造的“扶桑”“比叡”“金刚”等铁甲舰，船政已造和即将建造的舰型都无法对这些军舰实施制压，此时有关自造军舰无用论的声音渐渐出现，而“购舰”论开始抬头。日本侵台事件后，清朝兴起南北洋海防建设，尤以北洋海防为重点，处在日本威胁的急迫时局中，见效快速的“购舰”成为加强中国海防的主流思想，包括北洋大臣李鸿章乃至前船政大臣沈葆桢，几乎都赞同直接从西方购买一等铁甲舰等先进军舰，而船政只需要建造一些辅助性的军舰。在这样的背景下，船政于国家海防中的重要性遭到贬低，如果清王朝对于“购舰”“造舰”的利弊无法产生清晰的认识，对于如何平衡“购舰”“造舰”的规划没有清晰的总体战略，那么极有可能出现见效迟缓的“造舰”被看似高效的“购舰”压倒，在国库总体并不富裕的情况下，这种压倒往往是带有取代性的举动，对船政的发展则将会是一场灾难。

五年计划到期，在船政基本的运行模式无法改变的情况下，倘若船政在国家政策、经费保障这两个方面都无法求得大的积极突破，极有可能遭此吞噬，这二者便是五年计划告成时船政立刻面临的严重隐忧和巨大挑战。事实上，也成为日后影响了船政发展之路乃至生死命运的一双无形的巨手。